日本简史

戴维斯 ◎ 编著

中国华侨出版社
·北京·

图书在版编目（CIP）数据

日本简史 / 戴维斯编著. — 北京：中国华侨出版社，2020.1
ISBN 978-7-5113-8063-0

Ⅰ. ①日… Ⅱ. ①戴… Ⅲ. ①日本－历史 Ⅳ. ①K313.0

中国版本图书馆 CIP 数据核字（2019）第 227564 号

● 日本简史

编　　著 /	戴维斯
责任编辑 /	王　委
责任校对 /	孙　丽
封面设计 /	环球设计
经　　销 /	新华书店
开　　本 /	670 毫米×960 毫米　1/16　印张 /18　字数 /205 千字
印　　刷 /	香河利华文化发展有限公司
版　　次 /	2020 年 8 月第 1 版　2020 年 8 月第 1 次印刷
书　　号 /	ISBN 978-7-5113-8063-0
定　　价 /	49.80 元

中国华侨出版社　北京市朝阳区西坝河东里 77 号楼底商 5 号　邮编：100028
法律顾问 / 陈鹰律师事务所　　编辑部：(010) 64443056　　64443979
发行部：(010) 64443051　　　　传　真：(010) 64439708
网　　址：www.oveaschin.com　　E-mail：oveaschin@sina.com

前言
PREFACE

　　日本是一个独特的民族,它崛起于火山地震汪洋大海之间,从古至今生活在水火两重天的极端环境中,养成了独特的民族性格和独特的审美观。客观来说,上苍从来没有厚待和偏爱过日本,在那片多灾多难的土地上,大自然一直肆意地彰显着它的破坏力,但日本并没有因此毁灭,反而愈发富有生机,这无疑是个奇迹。

　　对外界来说,日本是个谜,小小的岛国不仅蕴藏着巨大的能量,还包藏着无数秘密。作为东亚民族,日本具有东方人的敏感,他们偏好如樱花般短暂易逝的美好事物,认为在灿烂中死去比在枯萎中消亡更富美感。同时他们一度崇尚锋芒凛冽的军刀,把武士道精神视为民族的灵魂。柔美绚烂的樱花,如何与武士刀这种令人不寒而栗的冷兵器,和谐统一在一起,作为日本民族的象征的呢?要知道它们原本是两种截然相反的事物。这正是日本人的奇特之处,善于把不同的事物融为一体。日本人善于融合截然不同的事物,不是因为日本文化的包容性强,而是因为日本民族文化具有多重性。它的多重性与其独特的民族历史密切相关。

　　在漫长的古代,日本一直向近邻中国学习,仿效中国的各项制度,把国家从落后的奴隶社会推向了封建社会。与中国封建社会不同的是,日本始终不是一个中央集权国家,即便是在大一统时期,地方也拥有独立的军权、行政权和财政大权。封建王朝最高的统治者——天皇名义上具有至高无上的世俗权力,实际上对各地的控制力非常有限。这就为以后的"下克上"埋下了伏笔。

万世一系的菊花王朝王权陷落以后，横刀跃马的武士走上了历史舞台，把日本带入了幕府时代。日本幕府分为三个历史阶段：即镰仓幕府时期、室町幕府时期和德川幕府时期。室町幕府时期，日本存在两个政权，史称南北朝时期。南北朝合二为一，短暂统一之后，日本又陷入了四分五裂、战乱四起的局面，史称战国时代，经过织田信长、丰臣秀吉、德川家康多年的南征北战，日本终于再次统一，过渡到了德川幕府时期。日本人决绝冷酷的武士道精神和疯狂的军国主义思想都是在幕府时期不断丰富和发展起来的。在武家当道的历史时期，为主尽忠为主而死，被视为一种大义。它高于正义本身，高于一切信仰，武士们不问对错是非，无条件地执行主君下达的命令，为了成就忠勇之名不惜付出任何代价。他们要么惨死于敌人的刀下，要么切腹自杀，对生命毫不吝惜。这种超然而又反常的生死观，经过提炼、升华和美化，逐渐演变成了一种独特的美学，即樱花的伤逝之美以及对死亡的讴歌和礼赞。

日本走向近代化是从明治维新开始的。腐败无能的德川幕府既不能平息内忧，也不能解决外患，最终被日本人民所抛弃。失落已久的天皇借助民意重返政治舞台，开始励精图治、变法图强。日本摒弃了封建时期腐朽落后的经济政治制度，致力于全方位学习西方，一边引进西方国家的先进科技，一边积极吸收西方世界的先进文明成果，经过坚持不懈的努力，一跃成为亚洲强国。强大起来的日本渐渐忘乎所以，对外发动了一系列侵略战争，犯下了累累罪行。战争给世界人民带来了无穷的伤害，也给日本带来了极其负面的影响。战败后的日本一穷二白、满目萧条，令人诧异的是，仅用了短短几十年的时间，日本即实现了经济上的腾飞，一举跻身于发达国家之列。

日本文化的多重性与自身的历史有关，因为它一直处在动荡不安的环境中，在激流与变革中艰难前进。作为亚洲国家，它吸收了东方文化的精华与糟粕，沉淀了许多东西，步入近代，着力与世界接轨，努力向欧美等发达国家看齐，吸纳了许多西方元素，文化渐渐呈现出多样性。在日本这个民族身上，我们既能看到东方民族的影子，又能看到西方文化的烙印，同时还能看到不同于其他民族的东西，这正是它的迷人之处，也是它的魅力所在。希望本书能给您带来耳目一新的感受，带您领略不一样的东瀛风情。

目录
CONTENTS

第一章 史前文明和奴隶社会
——隐忍与极端并存，蛮荒时代练就的民族品性
在"地震和火山"中"长"出的东瀛之国 /2
"进口"的国民和"舶来"的技术革命 /5
"男权社会"中诞生的邪马台女王 /9
大和时代天皇们的"风流韵事" /13
住吉仲之乱：由美人引发的"权位之争" /18
"万世一系"神话的破灭 /22
荒淫暴君的病态人格 /26
东亚第一位女皇——推古天皇 /31
两度登基的传奇女皇 /35

第二章 菊花王朝
——等级秩序下的"至尊皇权"和"贵族政治"
大化改新背后的曲折与幽暗 /40
血浪滔天的白村江海战 /45
巾帼红颜的权力梦 /49
皇族与豪族的殊死较量 /54

奇葩女天子——爱江山更爱美男和尚 /60

步步惊心的恶灵事件 /64

史上最牛赴唐留学生——阿倍仲麻吕 /69

皇室"岳母门"——药子之变 /74

冠名皇廷的外戚集团——藤原氏 /79

失意王族最后的反叛——平将门之乱 /84

武士集团内讧和院政之争 /90

第三章 镰仓幕府时期
——冷酷背景中诞生的"悲情英雄主义"与"武士道精神"

靠女人起家的幕府将军——源赖朝 /96

为他人作嫁衣的悲情英雄——源义经 /100

冷血悍妇的倾世柔情 /105

武士军刀对阵蒙古铁骑 /110

醉心于死亡的武士道精神 /115

史上最能折腾的倒幕天皇 /120

第四章 南北朝时期
——对峙格局中的内战与危机

王朝争霸背后的女人 /126

足利氏祸起萧墙 /130

马革裹尸的战神——新田义贞 /136

明德之乱——山名氏兵谏京师 /140

遭遇"兔死狗烹"的守护大名 /145

足利义满的谋攻之道和统一之路 /150

散落民间的"皇二代"——一休宗纯 /154

第五章　战国时代
——豪杰并起，群雄逐鹿的乱世
搅乱天下的祸国佳丽　/162

养子引发的家庭纷争　/167

谜一般的旷世枭雄——北条早云　/172

云州之狼——尼子经久　/176

美浓的蝮蛇——斋藤道三　/182

第六天魔王——织田信长　/188

丰臣秀吉从布衣到权臣的逆袭人生　/193

第六章　德川幕府时期
——武家的辉煌与没落
德川家康的忍功和霸王之道　/200

大久保长安倒台悬案　/205

把天皇拉下马的风流小生　/210

将军府上的连环暗杀案　/215

闭关锁国状态下的日本　/219

踢开日本国门的"黑船事件"　/223

幕府的垮台和强权的陷落　/227

第七章　百年维新
——变法图强，实现现代强国之梦
明治天皇的维新之路　/234

慷慨悲歌的没落武士——西乡隆盛　/239

东洋的俾斯麦——大久保利通　/242

救亡图存的志士——木户孝允 /246
远东的仇恨：日俄两国交恶的内幕 /250
伊藤博文的智慧和野心 /254

第八章 现代文明时期
——大和民族独特的人文文化

茶道中蕴含的平民信仰 /262
蕴藏在美食中的大和文化 /265
托起日本制造的灵魂所在——匠人精神 /268
独特的人文习俗：冷水浴与耐力考验 /272
良好的国民素养：井然有序，遵守规则 /275

第一章
史前文明和奴隶社会

——隐忍与极端并存，蛮荒时代练就的民族品性

日本的岛民并非土生土长，而是从东南亚地区、中国、朝鲜半岛、南太平洋诸岛等地区移民过来的。在原始社会时期和奴隶社会时期，日本每次出现技术变革，皆与外来民族的进驻有关。因为不断吸收外来文化和外来新鲜血液，日本民族逐渐摆脱了落后原始的生活方式，渐渐有了国家的雏形。

客观来说，日本并不是一块风水宝地，不仅面积狭小、资源稀少，而且多地震多火山，海啸频发，岛民随时面临着家破人亡的灭顶之灾。在科技不发达、生产力落后的蛮荒时代，日本人天天面临着生与死的残酷考验，面对狂暴的大自然和种种不可抗力，他们学会了隐忍，养成了压抑谦卑的民族性格，压抑到了极限，就变成了极端，这种矛盾的民族特性在后世的历史中表现得异常明显。

早期的日本邦国林立，存在无数个奴隶制部落，人们普遍迷信武力，征服者通常能顺理成章地成为天下共主，被征服者极度顺从。大和国崛起以后，第一代国君创建了天皇制度，以天照御大神后裔的名号自诩，将臣民变成了仆人、奴隶和附庸。臣民饱受剥削压迫，却隐忍不发。暴君放纵乖戾、不可一世，表面看来所作所为似乎不符合日本民族的国民性，事实上这些特征都是压抑到临界线以后的反映。

在"地震和火山"中"长"出的东瀛之国

日本位于亚洲大陆最东端,西临日本海,与中国、朝鲜半岛、俄罗斯遥遥对望,背靠浩瀚无垠的太平洋,是一个四面环水的岛国。主体由本州、四国、九州、北海道四大岛屿组成,周围海岛星罗棋布,有数千之多,犹如一颗颗散落的珍珠漂浮在湛蓝色的海洋上。日本版图狭长,乍一看去,就像一只躬身游动、翘首东望的大海马,非常形象。

在遥远的冰河时代,日本岛与亚洲大陆是连在一起的,相连的部分被称作陆桥。大约在一万年以前,漫长的冰河时代结束了,全球气候突然转暖,温煦的阳光照射着大地,厚厚的冰层和皑皑的白雪渐渐消融,海平面水位上升,淹没了陆桥,割裂了日本列岛和亚洲大陆的联系。日本变成了一个被海洋环绕的岛国。由于地处板块交接地带,地壳运动活跃,日本列岛火山、地震、海啸频发,自古以来就多灾多难。

日本的国土面积不过37万平方公里,却集中了世界上最多的自然灾害,全球10%的活火山,分布在日本列岛上,20%的六级以上特大型地震,也分布在那些人烟稠密的小岛上,由于四围都是一望无际的海水,每次出现火山、地震,沿岸地区都有可能遭遇海啸的袭击。可以说,日本的世界,一半是海水一半是火焰,即便风光旖旎、景色奇幻,充满魔幻色彩,也无法勾起人们吟诗作赋的雅致,因为大自然是残酷的,偶尔发发脾气,就有可能引发一场毁灭性的浩劫，而歇斯底里的咆哮，则会带来世界末日般的恐怖景象。

日本的先民经常目睹各种各样可怕的自然灾难，不知道哪天会大祸临头。有时整个大地都在颤抖，人们无处躲藏，只能绝望地在大地母亲的怀抱里剧烈地颠簸，要么被乱七八糟坠落的物体砸死砸伤，要么被掩埋在沙石瓦砾中。先民们不明白大自然为什么要用这种残忍的方式惩罚自己，耗尽所有的脑力、心力和一生的时间，也没有找到答案。每个人都被深深的恐惧感包围，这种无可名状的恐惧感，逐渐转化成了对客观世界的敬畏。

在遥远的古代，自然科学是不存在的，人们都是通过肉眼来观察这个世界的，日本人祖先眼中的世界，是狂暴的、无情的、错乱的，要么天崩地裂，要么海水泛滥，要么到处都是遮天蔽日的火山灰和滚烫的岩浆，所有温情的画面似乎都是虚幻的假象，只有被灾难撕裂的世界才是真实的。死亡是一件极其容易的事情，每次天灾过后，死神都会带走无数鲜活的生命，对此人们早已习以为常，活下来的人已经不会捶胸顿足地号哭了。也许过不了多久，自己也会追随亲朋而逝去。抱着这种想法，每个人都在心里默默地做着生命的倒计时，但时间在他们的脑海里只是一个混沌的概念。没有人了解时间的含义，可是不知不觉中，所有人都学会了珍惜光阴，珍惜活着的每一刻。

日本先民的村落经常被夷为平地，他们辛辛苦苦建设的家园一瞬间就灰飞烟灭了，除了一具具尸体，什么也没有留下。人们非常清楚，只要天灾降临，死亡和毁灭必然会接踵而至。在大自然面前，人类只是脆弱渺小的存在，如同蚂蚁一般。家园一次次被摧毁，自己一次次流离失所，到处逃难，并不是最悲惨的，人生在世，最铭心刻骨的痛苦，莫过于经历家破人亡的惨剧，可对于频繁与天灾打交道的日本人来说，那只是家常便饭而已。每次劫后余生，多数家庭都会发现，家庭成员有所减少，部分亲人已经长眠于地下了。

由于频频与死亡近距离接触，无数次经历生离死别，日本人渐渐形成了奇特的生死观念。对于人人避讳的死亡，他们则抱有一种举重若轻的态度。面对突如其来的变故和不可预知的危险，表现得很淡定，不像其他民族的人那样畏惧死亡，但并不看轻生命，也不看轻死亡。"死"在日本人眼里，是一件极其神圣、极其悲壮的事情，一个人的罪孽和错误将随着生命的逝去一笔勾销。他们对死亡的看重和执念，深深地影响了本民族的人生观、世界观和价值观。

先民们把各种自然灾害视为天谴，以为是自己做错了事情，不断受到惩罚，故而对天地、神明、亘古的大自然更加敬畏，在自然界面前更加虔诚，逐渐养成了踏实做事、谦卑隐忍的性格。日本人的祖先很早就意识到，在茫茫宇宙中，人比尘埃还要渺小，在火山、地震、海啸前面，人的小聪明、小伎俩都派不上用场，除了诚心诚意地祈祷，他们别无他选。生活在同一时期的其他人类，在学会了用火和制造各种各样精巧的工具以后，就产生了征服自然和改造自然的冲动，甚至把自己当成了万物的灵长、宇宙的主宰，理所当然地认为任何资源都应该供人类随意取用。日本人不一样，他们见识过大自然的威力和破坏力，早早就认识到了自身的局限性，从来不敢妄自尊大，也不敢挑战自然界，面对比自己强悍千万倍的力量，只能选择无条件服从。这种特性千秋万世地延续了下来，遗传给了子孙后代。

现在的日本人普遍不擅钻营，做事比较严谨认真，行事风格程序化，愿意自觉服从权威，鹤立鸡群或离经叛道的人非常稀少，油腔滑调、举止轻浮的人也不多见。在日本，几乎看不到盗版，人人都遵守市场规则，即使在没人监督的情况下，也会严于律己。十几万人看一场演唱会，曲终人散之后，地上片纸不留，干净得仿佛没有人来过一样。

客观来说，日本人身上有很多优秀品质，比如诚恳、遵纪守法、谦虚有礼等。但正所谓"人无完人"，任何一个民族都是有缺点的。日本人最大的缺点就是盲目服从，缺乏独立思考的能力，行事僵化刻板，平时比较压抑，看待事物的方式有些极端，自杀率远远高于其他国家。

如今日本掌握了发达的科技，已经能提前预知各种天灾；房屋具有良好的防震功能，有的建筑物在九级特大型地震的冲击下，仍然屹立不倒。虽然现在日本仍然时时面临着火山、地震、海啸等自然灾害的威胁，但伤亡人数已经降至最低，大多数日本人都能安然度过各种灾难，听到预警以后，人们照常喝茶、看书、闲聊，就仿佛什么也没有发生过一样。随着科技的发展，自然灾害对日本民族的生存已然构不成威胁，但那些灾难的烙印并没有被彻底抹去。祖先赋予他们的特质一直保留至今。

"进口"的国民和"舶来"的技术革命

人类由原始社会一步步地过渡到现代社会，只有短短数千年时间，在漫长的历史时期，人类的先祖都是以一种混沌蒙昧的状态存在着。每个民族、种族在与自然界打交道的过程中，都受到当地环境的制约。日本人的祖先却不一样。恶劣的自然条件，使他们变得隐忍虔诚，学会了自律克制，也使他们养成了极端的性格，丧失了必要的弹性和柔韧度，所有的优点、美德一代代传承了下去，缺陷也跟着传承了下去。

我们很难评价和定义日本人，他们就像日本的国花——樱花一样，绽放时花团锦簇、灼灼其华，绚烂到极致；花期一过，仿佛约好了似的，迅速从枝头凋落，一起迎接华丽的死亡，谁也不贪恋生的喜悦和大好的春光。微风拂过，空气中暗香浮动，遍地的落花颇具几分诗意，又有几分哀伤。日本人永远不理解西方人所喜爱的玫瑰，娇艳的花朵下面长满利刺，对生命有着一种过分的依恋，即便茎叶开始枯萎腐朽，花朵仍然迟迟不肯凋谢。西方人珍爱鲜活的生命，所以偏好常开不败的玫瑰，而不喜欢短逝的樱花。日本人偏爱樱花，是因为他们就像樱花那样决绝。那么，决绝的日本人祖先究竟属于什么人种呢？

有些人认为日本人是中国人的后裔。传说两千多年以前，秦始皇派徐福到蓬莱仙岛寻找长生不老药。徐福带着三千童男童女，率领庞大的船队，浩浩荡荡地挂帆而去，从此一去不返。人们皆以为徐福留在了东瀛扶桑，并在海外繁衍生息。徐福和三千童男童女的后代就是日本人。我们都知道春秋战国和秦汉时期，中国多慷慨悲歌之士，晋国刺客豫让为了报答智伯的知遇之恩，甘愿漆身吞炭、自毁容貌，经常置个人生死于不顾，性格是何其刚烈决绝，与崇尚武士道精神的日本人不相上下。那么，日本人决绝极端的国民性格是否是中国人传给他们的呢？中国人究竟是不是他们的祖先呢？

答案是否定的。根据现代考古学研究，日本是混血民族，他们的祖先是从东南亚地区、中国、朝鲜半岛、南太平诸岛等地区移民过来的，不同的人种在日本列岛落地生根，不断通婚混血，逐渐形成了日本民族。最早迁入日本的是阿伊努人，阿伊努属于高加索人种的一支，他们高鼻深目，体毛浓密，肤色较深，面部特征酷似欧罗巴人种。起初阿伊努人生活在日本岛的南部地区，随着大批移民的涌入，阿伊努人的生存空间越来越小，后来不断受到驱逐和排挤，被迫向北迁移到了寒冷的北海道一带。现在的日本人属于大和民族，都是移民的后代，只有聚居在北海道的阿伊努人才是早期的土著居民。

经过了旧石器时代和中石器时代之后，日本步入了新石器时代。原始人开始制造一种饰有绳纹图案的精美陶器，所以他们所开创的时代被后世称为"绳文时代"。绳文时代成年男性身高普遍在 1.6 米以下，成年女性的平均身高在 1.5 米以下。他们大多眉骨突出，颧骨发达，生得浓眉大眼，嘴唇略显丰厚，体貌特征与东南亚人高度相似。因此流传着这样一种说法：绳文人是来自东南亚的移民。绳文人有充分的时间制作陶器，说明他们已经开始尝试定居了。如果他们还是像野兽那样到处迁徙游荡，是不可能造出那么多陶器的，因为每次搬家都很麻烦。

绳文人的居所很简陋，可能是半地穴式的。他们用厚厚的茅草盖在新挖好的坑穴中，用以遮风避雨，抵挡似火的骄阳或刺骨的严寒，置身其中，冬暖夏凉，好不惬意。他们的农业停留在刀耕火种的阶段，安顿下来以后，他们会经常焚烧大面积的森林、开垦田地，其余大部分闲暇时间可能都用来制作陶器了。因此，考古学家发现了不少绳文时代的陶器。陶器的出现，大大方便了绳文人的生活，它既是储存水和食物的器皿，又是烹煮食物最原始的炊具，属于生活必需品，重要性不言而喻。绳文人有了农业和固定居所，在较长的时期内，不会频繁搬迁，但生产生活方式仍然以渔猎和采集为主，并没有过上完全的定居生活。

生活在内陆地区的绳文人，在狩猎采集、种庄稼制陶器之余，学会了驯养动物，把狗驯化成了宠物。临海而居的绳文人，靠捕食鱼虾、贝壳之类的海洋生物为生，天天都能吃到海鲜。长期的捕捞生活，促使他们练就了高超的潜水本领和游泳技能。日本列岛气候变暖，海平面上升了许多，捕捞工作变得更容易了，所以比起内陆地区，绳文人更愿意在海边生活。

无论是在内陆安家，还是栖息在海滨，都不安全。靠海太近，一旦发生海啸，就会葬身海底；搬到内陆，又要面临地震、火山的威胁。在日本处处都是险地，跑到哪里都逃不出大自然的魔掌。绳文人诚惶诚恐，开始留意观察各种自然现象，渐渐出现了图腾崇拜和自然崇拜。

到了公元前3世纪，日本社会发生了翻天覆地的变化，先民们摒弃了兽骨、石头做成的简单工具，用上了铁器和铜器，学会了种植水稻和灌溉农田，吃上了喷香的大米饭，住上了采光通风良好的干栏式房屋，纷纷脱下了草裙和兽皮衣服，换上了舒适美观的麻布衣服。女人变得爱美，手上戴着美丽的贝壳或铜环做成的手镯，脖颈上挂着玉石、玛瑙、琥珀做成的精美项链。陶器不再是纯手工制作出来的，人们学会了用陶轮拉坯。陶器变得更加精致，出现了上釉的制品。这个技术大爆炸、社会发展突飞猛进的时代被称为弥生时代。弥生时代并不是绳文时代的延续，两者不存在必然的传承关系。那么处在原始社会的日本，为何没有经过量变的积累，一夜之间就发生了质变呢？

学者认为，新移民的到来，给日本带来了先进的技术，促进了日本社会生产力的飞速提高。那么，这些神秘的新移民究竟是什么人呢？可以肯定的是，他们来自东亚大陆。他们的体貌特征与绳文人有着很大的区别，身材高挑，脸型细长，多为单眼皮，五官较平，模样清秀。弥生人的祖先来自中国北方、蒙古地区（包括现在的中国内蒙古自治区和蒙古国）、朝鲜半岛和西伯利亚东部。他们来到日本列岛以后，与绳文人混血，逐渐变成了现在的日本人。

弥生时代之前，日本处在母系氏族社会，随着农业的兴起，长年从事繁重体力劳动的男性在生产、生活中扮演的角色更加重要，社会地位渐渐提升，逐渐取代女性，成了社会的主导力量。随着生产技术的进步和社会生产力的提高，剩余财富出现了，不久就出现了阶级分化，日本开始逐步向阶级社会过渡。

"男权社会"中诞生的邪马台女王

在农业高度发达的弥生时代，日本人依旧崇拜自然和神明，每年春种秋收时都会举办盛大的庆祝活动。人们敬天敬地敬太阳。天笼罩万物，主宰风雨雷电，象征着男性力量；地承载一切生灵，乳养一切生命，象征着女性力量；太阳光芒万丈，照耀芸芸众生，赐予光和热，如同神灵一般的存在。早年，日本人眼中的太阳神，是一位法力无边、至高无上的女神，她被称为"天照大御神"，持有三件宝贝，分别是八咫镜、八坂琼勾玉和草薙剑。

据日本古籍记载，很古很古的时候，天照大神幽居在天岩屋户里，迟迟不愿出来，天上没了太阳，大地一片黑暗，眼看就要生灵涂炭。有位大神用产自天金山的铁捶打锻造了一面宝镜，即八咫镜。

然后高举宝镜对准天照大神照射，天照大神显露出了神体，身影浮现在镜子上，从此宝镜里就储存了她的魂魄。天照大神待在天岩屋户里，闭门不出的那段日子里，八百万神让玉祖弯成的月形宝器，乍一看去又有点像动物的牙齿，它就是八坂琼勾玉。草薙剑的故事更加离奇，传说天照大神的弟弟须佐之男命，下凡时英雄救美，救下了一位被大蛇袭击的美丽少女，杀死了害人的大蛇。大蛇断气后，从尾巴里掉出一把宝剑。须佐之男命返回神界后，把宝剑进献给了姐姐。

八咫镜、八坂琼勾玉、草薙剑三件宝器，源自神话传说，按照常理推断，它们在现实生活中是不可能存在的。可后来这三样宝物全都成了日本皇家的象征，日本人的史料里详细记载了它们的下落，历届天皇，都将其奉为传国至宝，这又是怎么回事呢？答案不言自明，肯定是日本人根据神话传说的内容，精心打造了三件宝器。以八坂琼勾玉为例，它在弥生时代就出现了，最初是用动物的牙齿做成的，所以形状酷似动物牙。后来日本人又用黄金、玉石、玛瑙等珍贵的材料制作八坂琼勾玉，凸显其神圣性，它渐渐由一件神物变成了世俗权力的象征。

在科技极其不发达的古代，许多国家的统治者为了维护秩序，都会不遗余力地美化神话自己。日本的统治者也不例外。弥生时代晚期，日本邦国林立、战事频仍，一时之间天下大乱，出现了许多骇人听闻的杀戮事件。诸国之中，邪马台最为强大，是唯一有实力征服各部族并结束战乱的大国。在群雄并起、兵荒马乱的年月，邪马台人拥立了一位叫卑弥呼的女子为君主，局势发生了惊天逆转。卑弥呼是一个长袖善舞的女政治家，她凭借出色的外交手段取得了中国三国时期曹魏政权的支持，暂时稳住了日本。

在当时，一介女流之辈能登基称王是非常不可思议的事情，因为在她之前，日本已经进入了男权社会。日本列岛版图狭小，耕地面积有限，资源极度匮乏，人与地之间的矛盾越来越突出。各邦国为了争夺土地、资源和人口，频繁对外发动兼并战争。每个国家都盼望着有一个强有力的男性领导人带领族人横扫天下，为何实力最强大的邪马台要选择女性当国家元首呢？卑弥呼到底有什么非同凡响之处？难道仅仅是因为她能力出众吗？显然不是的。据史料记载，卑弥呼之所以能脱颖而出，不是因为她在能力、德行方面强于男人，而是因为她更懂得包装和神话自己。她一直对外宣称，自己是神灵派来的使者，是唯一能同天神及鬼怪交流的凡人，拥有常人所不具备的神力。

由于自然环境特殊，日本人饱受自然灾害的蹂躏和荼毒，在内心深处，都认为自己的民族是被诅咒的，世世代代永遭天谴。听说卑弥呼能和鬼神沟通，自然喜出望外，于是不约而同地把她当成了救世主。卑弥呼就是在这种情形下被扶上权力宝座的。执掌大权以后，卑弥呼为了保持神秘性，一直久居深宫。皇城内外戒备森严，到处都有侍卫把守。日本的臣民是很难见到她的天颜的。卑弥呼奴仆成群，贴身侍奉她的婢女有千余人，负责传御膳的是一个男仆。国家大事由弟弟来辅佐。卑弥呼的弟弟要定期奏事，奉上各级官员的奏章，并向各部门传达女王的谕旨。也就是说卑弥呼虽然已经成为国家的最高统治者，在日本具有无上的权威和不可置疑的话语权，但女性掌权在当时仍然是件很敏感的事情，为了平衡各种关系，她不得不让男性参政议政。

卑弥呼在位期间，邪马台已经出现了贵族和平民分化，尊卑有序，并蓄养了一定数量的奴婢和生口（对奴隶的称呼）。大率、大

倭、大夫等朝廷命官都是由"大人"阶层担任的。所谓的"大人"指的是贵族老爷。大率是中央派到地方属国的监察官员。大倭负责维持集市秩序,大夫为外交官,掌管外交事务。平民占据人口的大多数,负责提供劳务和缴纳赋税。阶级体系层层监管,地位卑微者没有机会看到权贵阶层,能见到卑弥呼的人少之又少。为了维护自己不食人间烟火的形象,卑弥呼终身未嫁,做了一辈子的童贞女王。她在空闺中度过了无数个寂寞的夜晚,忍受着高处不胜寒的孤独和冷清,毕生不知男欢女爱为何物,老了也不能享受儿孙绕膝的欢愉。女人的青春是短暂的,美丽神秘的卑弥呼女王,不知不觉就变成了一个老态龙钟的老妪,一头乌黑的秀发染上了霜华,明媚的朱颜失去了光泽,那双秋水般澄澈的眼睛也变得浑浊了。

作为一个女王,她没有时间感叹韶华空逝,因为她有更重要的事情要考虑,比如王位接班人的问题。她没有子嗣,究竟把王位传给谁好呢?想来想去,她终于想到了一个办法,决定开创一种全新的制度,传位于女祭司。于是从民间挑选了若干个少女,宣其入宫陪侍自己左右,苦心孤诣地培养她们。她知道假如某个少女继承了王位,将变成全民敬畏的圣女,与此同时,将失去一个女人本该享有的一切,被剥夺为人妻为人母的基本权利,一个人孤独地老去。

在男权社会,女人想要凌驾于男人之上并不容易。邪马台南面有一个邦国,不归邪马台管辖,实权操控在一个名为狗古智卑狗的权臣手上,被称为狗奴国。狗奴国对卑弥呼嗤之以鼻,认为邪马台让女人当君主简直是天大的笑话,于是公开发表演说说,母权社会已经成为过去,现在男人才是世界的主宰,国家应该由男人管理。邻国选女人当国王,违背天道,应该受到讨伐。狗奴国王打着匡扶社稷的旗号,发兵攻打邪马台。两国陷入旷日持久的战争。邪马台常年侍奉神道鬼道，军备废弛，根本不是狗奴国的对手。卑弥呼只有蛊惑众生的能力，根本不知道该怎样调兵遣将，更不要说"运筹帷幄之中，决胜千里之外"了。不过她知道如何借力。曾几何时，她借助并不存在的神力，登上了王位，如今大敌当前，虚无缥缈的鬼神是帮不上忙了，她必须仰仗大国替自己解围。很久很久以前，她就知道在大洋彼岸有一个人口繁盛的超级大国，眼下也只有这个国家能为危机四伏的邪马台提供庇护了。

卑弥呼于是派使者远涉重洋，不远万里来到了中国，谒见了曹魏政权的皇帝曹睿。曹睿听说东邻有心归附中原，非常高兴，当即赠给邪马台女王"秦魏倭王"的绶印，并赐予对方一面铜镜，以示两国交好之意。使者捧着紫金绶印和铜镜回到日本以后，日本各邦国咸服，卑弥呼的地位得到了巩固。但狗奴国仍然不服，狗奴国国王不理会来自魏国方面的宣告，继续讨伐邪马台。卑弥呼御驾亲征，战死沙场。卑弥呼去世后，邪马台的国运江河日下，国力日渐衰微。中国三家归晋以后，基本与邪马台断绝了来往，有关邪马台的记载也中断了，邪马台渐渐淡出了人们的视野，化作了悠久的传说。

大和时代天皇们的"风流韵事"

邪马台衰落后，地处平原地带的大和国崛起了，它凭借强大的国力取代了邪马台的共主地位，逐步征服了日本各部。日本进入了大和时代，又称古坟时代。大和国的最高统治者被称为天皇，天皇鼓吹君权神授的思想，创建了等级森严的社会秩序。天皇以下是豪门大族，贵族的直系和旁系称为"氏"，统领氏的尊者被称为"氏上"，氏上的姓是世袭的，从"姓"的级别可以区分尊卑贵贱。起初"姓"是氏上的尊称，天皇为了控制豪门大族，只对忠于自己的臣子赐予尊贵的"姓"，动辄剥夺忤逆者的"姓"。

同邪马台一样，大和国也是奴隶制国家。地位最卑下的部民阶级就是奴隶阶层，大多由战俘、犯人和外邦移民组成。他们没有自然人的权力，没有人身自由，属于皇室和王公大臣的财产。部民从事农业、手工业、畜牧业和渔猎业，无偿为统治阶级服务，名字非常简单，不是职业名，就是地名。仅仅根据他们的名字，便大致可以弄清他们的主人究竟是何方神圣。

传说大和国的第一位天皇神武天皇来自中国，为天照大御神的后裔，他一手创建了天皇制度，宣称天照大御神的子孙万世一系，将世世代代统治日本，任何人都没有资格取而代之。按照这种说法，日本自从有了天皇，从来没有出现过改朝换代的事情，任何觊觎皇位的乱臣贼子都不敢轻举妄动。神武天皇是一个来历不明的神秘人物，日本史籍上说他是降临人间的"天孙"，这当然是不可能的。有些人认为这个面目不清的历史人物，其实就是到日本列岛采仙药的徐福。理由是徐福东渡的时间，和大和政权建立的时间很接近。

神武天皇究竟是不是徐福，由于年代久远，现在已经很难考证了。唯一可以确定的是第一任天皇并非土生土长的日本人，他是一个不请自来的外国人，非常精明强干，不仅野心勃勃，而且十分狡猾，知道怎么运用日本的本土神话包装自己，公然自诩为天照御大神的直系后裔，利用日本人对神明的崇拜和恐惧，开创了千秋功业。他必然拥有一流的口才和无可匹敌的说服力，如此才能让自己编造的无稽之谈立得住脚。无论如何，日本人相信了他那套"神圣"的理论，愿意死心塌地地为他效忠。

作为肉体凡胎，一旦光环加深，被赋予了神性，那么人性就会退化到令人匪夷所思的地步。天皇可以不贤能，可以不优秀，只要是"天照大御神"的后代，就可以理直气壮地霸占着皇位。由于自诩为天神的后裔，日本统治者非常重视皇室血统的纯正性，为了不让比自己低一等的贵族或卑微的平民，将卑贱的血液混入皇族，日本宫廷开始流行近亲结婚。在当时，没有人懂得达尔文进化论，人们并不知道近亲结婚会导致后代在智力和身体发育方面出现缺陷，还以为亲上加亲，将使皇室的血统更加纯净、高贵，故而会毫无负担地迎娶自己的亲属。

天皇普遍不太看重世俗的伦理道德，他认为自己是半人半神的性质，不必拘泥于人间的法度，所有条条框框的规矩是用来约束臣子和贱民的，神圣的天皇可以凌驾于任何规矩之上，完全不受世俗观念的束缚。依照今天的观点来看，日本天皇的婚姻、爱情实在是乱得惊世骇俗，但在当时看来，天皇倾慕于家庭内部成员是合理的、正当的，他们的结合是神圣的，近亲结为夫妻，有助于巩固家族统治。无论是在朝野还是在坊间，鲜有人敢议论天皇的私生活，更没有人敢把它当成宫闱秽闻到处传播。

日本的第十六任天皇仁德天皇，生前是个多情种子，与多名国色天香的美丽女子痴缠，自己的妹妹也被卷了进去，最后竟引发了惊天血案。仁德天皇的博爱，伤害了很多的后宫女子，不过在当时的历史时期，绝不可能有人站出来指指点点。天皇自古多情、无情又滥情，可他身边的女人总是抱有不切实际的幻想，期盼着自己能集万千宠爱于一身，如普通妇人那样，与所爱的男人白首偕老，盘姬如此，八田皇女亦如此。事实证明，这只是一厢情愿而已。

盘姬皇后是个名门闺秀,不仅貌可倾城,而且才慧过人,可谓是集智慧与美貌于一身。她知道仁德天皇是个风流情种,不可能因为迎娶了皇后,就放弃与其他妃子欢愉,为了防止丈夫窃玉偷香,她使出了浑身解数,想方设法阻止年轻漂亮的女子接近天皇。起初这种方法还算有点成效,仁德天皇接触不到令自己怦然心动的绝色女子,每天循规蹈矩处理政务,没有什么逾矩的行为。可惜好景不长,没过多久,盘姬皇后便惊恐地发现,仁德天皇移情别恋了,所爱的不是别人,正是他同父异母的妹妹八田皇女。

八田皇女天生丽质、如花似玉,堪称天资绝色,又有皇室血统,深得皇兄的喜爱,两人彼此倾心,经常花前月下、卿卿我我。盘姬皇后发现他们的私情后,不由得妒火中烧,一气之下便把从小在锦绣膏粱中长大的八田皇女贬到了偏僻的乡下。仁德天皇见不到楚楚可怜的皇妹,整天魂不守舍。眼看新尝节要到了,按照习俗,天皇要在宫中大摆筵席,与群臣同乐。仁德天皇趁盘姬皇后忙着操办宴席,无暇他顾,悄悄地把八田皇女接进了宫。有情人久别重逢,立时爱火复燃了。盘姬皇后听说后,火冒三丈,气冲冲地登上兰舟,绝尘而去,从此在娘家住了下来,久久不肯回宫。仁德天皇几次三番派使者接她回宫,她都不予理会,决计要和天皇冷战到底。

仁德天皇碰了一鼻子冷灰,最后使出了"撒手锏",派盘姬皇后贴身侍婢的哥哥前去劝谏。使者站在外面说得口干舌燥,盘姬皇后始终不为所动。时值深秋,绵绵的秋雨打湿了使者的衣裳,浸湿了领前的朱红色纽扣,纽扣褪了色,染料随着雨滴一滴滴地溅落在地上,仿佛刚刚淌下的血泪一般。妹妹见状有些不忍,出口成诗道:"巍巍筒城宫,苦说竟无功,秋雨成血泪,滴滴心头红。"盘姬皇后可怜这对兄妹,便对妹妹说:"让你哥哥马上回宫吧,别在这儿淋雨了，无论如何，我都不会妥协的。"

使者无奈，只好悻悻而归，他不敢跟天皇讲实话，于是避重就轻地说："微臣在皇后那里见到了一种怪虫，模样很像蛇，先变成蛋，破壳而出之后，即化为飞鸟，甚为神奇。微臣不得不先行一步，赶回来禀报，请陛下亲自前去看看。"仁德天皇一听，大为惊奇，顾不得许多，立刻动身前往筒城去见怪虫。那怪虫是百济国的公子送给盘姬的礼物，能结茧吐丝，还能长出翅膀，化作飞蛾。它的学名叫蚕，吐出的细丝，经过加工能织成光滑柔软的丝绸。仁德天皇得了蚕，如同得了宝贝一般，高高兴兴地把蚕种带回去了，在全国范围内普及养蚕缫丝的技术，不久日本出现了许多五彩缤纷的织锦。

盘姬皇后始终不肯回宫，终日郁郁寡欢、以泪洗面，最后抑郁死了。盘姬皇后去世的第三年，仁德天皇册封皇妹八田皇女当了皇后。八田皇女登上皇后宝座以后，不仅不欢喜，反而一日比一日忧虑，她这才理解盘姬皇后当年的苦楚。仁德天皇本性不改，竟然一眼相中了八田皇女的妹妹，自己不好意思开口示爱，让胞弟隼替他鱼雁传书。小皇妹生得花容月貌、惊若天人，隼第一眼看到她，便不可救药地爱上了，索性捷足先登，代替皇兄当了情郎。

仁德天皇苦苦地等待着和小皇妹幽会，等了好几个时辰，始终不见佳人那美丽的倩影。他不由得心烦气躁，索性微服出宫，悄悄驾临小皇妹的居所。孰料刚走到门口，就听到年轻男女打情骂俏的欢笑声，无须分辨，是隼在和小皇妹调情。仁德天皇顿时醋意大发，一脚踢开门，咆哮着冲进去，拔剑向胞弟砍去。隼年轻力壮，身手矫健，灵活地躲过了哥哥的攻击，拉起小皇妹便往外跑。仁德天皇气喘吁吁地在后面追，没有追上，又派两员大将去追。

两员大将复命前，八田皇后哭着说："你们可以奉旨杀人，但看在我的面子上，千万不要侮辱我的小妹妹。"两员大将领命而去，在大和山抓到了隼和小皇妹。他们见小皇妹生得千娇百媚，满身珠光宝气，顿时兽性大发，粗暴地剥了她的衣裳，将贴身的装饰品逐一剥落下来，揣入自己的衣怀，随后毫不犹豫地把他们杀了。

光阴荏苒，物换星移，很快新尝节又到了。八田皇后依礼设宴款待群臣，女眷们个个盛装出席。其中有个贵妇想出风头，特地捧着一只名贵的玉镯，让八田皇后鉴赏。八田皇后定睛一瞧，差点昏倒在地，那玉镯正是自己的妹妹贴身佩戴之物。一问才知，此物是贵妇从杀人越货的将军家里借来的。八田皇后料定妹妹死后必然遭受了奇耻大辱，不由得悲从中来，于是下令处死了那两员贪财好色的大将。宫廷风波终于平息了。

住吉仲之乱：由美人引发的"权位之争"

仁德天皇驾崩后，皇太子履中出于政治利益的考量秘不发丧，私自为父王举办了葬礼。履中已经做好了继承大位的准备，并打算迎娶羽田矢代宿祢的爱女黑媛为贵妃。不久便下了聘礼，只待选个黄道吉日迎娶新人过门。皇弟住吉仲奉命到黑媛家通告良辰吉日。

黑媛正当妙龄，青春貌美，住吉仲见了甚为喜欢，美人当前，没能把持住自己，便假冒长兄之名，与美人度过了一夕花月良宵。当晚，不慎将自己的手铃遗落在床榻上。次日晚上，皇太子履中满心欢喜地来到了黑媛家，并不知道自己的兄弟已经近水楼台先得月了，误以为心上人仍然在苦等着自己。他动作轻柔地掀开锦绣帷帐，迫不及待地想要一睹美人薄衫娑动、身形窈窕的姿容，孰料床头忽然传来一阵清越的铃声，搅了他的兴致。

履中不由得狐疑，觉得这铃声仿佛在哪里听过似的，分外熟悉，便问黑媛："这手铃你是从哪里得来的？"黑媛不假思索地回答说："这铃不是太子昨晚赐给妾身的吗？"履中顿时恍然大悟，知道是皇弟住吉仲在暗中搞鬼。他没有声张，默默地咽下了这口恶气，十分扫兴地退了出来。黑媛一头雾水，不明白究竟发生了什么事，不敢开口询问，只能默默地目送着皇太子远去。此时此刻，住吉仲也担心丑事败露，暗中躲在门外观察动静。见皇兄刚进去不久就铁青着脸出来了，感觉大事不妙，于是决定先发制人，杀太子自保。他暗自纠集了兵力，包围了东宫。

住吉仲之所以敢冒充皇兄，抢先与嫂子洞房花烛，是因为依照当时的习俗，新郎必须夜晚登门与新婚妻子共度良宵，不待天色破晓就得匆匆离开。古代没有灯具，蜡烛的光线非常微弱，新郎新娘见面时看不清面部细节，朦朦胧胧中大致可以辨识对方的身影，脸孔是无法辨认的，即便出现偷梁换柱的事情，彼此也会浑然不觉。

履中经历的烦心事，他的父王仁德天皇也经历过。据说仁德天皇爱上了风华绝代的女鸟王，派自己的弟弟速总别王前去传情达意。女鸟王被速总别王的风仪所迷，于是便幽幽地对来者说："听说皇后是个醋坛子，连温顺如水的妃子，她也不能相容。我不想进宫侍奉天皇，倒是很想给你当妻子。"于是两人私订终身，结为伴侣。速总别王沉湎在温柔乡里无法自拔，便没有回皇宫复命。

仁德天皇等得不耐烦了，便亲自登门造访女鸟王。他悄无声息地站在门槛前，偷偷地观察女鸟王，只见女鸟王正坐在织布机前专心致志地织布。他自作多情地想，这布料一定是织给自己的，于是明知故问地说:"你是在为谁做衣裳啊?"女鸟王一脸的甜蜜和幸福,毫不掩饰地回答道:"我为速总别王织布做衣裳。"仁德天皇不悦,当即拂袖而去。女鸟王害怕仁德天皇会报复自己和速总别王,于是便和速总别王商量说:"不如先下手为强,杀掉那个鹪鹩吧!"孰料这话竟被刚刚折返回来的仁德天皇听见了。鹪鹩是仁德天皇的别称。仁德天皇得知弟弟和女鸟王密谋弑君,气得浑身哆嗦,立刻派兵前去擒拿二人。速总别王带着女鸟王逃进了深山,他们逃到苏迩时,被追兵捉住了。追兵毫不客气地将这对苦命鸳鸯斩杀了。

履中太子遭到亲兄弟的背叛后,也想效法父皇杀弟雪耻。不过住吉仲不是速总别王,他手握兵权,根本不用狼狈逃走,被逼急了,很有可能狗急跳墙,杀兄自立。果然没过多久,住吉仲便采取行动了。履中太子登基即位那天,宣召大宴群臣。席间,臣子推杯碰盏,开怀畅饮,喝得非常高兴。晋升为天皇的履中龙颜大悦,喝得酩酊大醉。住吉仲只是象征性地喝了几杯酒,刻意保持着清醒。他趁皇兄醉得不省人事时,纵火烧了皇宫,并趁乱联合大将阿昙浜子起兵造反。履中天皇差点葬身火海,幸亏手下拼死相救,才侥幸逃出生天。

履中天皇受了惊吓,流落到河内,在石上神宫暂时安顿下来。他的幼弟瑞齿别尊(后来的反正天皇)领兵前来接他回宫。履中天皇已然成了惊弓之鸟,任何人都不相信,怀疑幼弟图谋不轨,于是冷冷地说:"你若真的对朕忠心耿耿,就杀掉住吉仲,平息叛乱。"瑞齿别尊依言行事,回宫后用重金收买了住吉仲的得力干将,终于将住吉仲杀死。住吉仲之乱平息。阿昙浜子缴械投降。按照当时的刑罚,大逆之罪本该处死。履中天皇为了彰显自己的仁德,没有杀掉阿昙浜子,只是判处了他黥刑(在身体上文身刺字的刑罚)。表面看来，这么做已经够宽宏大量的了，至少不像斩首示众、诛九族那么残忍，但在当时，黥刑相当于精神上的死刑，罪犯一旦受刑，一辈子抹不去不光彩的印记，想要重新做人、改过自新，几乎是不可能了。人们见了受过文身刑罚的人，往往会避而远之，对这类人又恨又怕，不可能去接纳他们。

因此，从某种程度上说，乱臣贼子阿昙浜子被判刑以后，不久就会变成活死人，将长年游离于社会之外，过着离群索居、动荡不安的生活，不断地遭人白眼，没完没了地受歧视，无论走到哪里，都得不到安宁。这种日子简直是生不如死，性情刚烈的人宁愿引刀成一快，也不愿遭受这样的侮辱和折磨。

日本是一个谦恭有礼、高度自律的民族，从古代开始，日本便以"君子之国"自诩，为什么宫廷会流传出那么多丑闻呢？兄弟之间为争权位、女人斗得你死我活，动辄卷入香艳的桃色事件或血腥的屠杀，手足相残的悲剧层出不穷，日本人自我标榜的美德为何突然之间就消失了呢？这个问题，我们可以从两方面来看。从国民性角度来看，日本是一个压抑悲怆、恬退隐忍的民族，正所谓物极必反，压抑到极致，忍耐到极致，必然要找一个发泄的出口，一旦有了爆发的机会，压抑到临界点的日本人就会瞬间变得狂野不羁、放纵张扬，与平时判若两人。这是情绪疏导失败造成的。

从社会学角度看，特权阶层和平民阶层是不同的。执掌天下生杀予夺的君王，不受任何人任何力量的制约，可以为所欲为，正因为如此，历史上才会出现那么多荒淫无道、残忍暴虐的昏君。君王沉湎于声色犬马，或者杀兄屠弟，甚至弑父，种种丑恶行径，在任何国家都出现过，并非日本所独有。所以从某种意义上说，是权力和欲望腐蚀了人性的本真，并非是日本统治者天生行为错乱。天皇

或王室贵胄表现出来的蛮横倨傲、风流浪荡、残酷无情，是特权阶层普遍的共性，不能用它来反映平民的精神面貌和道德情操。

"万世一系"神话的破灭

瑞齿别尊平叛有功，赢得了履中天皇的信任和器重，成功晋升为下一任天皇，史称反正天皇。反正天皇在位时间不长，执政四年便匆匆下台了。他的继任者是允恭天皇。允恭天皇在历史上是谜一般的存在，他的原名叫雄朝津间稚子宿祢。宿祢是臣下的姓氏，在他之前，皇族从未出现过宿祢这个姓。一个姓"宿祢"的人被冠以天皇的名讳，在当时的日本，这种现象是非常诡异的。故而，历史学家认为，允恭天皇与仁德天皇、反正天皇并没有任何血缘关系，他只是一个权倾朝野的豪族，是靠发动政变上台的。他犯上作乱，害了反正天皇，自己取而代之，改变了日本的历史走向。

《日本书纪》从未记载过王朝政权的更迭以及天皇家族血统的微妙变化，是为了强调天皇家族是天照御大神的后代，其统治万世一系，从未中断过。事实并非如此，身份可疑的允恭天皇，不太可能是反正天皇的亲兄弟。《日本书纪·允恭纪》记载了另外一个故事，似乎在暗示允恭天皇即位不正。据说允恭天皇登基后，委派大臣葛城玉田宿祢为先帝反正天皇操办葬礼。不久日本发生了一场地震。允恭天皇担心葬礼不能如期举行，便让尾张连吾袭到葛城玉田宿祢那里视察。尾张连吾袭发现葛城玉田宿祢正在聚众宴饮，决定回去告发他。结果在返回皇宫的半路上，被葛城玉田宿祢杀死了。

葛城玉田宿祢藏匿在墓穴中，终日惶惶不安。允恭天皇大怒，以葛城玉田宿祢于先帝丧期行乐为由，出兵讨伐，将葛城玉田宿祢揪出斩杀。葛城氏属于皇亲国戚，家族出了多名皇后。葛城玉田宿祢和允恭天皇的恩怨，和反正天皇的葬礼并无多大关系。在古代，日本并没有那么多规矩，仁德天皇去世后，皇太子履中照常娶亲。也就是说，无论谁过世，都不影响结婚嫁娶和日常生活。先帝驾崩，臣子宴饮，算不得大罪，即便治罪，也罪不及死。允恭天皇以此为由斩杀葛城玉田宿祢，背后一定潜藏着鲜为人知的隐情。这个故事暗示了，支持反正天皇家族的忠臣尾张连吾袭与葛城玉田宿祢发生了剧烈争执，结果落败被杀。两人都知道允恭天皇即位不正。允恭天皇随便找了个借口，就将葛城玉田宿祢杀人灭口了。从此没人敢质疑他的皇位是否合法了。

据史料记载，允恭天皇继承大统之前，忽然身体不适，便以此为由，迟迟不肯举行登基大典。正所谓国不可一日无君，群臣见状，急得像热锅上的蚂蚁，跪着苦苦哀求，恳请允恭天皇勉为其难，接受帝王玺印。时值冬日，妃子忍坂大中姬端着一盆水侍奉在旁，等着病榻上的允恭天皇洗手。她忍不住劝谏道："如今国家无主，群臣无首，政务荒废，你还是赶快依从大家的意思，嗣承大位吧。"允恭天皇不答应。忍坂大中姬迟迟不肯退下，持水而立，冻得瑟瑟发抖。允恭天皇不忍心，只好勉强答应继承皇位。

允恭天皇的表现非常有趣，明明是发动政变夺了帝位，却在群臣面前再三退让，佯装不贪图大位，不急于登基，直到妻子给了他一个台阶下，他才肯即位。由此可见，允恭天皇是个表里不一，极其狡诈虚伪的人。他虽不是个正人君子，但对发妻还算有情有义，刚刚坐上龙椅，便急着册立忍坂大中姬为皇后。

忍坂大中姬是个野心勃勃的小妇人，早就盼望着母仪天下了。如今飞上枝头做了凤凰，便嚣张跋扈起来。她小时候曾和母亲一块在苑中游览，遇到了一个鲜衣怒马的人。那人要求忍坂大中姬采摘兰花，忍坂大中姬照做了。没想到对方不但不致谢，反而非常粗鲁无礼。忍坂大中姬从此对他怀恨在心，刚戴上凤冠，便下令在全国范围内搜捕当年的骑马者，扬言一定要杀死他报仇雪恨。为了一点争执，便兴师动众地杀人，足见忍坂大中姬是多么没有度量。

骑马者被押到宫里的时候，吓得魂不附体，马上跪下来叩首请罪，用颤抖的声音说："微臣罪该万死，有眼不识泰山，不知道您日后会显贵。若有冒犯之处，还望海涵。"忍坂大中姬见当年趾高气扬的骑马者，如此低三下四，气消了大半，赦免了他的死罪，将其贬为稻置（日本古代的一种官职）。

允恭天皇执政时，日本贵族阶层的姓氏越来越乱，有的贵族基于种种原因丢了原来的姓氏，不少级别较低的贵族开始公然冒认高贵的姓氏，高下贵贱立现的等级秩序遭到了前所未有的挑战。在当时的社会，姓氏的级别和身份地位、领受的俸禄是相挂钩的，姓氏发生混乱，直接影响到朝纲和政局的稳定。这是允恭天皇不能容忍的。

允恭天皇思来想去，想出了一个狠招，他让人煮了一锅滚烫的热汤，要求全体贵族沐浴更衣后，把手伸进热气蒸腾的汤水里接受检验，手要是没被烫伤，他的姓氏就是真的，手要是被烫起了燎泡或是出现大面积伤痕，那么他的姓氏就是假冒的。名副其实的贵族纷纷戴上木棉手套试探，冒名顶替的人由于心里有鬼，全都不敢把手伸出来，个个吓得面如土色。允恭天皇不费吹灰之力便甄辨出假冒姓氏的臣子，"姓氏之乱"很快平息了。

允恭天皇深谙权谋之术，是个城府很深的人。与其他天皇一样，他也是个性情中人，非常多情。即位的第七年，他大兴土木，新建了一所华丽的宫殿，特地设宴庆祝新宫的落成。宴席上，忍坂大中姬翩翩起舞，允恭天皇低头抚琴伴奏。一曲舞毕，忍坂大中姬默然而立。按照习俗，舞者必须说一句"奉娘子也"。允恭天皇见皇后不肯开尊口，便责备道："你这样做不合礼数。"忍坂大中姬听罢，冷袖一甩，又献上了一支舞，跳完舞，规规矩矩地说了一句："奉娘子也。"

允恭天皇笑着问道："敢问奉的是哪个娘子？可否把她的芳名透露给朕？"忍坂大中姬不知如何作答，于是说："我的妹妹弟姬貌若天仙、遍体生艳，艳色能透过罗衣，人称'衣通姬'。"允恭天皇一听，顿时心醉神驰，次日便宣衣通姬入宫。衣通姬素知姐姐善妒，死活不肯入宫侍奉。使臣来来回回往返七次，仍然没有把衣通姬请来。允恭天皇见不到美人心急如焚，于是换了一个机灵的舍人去劝说衣通姬。临行前，舍人在内衣里藏了一些食物，到了衣通姬的宅邸，便可怜巴巴地哀求道："臣奉天皇之命邀请您入宫，完不成任务，必被判处极刑，与其受刑而死，还不如死在您家的庭院里。"说完，便在庭院里趴了七个昼夜，一直不吃不喝。

衣通姬担心闹出人命，捧来饭食给他吃。他看也不看一眼，趴在地上一动不动。衣通姬刚走，他便偷偷地将干粮从内衣里取出来，快速地吞下肚去。衣通姬浑然不知，为了不让舍人绝食而死，被迫入宫。允恭天皇初见衣通姬，即被迷得神魂颠倒，于是重重奖赏了舍人。衣通姬入宫后，凭借光彩照人的气质和艳压群芳的美貌，轻而易举地博得了圣心。忍坂大中姬很不高兴，整天给允恭天皇脸色看。允恭天皇惧内，不敢明目张胆宠幸衣通姬，于是在宫外建了一座别馆，取名为藤原宫，专门用来金屋藏娇。忍坂大中姬分娩的时候，允恭天皇照常到藤原宫幽会衣通姬。

忍坂大中姬听说后非常伤心，悲悲切切地说："我和天皇做了多年夫妻，这么多年来，我尽心尽力地侍奉，心意不曾改变过。今日我生皇子，很有可能死于难产，他却还要到藤原宫宠幸我妹妹。"说完，便要纵火自焚。允恭天皇听说后，无比震惊，连忙跑到皇后面前谢罪。衣通姬知道姐姐容不得自己，于是便对允恭天皇说："藤原宫就在皇宫附近，妾住在此地，虽能时时见到陛下，心中甚是欢喜，但却伤害了姐姐。姐姐因为妾的缘故，痛恨陛下，妾也会感到难过。不如让妾搬到别处，尽可能远离皇宫，好让姐姐安心。"允恭天皇同意了，于是在河内国为衣通姬修建了茅渟宫，每当想念她时，便打着出宫游猎的幌子前去探望。衣通姬在茅渟宫度过了余生，从此再也没有回到皇宫。

荒淫暴君的病态人格

允恭天皇即位的第二十三年，开始考虑皇位继承问题，于是册立木梨轻为东宫太子。木梨轻眉清目秀，长相俊美，仪表堂堂，如不出意外的话，将顺理成章继承大统，坐揽天下。怎奈为情所困，爱上了同母的胞妹轻大郎女，因为一段不被祝福的禁忌之恋，毁了大好的前程。在当时，日本皇室同父异母的兄妹是可以结婚的，但同母兄妹的婚恋是被严令禁止的。木梨轻和胞妹偷吃了禁果，自然要受到惩罚。

有一年夏天，庖厨给允恭天皇进献了一碗鲜美的羹汤，奇怪的是，上面的一层竟凝结成冰。允恭天皇见了大惊失色，比看到六月飞雪还惶恐，连忙找来人问。有人道："这是皇族内部通奸导致的。"允恭天皇立即下令彻查此事。有人举报说木梨轻和轻大郎女私通。允恭天皇勃然大怒，宣太子和皇女入宫，严加责问。二人对奸情供认不讳。允恭天皇怒斥木梨轻不知廉耻，当即废黜了他的太子之位，不久又把他流放到了伊予岛。轻大郎女追随而至。这对苦命的恋人在岛上重逢后，凄然地唱了几首歌，然后双双殉情而死。

史书说木梨轻荒淫放荡，不尊礼法，国人议论纷纷，群臣都不服他。允恭天皇废黜他的太子之位，是为了顺应民意。这是一种非常道貌岸然的说法，日本皇族的私生活本来就非常混乱，木梨轻和轻大郎女只是比别人更进了一步，不致成为千夫所指、人人唾弃的对象。可不管怎么说，木梨轻确实令皇室蒙羞。允恭天皇为了安抚民心，不得不废掉他，改立二皇子穴穗为太子。穴穗就是后来的安康天皇。

安康天皇是个暴君。有一种说法是，木梨轻并不是殉情死的，而是被安康天皇害死的。安康天皇谋害了长兄，踩着亲人的尸体登上了大宝。关于木梨轻的死，不同的史料有不同的记述。不过结局基本相同，木梨轻死了，轻大郎女不愿独活，义无反顾地追随他于九泉之下，期望到另一个世界延续这段孽缘。木梨轻英年早逝，成全了安康天皇。安康天皇不像长兄那样侬侬多情，他是个非常冷酷的人，刚登上御座，就杀掉了自己的亲叔叔大草香皇子，并强抢叔母（即叔叔的妻子）为妻，还把叔母立为皇后。

大草香皇子的儿子眉轮王只是个稚气未脱的孩子，眼睁睁地看着父亲被杀，母亲受辱，一夜之间长大了，看透了世态炎凉和成人世界的肮脏。他默默地忍耐了三年，每天都在等待机会，做梦都想手刃安康天皇。有一天，眉轮王趁安康天皇熟睡，提刀蹑手蹑脚地走到了御榻前，然后将其杀死在睡梦中。那年眉轮王只有十岁，做了许多成年人都没胆子尝试的事情——弑君。安康天皇的弟弟雄略天皇不相信弑君一事是眉轮王的个人行为，毕竟眉轮王年龄太小，成年人很难理解一个不谙世事的小孩子为什么会做出这种疯狂大胆的事，总以为有人在幕后指使。雄略天皇的怀疑对象是自己的哥哥白彦皇子。于是便披坚执锐地找白彦皇子兴师问罪。

白彦皇子面对全副武装、疾言厉色的弟弟，不由得惶恐万状，说话结结巴巴、语无伦次。雄略天皇见状，昂首冷笑道："我早知此事没那么简单，看来你必参与了弑君密谋。今日一问，才知道你果然心里有鬼。"言毕，便不由分说地把白彦皇子杀了。剑上鲜血未干，雄略天皇又提着它气势汹汹地盘问另外一个哥哥——黑彦皇子。黑彦皇子战战兢兢，吓得嘴唇哆嗦，没办法回答弟弟提出的尖锐问题，索性拔腿就逃。逃跑时，带上了年幼的眉轮王。走投无路之际，黑彦皇子投奔了大臣葛城圆。雄略天皇威逼葛城圆交人。葛城圆誓死不从。雄略天皇怒不可遏，派兵将葛城圆的府宅围了个水泄不通，然后纵火焚屋。葛城圆、黑彦皇子、眉轮王以及府上所有的人都死在了那场大火中。

雄略天皇借助讨逆的名义，几乎将自己的兄弟赶尽杀绝。眼看皇位唾手可得，只剩下市边押磐皇子一个有力的竞争者了。雄略天皇誓言要拔掉这颗眼中钉肉中刺，市边押磐皇子却对即将到来的危险一无所知。雄略天皇邀请他一起打猎，他毫不犹豫地去了，结果自己成了猎物，被活活射死在猎场。他的弟弟也被雄略天皇设计杀死了。铲除了所有的竞争对手以后，雄略天皇不动声色地擦干了手上的血污，正式加冕称帝。

杀人不眨眼、残暴不仁的雄略天皇，即位后忽然变得风雅起来，时而吟诗作赋，时而游山玩水，时而周旋于美丽的女人中间，演绎了一段又一段风花雪月的浪漫爱情故事。雄略天皇是一个很会伪装的人，性情非常残忍变态，却总是装作虔诚的样子，让人捉摸不透。在位期间，他花了不少心思加强中央集权和君主专制制度，为了立威，动辄惩罚杀戮大臣，搞得朝野人人自危。

历史上的雄略天皇是一个雄才大略的君主，正如许多雄才大略的君王一样，做事雷厉风行，心肠比较狠毒，在铲除近亲和外戚葛城氏时，表现得心狠手辣，毫无仁德可言，治国手段简单粗暴，吊诡的是，他居然被奉为有德之君。无论如何，在他的治理下，日本从松散的氏族联盟变成了一个集权的、统一的军事王国，实力有所增强。他对日本还是有贡献的。

雄略天皇百年后，青宁天皇即位。青宁天皇驾崩时，膝下无子，眼看天皇家族的血脉就要中断。群臣头痛不已，只好在民间搜寻皇室后裔。有个官吏声称无意间听到两个放牛娃唱歌，歌词里说他们是市边押磐皇子的遗孤。大臣们喜出望外，立刻把那对放牛娃接到宫里。弟弟不想放弃自由自在的生活，拒绝做天皇，哥哥也不愿坐在冰冷的御座上发号施令。兄弟俩僵持不下。哥哥抱怨说："如果不是你乱唱歌，我们就不会被发现。"弟弟觉得哥哥所言有理，于是勉为其难当了天皇。他就是后来的显宗天皇。

显宗天皇当上皇帝以后，有恩报恩有仇报仇，重重地报答了帮助过自己的好心人，狠狠地惩罚了欺侮过他们兄弟的恶棍。在复仇的过程中，丧失了理智，居然为了一点小小的恩怨大开杀戒。显宗天皇兄弟落难的时候，有个养猪的老翁，抢夺了他们随身携带的食物，害得两兄弟挨饿。显宗天皇想起当年往事，仍然愤恨不已，于是找到那个老翁，毫不留情地将其处死，并迁怒于他的族人，动用酷刑弄断了全族老少的膝盖筋，使全族人变成了残废。

显宗天皇最想报复的人是雄略天皇，可惜雄略天皇已经死了，他很不甘心，一度想过毁掉雄略天皇的坟墓泄愤。他的哥哥不同意，理由是假如开了这个恶例，自己死后也可能被人掘坟。显宗天皇被说服了，只是象征性地在雄略天皇的墓地里取了一抔土，并没有破坏坟冢。显宗天皇驾崩后，传位于哥哥，即后来的仁贤天皇。仁贤天皇过世后，他的儿子武烈天皇继承了皇位。

武烈天皇是日本历史上最为著名的暴君。他已经残暴到了人神共愤的地步。为了满足自己的好奇心，他竟命人用刀剖开孕妇的大肚子，窥视未成形胎儿的面貌。他还下令将一个人的指甲一枚一枚地拔掉，然后强迫对方徒手挖白薯。受刑者十指鲜血淋漓，疼得倒吸凉气，受伤的手指触碰到坚硬的地面和肮脏的污泥，比撒上一层盐还要痛。武烈天皇笑吟吟地在一旁观赏，乐不可支。一个以虐待人为乐的君主，总是花样百出，瞬间就能想出令人发指的鬼主意。有一次，武烈天皇把一个人的头发拔得干干净净，然后命令他爬树。等到对方爬到了一定的高度，便吩咐属下砍倒树木，然后看着那人从半空中坠落摔死。武烈天皇一生做得最为荒唐的一件事情，莫过于对妇女的羞辱。他强迫女人裸着身子观看马匹交配，如果女人出现了生理反应，马上杀掉，什么反应都没有即召入宫做婢女。这种选拔婢女的方法，即便是最淫荡的帝王见了，怕是也得甘拜下风。

武烈天皇做虐太多，年仅18岁便一命呜呼了。由于死得太过仓促，还没来得及留下子嗣，天皇家族再次面临绝嗣危机。权臣大伴金村思量再三，决定迎立仲哀天皇五世孙登基。这位候补天皇不想卷入尔虞我诈的宫廷斗争，对皇位没什么兴趣，趁仪仗队到达之前逃跑了，从此杳无音信。大伴金村只好退而求其次，改立应神天皇的五世孙男大迹王。大伴金村费尽唇舌劝说男大迹王即位，并献上了铜镜、宝剑、玉玺。男大迹王没有推辞，在群臣的拥立下，成为新天皇，是为继体天皇。自此天皇家族的血统发生了改变，兜兜转转又回到了应神天皇的支系，谋朝篡位的允恭天皇留下的血脉被淘汰了。皇室回归了正统，但国家并未出现什么显著的变化，因为只要政体没有发生根本性改变，谁当天皇都一样，都不会给民众带来福祉。

东亚第一位女皇——推古天皇

7世纪初，豪族开始擅权。有个叫苏我马子长期把持朝纲，一时气焰熏天。在他的扶立下，钦明天皇的儿子崇峻天皇继承了大统。苏我马子自恃拥立有功，愈发胡作非为，不仅不恪守为臣之道，还肆意玩弄权柄，将崇峻天皇玩弄于股掌之中。由于实权操控在苏我家族手中，崇峻天皇只是个有名无实的傀儡皇帝，受了不少窝囊气，多次与苏我马子爆发冲突，君臣关系不断恶化。苏我马子索性一不做二不休，派人暗杀了崇峻天皇。

崇峻天皇遇害的消息传出之后，满朝哗然，无论是王公大臣还是皇族，都十分惧怕苏我马子，谁也不敢轻易发表评论，皇位悬空了许久，最后苏我马子提议让自己的外甥女额田部继承大统，额田部就是后来的推古女皇。额田部是钦明天皇的女儿，既有皇族血统，又是苏我家族的成员，她若当政，必能均衡各种势力，经过权衡比较，群臣纷纷表示赞同，一致认为额田部是新任天皇的最佳人选。

在男权当道的时代，天皇血脉没有绝嗣的情况下，本该传位给男性继承人。额田部和敏达天皇的儿子竹田皇子一度认为自己有继位的资格，额田部的侄子厩户皇子也曾觊觎皇位，两人明争暗斗了很久，互不相让，最后达成妥协，双双放弃皇位，拥立额田部为女皇。额田部从幕后走到台前，成为日本最有权势的女人，不是依靠钩心斗角的权谋手段，也不是依靠任何见不得光的勾当或血腥的谋杀，而是历史的潮流把她推到了风口浪尖上，每当男人斗得头破血流，闹得不可开交时，往往会让女人收拾残局。日本自古便有这样的传统。邪马台的女王卑弥呼就是这样上台的。

日本人似乎很相信，女人是乱局的终结者。每当政局动荡混乱时，总有女人登上政坛力挽狂澜，继额田部之后，日本历史上又出现了许多位女天皇，不过作为第一位女天皇，额田部将永远被历史铭记。额田部38岁即位，当时她的丈夫敏达天皇已经去世。登基后，她没有像其他当权者那样秋后算账，铲除同自己竞争过皇位的人，而是出乎意料地册立侄儿厩户皇子为东宫太子兼摄政王，令其辅政，大力推行改革，其智慧和气度远胜男人，足见她有多么非同凡响。

额田部之所以有那样的胸襟度量，是因为生于宫廷长于宫廷的她，见证过太多的权力争斗，看透了所有蝇营狗苟的伎俩，在各种纷争和政治旋涡之中，逐渐掌握了妥协和平衡的艺术，慢慢地，由一个柔柔弱弱的女子成长为吞吐天下的女强人。其实额田部的人生之路并不平坦，18岁那年她按照传统，嫁给了同父异母的哥哥敏达天皇，成为侧室。敏达天皇偏爱正妻广姬，身边不乏风姿绰约、娇俏可人的妃子。尽管额田部秀外慧中，美丽不可方物，却始终无法成为丈夫心中最爱的女人。直到广姬皇后去世，她才成为当家花旦，顺理成章地登上了后位。可惜好景不长，九年后，日本瘟疫流行，敏达天皇染上了疫病，不久撒手人寰。额田部一夜之间成了寡妇。

敏达天皇病逝后，他的弟弟用明天皇继承了皇位。在日本，父死子继和兄终弟及的传位制度是同时存在的，后者优于前者，皇位先在兄弟之间传递，然后才能轮到小辈。这种制度最明显的一个好处就是，降低了幼主登基的可能性，有效减少了内乱发生的概率，不过缺陷也很明显，即位的皇弟若是与作古的皇兄年龄相差不大，不久也会追随皇兄而去。用明天皇正是如此，刚刚执政两年就病死了。

用明天皇的儿子穴穗部皇子浪荡轻佻，心术不正，曾经试图玷污正在守寡的额田部，额田部拼尽全力保住了清白，惊吓之余，感慨连连，没想到金光闪耀的宫廷居然如此黑暗污秽。内廷如此，外廷亦是如此。用明天皇驾崩后，满朝文武分裂成了两大阵营，以物部氏为首的高级将领主张拥立用明天皇的儿子穴穗部皇子即位，以苏我马子为首的达官显贵主张拥立用明天皇的弟弟泊濑部皇子即位，双方吵吵嚷嚷，无法达成统一意见。最后苏我马子杀掉了穴穗部皇子，铲除了物部氏，扶立泊濑部皇子登基，泊濑部皇子就是崇峻天皇。

崇峻天皇不甘心当傀儡。有一天，大臣献给他一头肥壮凶猛的野猪。他忽然对着野猪指桑骂槐道："什么时候朕才能像砍猪头一样，砍掉佞臣的脑袋！"脱口而出的一句话，不想竟惹来了杀身之祸。苏我马子听说后，大惊失色，决定先发制人，于是派人暗杀了崇峻天皇。崇峻天皇一死，大臣噤若寒蝉。苏我马子趁机提出让额田部当女天皇。群臣无异议，额田部顺利即位。纵观额田部的从政之路，她不曾参与过任何暴力血腥的事件，也没有做过任何谋划，一直悄无声息地躲在幕后，是舅舅一手把她拉上了皇帝的宝座。由于血统尊贵，属于天皇家族的血脉，即位的合法性得到了大臣们的认可，所以上位后，不必费尽心思堵塞悠悠之口，可以全心全意地治理国家。

为了稳固政局，额田部撇开了个人私情，没有扶立自己的亲生儿子，而是选择了用明天皇的儿子即自己的侄子厩户皇子为接班人，放心地把国政大权托付给了他。之前，皇族贵胄争权夺利，多次发生喋血事件。额田部摒弃前嫌，让厩户皇子辅政，弥合了皇室家族之间的裂痕。她在位期间，政局安定，不曾出现过夺位之争，日本进入了和平稳定时期。厩户皇子没有辜负她的期望，协助她推行了一系列改革，设立了"冠位十二阶"的晋升制度，打破了官位世袭的传统，有利于国家选贤任能。天皇根据贵族的政绩、品德，赐予"冠位"，以儒家的德、仁、礼、信、义、智为参考标准，划分为六等官阶，每等官阶又分为两个级别，共十二阶。德才兼备、表现出众的官员经过考核可晋级，但不可传位于后世子孙。

推古改革第二项重要措施是推广"宪法十七条"。当时的宪法并不是真正意义上的法律法条，而是官僚政治体系下的一种规范，融合了儒、佛、法各家流派的思想。一方面鼓吹君主制的神圣性；另一方面对臣民提出了要求，忠君思想意味浓厚，也夹杂着一些关注民生爱惜民力的内容。

不难看出，额田部和厩户皇子推行的改革措施，灵感不是来自本土，而是深受中国政治文化的影响。额田部在位时，派出了大量使臣出使中国，与隋朝、唐朝建交，中日之间的交往空前频繁。以前,日本人一直以低姿态侍奉中国,每次来到中国大陆,都要虔诚地朝贡,还要向中原王朝讨要敕封。额田部在写给中国皇帝的国书中,开始以"日初处天子"自诩,称呼中国皇帝为"日末处天子",已经不承认自己是中国的臣属,企图与中国皇帝平起平坐。

额田部拒绝向隋炀帝称臣,却并不排斥中国的文化,她当政期间,日本吸收和借鉴了大量的中国文化元素,把日本推向了文化鼎盛的繁荣时代——飞鸟时代。在文治方面,额田部做得非常出色,武功方面也不弱,额田部多次发兵远征新罗,逼迫对方献上六座城池。不可否认的是,日本的对外军事征服行动,带有侵略性质,此举给朝鲜半岛的人民带来了战乱和苦难,不值得被后世歌颂。

厩户皇子长年日理万机,渐渐积劳成疾,没来得及当上天皇就病逝了,享年 48 岁。额田部的儿子竹田皇去世得更早。女皇额田部活过了古稀之年,74 岁那年寿终正寝。临终前,她把敏达天皇的嫡孙田村皇子叫到榻前,嘱咐他做事要小心谨慎,随后把厩户皇子的儿子山背大兄皇子叫到跟前,告诫他要虚怀纳谏。意思是让后者继承皇位,让前者当辅政大臣。交代完政事之后,额田部满意地闭上了眼睛,结束了她那传奇多彩的人生。

两度登基的传奇女皇

推古女皇额田部去世后,苏我马子的儿子苏我虾夷弄权,公然违背额田部的遗命,将山背大兄皇子驱逐出权力中心,扶立田村皇子为新君。田村皇子就是后来的舒明天皇。舒明天皇当了

13年的傀儡皇帝之后，含恨而逝。苏我虾夷很快物色到了新傀儡，要求皇后宝皇女即位。宝皇女即后来的皇极女皇。当时苏我虾夷权倾天下，满朝大臣都不敢与之争锋，要么与之同流合污，要么独善其身、明哲保身，鲜有反对者。

谁都知道，苏我虾夷是个狠角色，为达目的不择手段，杀起人来毫不手软，全都不敢得罪他。有继承权的皇嗣战战兢兢、如履薄冰，整天提心吊胆，既担心有朝一日沦为傀儡，又害怕近期沦为刀下鬼，惶惶不可终日。苏我虾夷提出扶立宝皇女登基时，他们要么装聋作哑，要么漠然无应，谁也没有胆量争抢皇位。

苏我虾夷认为女皇比男皇帝好控制，后来的事情证明，他的想法是错误的。皇极女皇是个非常有心机的政客，智谋过人，比男人还懂得玩弄权术。皇极天皇元年（642年），日本久旱无雨，苏我虾夷亲自诵经祈雨，天空只下了一点小雨便放晴了，丝毫不能缓解严峻的旱情。不久，皇极女皇祈雨，少顷，乌云密布，雷电交加，顿时风雨大作，大雨淅淅沥沥地下了五日才停止。看来，连老天都帮皇极女皇。这次祈雨事件，帮助初涉政坛的皇极女皇树立了威信，在苏我虾夷的面前，她暂时扳回了一局，但同苏我家族的较量才刚刚开始。

苏我家族把持朝政长达百年，势力根深叶茂，几乎不可撼动，想要夺回君权又谈何容易呢？苏我虾夷滥用权柄，把朝堂搅得乌烟瘴气，他的儿子苏我入鹿也不是省油的灯，动辄滥杀无辜，敢于在皇族头上动土，毫不留情地杀死了山背大兄皇子，然后对皇极女皇步步紧逼，眼看危及皇权。皇极女皇的儿子中大兄皇子目睹了苏我虾夷和苏我入鹿的种种倒行逆施，决定攘除奸凶，光复天皇家族，于是便同大臣密谋，诛杀苏我虾夷父子。

皇极天皇5年（645年），朝鲜半岛处于三国时代，新罗、百济、高句丽三足鼎立，三个国家分别派出使者带着礼物到日本进贡。皇极女皇以君主的身份，端坐在大极殿上，中大兄皇子随侍在侧。苏我入鹿作为国之重臣，依礼入殿。进贡仪式完毕后，中大兄皇子叫人关闭了宫门，然后给苏我石川麻吕递了个眼色，两人已经约好合伙诛杀苏我入鹿。苏我石川麻吕依计行事，开始朗声宣读上表文，中大兄皇子暗中埋伏好了刀斧手。孰料关键时刻，刀斧手因为畏惧苏我入鹿的淫威，打了退堂鼓，迟迟不敢下手。

苏我石川麻吕眼看读到表文的最后几行了，仍不见刀斧手行动，心里又急又怕，担心事情败露，手不由自主地颤抖起来，渐渐气息不稳，声音也开始发颤。苏我入鹿见苏我石川麻吕紧张得大汗淋漓，攥着表文的手抖动不止，心生狐疑，于是便问："何故发抖？"苏我石川麻吕掩饰道："因为离天皇陛下太近，畏惧皇威的缘故。"中大兄皇子等不及了，自告奋勇地上前一步，剑锋直指苏我入鹿，藏匿在暗处的刀斧手见状，奋勇杀出，众人合力杀死了苏我入鹿。

噩耗传到了苏我家族的府上，苏我虾夷瞬间精神崩溃，中大兄皇子趁机发难，步步紧逼。苏我虾夷绝望了，放火点燃了家宅，含恨蹈火而死。专横跋扈、咆哮朝堂的苏我家族从此淡出了人们的视野。皇极女皇目睹了苏我入鹿血溅王庭的悲惨一幕，吓破了胆，不敢贪恋权位，把皇位让给了胞弟轻皇子。轻皇子就是后来的孝德天皇。中大兄皇子被立为皇太子。孝德天皇仿效中国设立年号为"大化"，推行了一系列改革措施，史称"大化改新"。

653年，日本迁都飞鸟。这次迁都是中大兄皇子一手策划的，他与孝德天皇不和，于是便把孝德天皇独自留在了旧都，自己带着皇族成员及公卿大臣大举迁往飞鸟。孝德天皇成了孤家寡人，从此郁郁不乐、夙夜忧叹，不久就在孤独和悲愤中离开了人世。孝德天皇病逝后，已经退位的皇极女皇再次登临御座，成为日本第37代天皇，更名为齐名女皇。当时皇极女皇已过花甲，以老迈之躯出山，威仪不减当年，权欲和野心空前膨胀，变得穷奢极欲。

第二次登基，她已经没有了成为仁君的打算，只想好好享受人生，不惜大量征用民力，建造豪华宫殿和亭台楼阁，还修筑了一条运河，方便自己乘龙船游乐。她的儿子中大兄皇子也被权力腐蚀了，整天想着登临大宝，不惜动用极端手段铲除竞争对手。孝德天皇的儿子有间皇子形貌俊逸、姿容甚美，德行高又有才学，深受臣子爱戴。中大兄皇子担心他威胁到自己的继承权，在没有确切证据的情况下，以谋反罪将其处死。

660年，唐朝和新罗成为政治盟友，联合起来对付百济。皇极女皇计划打着支援百济的幌子，趁机吞并朝鲜半岛，然后以朝鲜半岛为跳板，入侵大唐。她不顾自己年老体弱，执意御驾亲征，风尘仆仆地赶到了北九州。不久，一场特大规模的瘟疫降临北九州，士兵接连不断地染病死去，皇极女皇也没有逃过那场天灾，跟着染病身亡了，征服朝鲜侵略大唐的计划成为泡影。

在政治局势错综复杂的情况下，皇极女皇两度登基，可见她绝不是一个简单的女人。可惜她的聪明才智没有用在富国强民上，而是用在了阴谋诡计和侵吞大国的疯狂计划上，一辈子也没干出什么惊天动地的大事，远不及推古女皇那样受后世推崇。

第二章
菊花王朝

——等级秩序下的"至尊皇权"和"贵族政治"

大化改新是日本历史上非常重要的历史事件，因为它是奴隶社会到封建社会过渡的节点。统治者通过改制，逐渐瓦解了旧势力，解放了劳动力和生产力，确立了新的生产关系。大化改新以后，土地从奴隶主手上转移到了封建统治者手中，农民被束缚在土地上，定期缴纳赋税，与土地所有者建立了新的依附关系，历史翻开了崭新的篇章。

天皇创立的菊花王朝，在步入封建社会以后，君权进一步得到加强。为了争权夺利，统治阶级内部展开了一系列激烈的争斗，皇族之间、皇族与豪族之间、皇族与外戚集团斗得昏天黑地、你死我活，但天皇的统治始终没有被推翻。这是因为在日本国民心目中，天皇集君权与神权于一身，神圣不可侵犯，即便丧失了世俗权力，也应该继续被供奉。菊花王朝时期，等级秩序森严，贵贱有序，天皇始终稳坐神坛，贵族作威作福，世代享受特权，平民阶层习惯了服从，不曾产生过"王侯将相宁有种乎"的想法，到了土地兼并异常严重的时期，依旧默默忍受。倒是统治阶级内部为了维护自己的私人庄园，打得火热，纷纷雇用武士集团，间接促成了武士集团的崛起，原有的旧制度受到了极大的冲击，这意味着一个崭新的时代又要到来了。

大化改新背后的曲折与幽暗

7世纪中期,日本发生了惊天动地的变革,自孝德天皇开始,共有六代天皇,热火朝天地投身于大化改新的运动,经过不懈的努力,终于使日本由落后的奴隶制国家蜕变成了中央集权制封建国家。

646年,孝德天皇仿效唐朝的政治经济制度,制定了《改新之诏》,宣布废除土地私有制和奴隶制,将全国土地收为国有;把国都定为京师,周边定为京畿地区,地方划分为国、郡、里三种级别的行政区域;废除原有的税收制度,推广租庸调法;编制户籍,清查人口,防止税收流失;废除官职世袭制度,大小官吏皆由朝廷任免;赋予贵族官僚以特权,建立尊卑有序、等级森严的社会秩序。

继孝德天皇之后,天智天皇和天武天皇继续推行新政,逐渐铲除了奴隶制的残余,确立了封建专制制度。天智天皇就是皇极女皇的儿子中大兄皇子,母亲染病驾崩后,他顺理成章继承了皇位,在中臣镰足(即藤原镰足)的辅佐下,不遗余力地推行激进的改革。中臣镰足是一位能臣,见识广博,眼界开阔,乐于吐故纳新。他生活的时代,日本派出了大批留学生前往大隋、大唐学习,留学生学成归国后,到处讲学,积极传播中国文化。中臣镰足深受启发,立志用先进的外国文化改造日本。

中臣镰足满腔抱负,可惜由于奸臣当道,报国无门,只能黯然退隐。归隐期间,他依然密切关注着日本的政局,暗中结交有识之士,计划着有朝一日东山再起。起初,他把救国的希望放在了皇极女皇的胞弟轻皇子（即孝德天皇）身上，亲自登门造访了轻皇子，陈述治国之道。轻皇子认为他很有见地，对他敬重有加，特地吩咐爱妃为其清扫客房，更换被褥。中臣镰足被对方的诚意和无微不至的关怀所打动，当即表示愿效犬马之劳。

中臣镰足仰慕轻皇子，也看好中大兄皇子。他前去拜望中大兄皇子时，中大兄皇子正和友人踢球，玩得不亦乐乎，跑着跑着，把鞋子踢飞了。中臣镰足默默地捡起了鞋子，双手高高捧起，毕恭毕敬地跪着，等待皇子取鞋。中大兄皇子年方19岁，见长者跪在自己面前，有些不好意思，也跟着跪下来，双手接过了鞋子。两人一见如故，经过一番交谈，发现彼此志同道合，从此结为至交。

后来中大兄皇子设计杀死了苏我入鹿，逼死了苏我虾夷，铲除了苏我家族的势力。皇极女皇受惊过度，宣布退位。中大兄皇子很想即位。中臣镰足进言说："古人大兄皇子比你年长，轻皇子比你有资历，你要是和他们争皇位，必然授人话柄，别人会说你诛灭苏我氏，不是为了国家社稷，而是为了个人私欲，如此一来，你将成为众矢之的，不如急流勇退，成就千秋美名。"中大兄皇子采纳了他的建议。轻皇子即位，是为孝德天皇。因为迁都事件，孝德天皇抑郁而终，中大兄皇子继承了皇位，是为天智天皇。在位期间，他的主要政绩是制定《近江令》，先后六次派使者前往大唐学习先进文化和封建社会的生产方式，有力地促进了日本社会从奴隶制社会向封建社会过渡。

天智天皇的儿子大友皇子博闻强识，才华横溢，会写汉诗，深受天智天皇的喜爱。天智天皇一度想传位给他，但考虑到其母身份卑微，出身地方豪族，而非京城贵族，立他为太子怕得不到群臣的支持，只好册立弟弟大海人皇子为东宫太子。随着年龄越来越大，天智天皇对儿子的爱越来越深,愈发憎恨自己的弟弟大海人皇子,认为是弟弟挡住了儿子的皇权之路。兄弟之间的矛盾越来越尖锐。

668年,天智天皇设宴款待群臣,酒酣耳热之际,大海人皇子忽然将长枪戳入了地板。群臣面面相觑,不敢出声。天智天皇火冒三丈,喝令左右将大海人皇子推出去斩首。中臣镰足连忙跪地求情。天智天皇怒气稍解,赦免了弟弟的死罪。次年,中臣镰足病故。天智天皇悲伤不已,穿着丧服伫立在宫门前,目送着送葬的队伍远去,当时泪如雨下。

中臣镰足一死,朝中再无人能调和皇族内部的矛盾了,天智天皇和大海人皇子渐渐发展到剑拔弩张、水火不容的地步。671年,天智天皇册封儿子大友皇子为太政大臣,又任命亲信担任左大臣、右大臣和御史大夫。此举等于变相架空了弟弟大海人皇子。意图已经很明显了,他不想传位给弟弟,有意把儿子培养成接班人。同年8月,天智天皇身染重疾、卧床不起,弥留之际,把大海人皇子叫到榻前,有气无力地说:"我命不久矣,现在就传位于你。"大海人知道哥哥是在试探自己,连忙推迟说:"微臣不敢领受。请陛下传位于皇后,将军国大事交给大友皇子。臣弟愿出家修行,报答陛下的恩德。"

天智天皇听罢,如释重负,马上批准了弟弟的请求。大海人皇子为了让皇兄放心,故意在皇宫内举行了落发仪式,当天便换上了皇兄赠送的袈裟,在仆人的陪同下连夜赶往深山古刹。有人认为大海人皇子六根未净,绝不可能伴着青灯古佛了此残生,他日必卷土重来,杀回皇庭抢夺皇位,极力奉劝天智天皇不要被表象所蒙蔽。天智天皇后悔放松了弟弟,想要采取行动时发现弟弟早已溜之大吉,只好作罢。

听说叔父落发出家了，大友皇子欣喜万分，觉得皇位势在必得了。眼看父王奄奄一息，大友皇子愈发急不可待，于是暗中唆使苏我赤兄等人逼宫。苏我赤兄等权臣气势汹汹地闯入天智天皇的寝宫，逼迫天皇传位给大友皇子。天智天皇气若游丝，随时都可能断气，早已丧失了反抗的能力。他原本就打算传位给儿子，万万没想到儿子这么着急，不等自己咽气就来发难，不由得感到一阵心寒。于是长叹一口气，答应了大臣们的请求。

天智天皇驾崩三日后，大友皇子即位，是为弘文天皇。大海人皇子听到这个消息，非常忧虑，凭借直觉他意识到侄子可能要对自己下手了。他猜测得没错，弘文天皇确实在暗暗谋划着斩草除根。朝中有不少大臣支持大海人皇子，觉得弘文天皇没有资格继承大统，为了表达自己的鲜明立场，纷纷上疏请求告老还乡。弘文天皇认为只要叔父存在一日，他便一日不得安宁，心想索性一不做二不休，干脆把叔父杀了，永绝后患。

不久，弘文天皇以为先帝修陵寝为由，大批征调役夫，悄悄地在美浓、尾张等地组织了一支全副武装的军队，然后派兵切断了吉野山的粮道。吉野山是大海人皇子的隐居修行之地，如今粮道不通，不出数日，大海人皇子就得断炊。大海人皇子被逼向了绝路，决定奋起反击，当时他身边的随从、女官不到40人，和弘文天皇的军队抗争，无异于以卵击石。倘若弘文天皇立刻发动猛攻，速战速决，大海人皇子必然死无葬身之地。但弘文天皇缺乏作战的经验，不够老辣，没有及时采取行动，延误了战机。大海人皇子趁机派人到美浓招兵买马。一切准备停当后，悄然离开了吉野山，马不停蹄地赶到了美浓，一路上招揽了不少反对弘文天皇的人，军队扩充到了好几万人。

紧接着，大海人皇子挥师近江，兵分两路攻打大津宫。军队势如破竹，打得王师节节败退。战斗进行了一个月，渐进尾声。大津宫被攻克。弘文天皇自知大势已去，绝望之中拔剑自刎。这次政变发生在壬申年，史称"壬申之乱"。一年后，大海人皇子即位，是为天武天皇。天武天皇继续推行大化改新的政策，进一步加强中央集权，设立"纳言"一职，允许担当这项职务的上层官僚贵族向朝廷进言，但不给他们实权。朝廷加强了对对方的管制，将山泽林野的土地收为国有，废除部曲制（军队编制及私兵），使各级军队效忠于皇室，严令禁止诸位以下的皇族及王公大臣掌握甲兵。684年，天武天皇推广姓氏改革，制定"八色之姓"，进一步加强了王公大臣和天皇之间的从属关系。

大化改新以后，日本的奴隶数量降低到十分之一，虽然仍有少量的奴隶没有转化成自由民，但奴隶制的生产方式已经成为过去，日本社会出现了翻天覆地的变化，新的生产关系确立起来，国家渐渐步入封建时代。在今天看来，封建专制制度是一种腐朽落后的制度，封建生产关系带有严重剥削性质，封建等级秩序违背了公平正义的理念，封建社会的一切都是反动的，但在当时的历史时期，它们是新生事物的代表，具有一定的进步意义。人类社会的文明进程是循序渐进的，由奴隶制社会过渡到封建社会，本身就是一种进步，大化改新在当时具有特殊的意义，应该被肯定。

血浪滔天的白村江海战

日本忙于大化改新的时候,朝鲜半岛忙着打仗,战事不断升级。高句丽联合百济攻打新罗,危急时刻,新罗连忙派使者前往大唐请求支援。唐高宗大举出兵讨伐百济,俘虏了百济国王。百济群龙无首,遗臣立刻拥立了新王,并两度出使日本,请求日本入主朝鲜半岛支援。

当时的日本经过大刀阔斧的改革,国力有所上升,自我感觉良好,急于向世界展示自己的实力。日本统治者意识到自己的国家国土面积狭小,火山、地震等自然灾害频发,资源严重匮乏,要想生存发展,必须把目光从岛国的弹丸之地移开,投向更广袤的大陆。莽莽苍苍的东亚大陆成为他们觊觎的目标。很久很久以前,中国便成为东亚大陆的核心,与各国建立了朝贡关系。日本想要在东亚诸国动土,必须挑战宗主国——中国的权威。

日本挑战中国,基于两方面的考虑:一是为了耀武扬威,尝试着从东亚大陆窃取更多的利益;二是为了转移国内矛盾。大化改新牵一发而动全身,不可避免地引起了社会的动荡。国内有一大批食古不化的守旧分子,极力和朝廷对抗。日本社会险些分裂。出兵朝鲜半岛,可以暂时转移顽固分子的视力,缓和不同利益阶层的矛盾。由于国家利益的冲突,中日之间爆发了第一次战争,史称白村江战役。

在白村江战役中,日本方面指挥作战的是中大兄皇子。当时中大兄皇子还没有即位，一度负责监国，他听说了朝鲜半岛的局势后，派遣了一大批日军携带着辎重远涉重洋援助百济。我们知道，中大兄皇子是一个有野心有魄力手段毒辣的厉害角色，亲手剿灭了纵横朝野百年的苏我家族，曾经当着自己母亲的面把苏我入鹿剁成肉酱。皇极天皇吓得脸色惨白，连皇帝都不想当了。皇极天皇虽然和苏我家族不睦，但还没发展到鱼死网破的地步，其本人是苏我家族一手扶立的，背后有许多鲜为人知的政治交易。苏我入鹿被杀前，曾大声向皇极天皇求救。皇极天皇本不忍诛杀苏我入鹿，但儿子中大兄皇子不依，手握屠刀，亲手宰杀了苏我入鹿。事实证明，中大兄皇子并不在乎母亲。做了皇帝以后，他又屡屡试探加害弟弟，毫不顾忌手足之情，可见他是一个非常冷酷的人。

在权力场、名利场上，中大兄皇子只讲利益不讲感情，这样的人在战场上必然更加可怕。战争在狂妄的中大兄皇子眼里，只有两个结局：要么赢，要么死。不成功便成仁。他素知唐朝强大，却不肯妥协，决定顽强到底。毫无疑问，与大唐交兵，是一场惊天豪赌，日本赌输的概率更高。但中大兄皇子因为取得了一点成绩，便沾沾自喜、扬扬自得，错估了自己的实力，结果一错再错，一发不可收。他先是派五千日军护送丰璋王子返回百济登基继位，然后又给百济运送了大量军需物资。不久，由幕后干涉改为直接出战，备好了船舶甲兵，计划进驻白村江口，与唐军在波浪滔天的大海上决一死战。

面对日本的挑衅，唐廷很快做出了反应，迅速调集七千水军潜入熊津城，新罗人积极配合唐军的军事行动。当时百济君臣不合，内讧不止。唐军和新罗军乘虚而入，包围了周留城。刘仁愿、孙仁师两员唐朝大将统领陆军围城打援，刘仁轨、杜爽率170艘战舰布阵于白村江口。周留城位于白村江上游，依山傍水，周围群山环伺，地形险峻，易守难攻。假如周留城到白村江水陆畅通，百济便可凭借坚城天险固守，耐心地等待日本从水路救援。白村江战役的成败，关系到周留城的存亡和百济的复国大计，也关系到日本的东亚战略计划。

日本人不敢掉以轻心，不断地派遣援兵赶往白村江阵地，兵力逐渐增至三万余人，战船多达千艘。从表面上看，日本人多势众，战船、水军的数量远远超过大唐，取胜的可能性很大。但事实并非如此，大唐国力强盛，船坚器利，又熟谙兵法，日本军队根本不是它的对手。

两军在海上相逢，展开了血战。狂妄的日本人意识不到自己武器装备落后，妄图仰仗兵力上的优势压垮唐军。孰料初次交锋就吃了大亏。交战第一回合，唐军不急于进攻，以逸待劳，列阵于江上，待日军来犯，迎头痛击，轻而易举地打退了日军的进攻。翌日，双方展开决战。大战前夕，日本将领和百济后主商量作战计划，日方自信地说："我们水军先采用人海战术攻杀取胜，你们大可退出主战场，静观其变。"

海战过程中，日军采用"人海战术""群狼战术"横冲直撞，妄图冲垮唐军的坚阵。唐军见招拆招，采用迂回策略，包抄日本战舰，迅速瓦解了日军的战斗力。唐朝的战舰高大坚固，冲击力强，日本的战船又小又弱，不堪一击。很快，日本人惊讶地发现，他们的小船两侧被唐朝的战舰紧紧夹住了，失去了回旋的空间。日本水军军心大乱。唐军趁机发动火攻，火借风势，风助火威，大火蔓延开来，日本400多艘战船顷刻间化为灰烬。刹那，樯橹灰飞烟灭。

这场战争打得非常惨烈，江面上烈焰冲天，海水都被鲜血染红了，日本水军损失过半，大将当场战死，岸上的陆军见状，不敢恋战，火速撤离了战场，撤退时顺便带走了数万百济遗民。百济后主仓皇逃往高句丽，残部全部举手投降，百济复国美梦彻底破灭。日本因为不自量力，付出了惨重的代价，灰溜溜败走之后，在此后的一千年里再也没有踏上过朝鲜半岛。

对于国力蒸蒸日上的大唐而言，白村江之战意义并不深远，此次胜利不过是再一次彰显了国威而已。但对日本人来说，这是一场伤筋动骨的大战，日方水军损失过万人，四百艘战船被焚毁。经此一役，日本元气大伤，从此不敢轻举妄动。做了天皇的中大兄皇子，每每想起白村江之败，都会感到后怕。在此后的几年里，他时刻防范着唐军，生怕唐军攻入日本本土。为了缓解焦虑心情，中大兄皇子开始紧锣密鼓地修筑防御工事，征发了大批劳力修筑北九州军事堡垒，为保证工程尽快完工，官府动用了紧急措施，到处抓捕青壮年男子服役，一时之间搞得全国上下人心惶惶。

日本战败后，国内阶级矛盾和新旧势力的矛盾更加尖锐了。日本天皇为筹措军费搜刮了不少民财，给百姓带来了沉重的负担。日本作战失利的消息传到本土，百姓大为不满，一时间民怨沸腾。守旧派利用民意向改革派施压，天智天皇（中大兄皇子）被迫妥协，尽力平衡各方势力，但并没有终止大化改新。好在唐军见好就收，并没有进攻日本。天智天皇暂时松了一口气。两年后，唐廷突然提出与日本修好。日方诚惶诚恐，误以为唐朝派使者出访是来递交战书。天智天皇忧心忡忡，终日惶恐不安，由于惊惧过度，得了一场大病。当时为了传位给儿子，他和弟弟闹得反目成仇。孰料弥留之际，连亲生儿子也来逼迫自己。天智天皇心力交瘁，彻底被内忧外患压垮了，最终带着满腹遗恨离开了人世。

天智天皇去世后，日本收敛了许多，从此在大唐帝国面前不敢轻易造次了。桀骜不驯的日本天皇忽然之间有了自知之明，开始着手调整对外战略，努力跟大唐交好，特地派使者参加了唐朝的封禅大典。唐军在朝鲜半岛的军事行动获得压倒性胜利后，日方竟派遣使者千里迢迢赶往长安祝贺，传为千古奇事。在此之前，从来没有出现过战败国庆贺敌方战胜自己的举动。这件事说明，日本人要么不低头，一旦低头，就会低到尘埃里，谦卑到令人难以理解的程度。自此，日本人秉着谦虚向学的态度，拼命学习大唐帝国的先进文化和先进技术，以知耻而后勇的态度迎头奋进，最终厚积薄发，逐渐变成了一个政治军事经济强国。

日本人尚武好战不可取，但他们所具备的强烈危机意识和自省精神是值得肯定的。白村江之败，让他们认清了自己和大唐帝国之间的巨大差距，他们马上改变了狂妄自大的态度，开始潜心学习，默默壮大自我，最后得以在沉默中崛起。

巾帼红颜的权力梦

在古代，日本是一个男尊女卑的国家，奇怪的是，历史上出现过好几位女皇，这是为什么呢？原因很复杂。首先，不是所有具备治国才能的女人都有资格当女皇的。要想成为国家最高元首，必须出身皇族，拥有皇位继承权。其次，必须与仙逝的前任天皇关系密切，可以是天皇的女儿或其他近亲，也可以是天皇的遗孀。

女人取代男人统御天下，在日本分为两种情况：一种是政局动荡，男性天皇死于内斗，一时找不到合适的接班人或者因为其他原因，男性天皇早夭，成年皇族女性登基有助于平息乱局；二是夺嫡斗争过于激烈，各方势力旗鼓相当，很长时间内无法推选出男性继承人，女皇登基是政治斗争妥协的产物。

日本第41代天皇又是一位女皇，她就是持统天皇。持统天皇原名叫鹈野赞良，是天智天皇的女儿又是天武天皇的皇后。她嫁给天武天皇时，正值豆蔻年华。当时天武天皇已经迎娶了鹈野赞良的三个姐妹，后宫嫔妃众多。一个花样年华的女孩同自己的姐妹共侍一夫，日子不会好过。那么，天智天皇为什么要乱点鸳鸯谱呢？偏偏要把四个宝贝女儿全都嫁给自己的弟弟，难道一点都不关心女儿的幸福吗？

天智天皇（中大兄皇子）是一个没有家庭观念的人，眼里只有江山，没有亲情，为了防范弟弟天武天皇（大海人皇子）谋叛，他不惜血本，将四位掌上明珠拱手送上，希望借助这种亲上加亲、贵上加贵的皇室联姻，消除对方的谋逆心理。

鹈野赞良的身世比其他姐妹要复杂。她的母亲是苏我石川麻吕的女儿远智娘。当年苏我石川麻吕曾经和天智天皇联手铲除苏我入鹿。天智天皇为了巩固两人的关系，进一步分化瓦解苏我氏家族，迎娶了远智娘。鹈野赞良就是这场政治联姻的产物。苏我石川麻吕虽然诛逆有功，但因为是苏我家族的人，仍然受到了天智天皇的猜忌，加官晋爵不久便被扣上了谋反的帽子，惨遭杀戮。一家八口被逼上绝路，纷纷横刀自尽。族人、同党有的被处死，有的被流放边疆。远智娘惊闻家人被害，痛不欲生，不久忧愤而死。也就是说，鹈野赞良的母亲和外祖父一家，全都是被父亲天智天皇害死的。

鹈野赞良很小的时候，就经历了巨大的家庭变故，而一切悲剧的根源竟是源于自己的父皇。父皇的韬略、残忍和冷酷，她历历在目。小小年纪，她便看穿了所有的政治阴谋和把戏，心灵渐渐扭曲。她不但不恨父亲，反而以父亲为榜样，变得阴暗深沉，权力欲越来越旺盛。父亲把她嫁给天武天皇，她并未觉得有何不妥，因为像她这样的女人，宁愿嫁给权力，也不会嫁给爱情。天武天皇发动政变，登上御座以后，她愈发对父皇安排的这桩婚姻感到满意。

婚后，鸬野赞良和天武天皇育有一子，是为草壁皇子。天武天皇子嗣众多，共有十个儿子，其中最为出色的是大津皇子。大津皇子为鸬野赞良的胞姐大田皇女所生。他天资英俊，眉清目秀，是一个才华横溢的美男子，深受天武天皇喜爱。鸬野赞良一度担心天武天皇会立他为接班人。比起贤者，天武天皇更看重嫡子。遵循礼法的天武天皇认为，既然鸬野赞良是母仪天下的皇后，那么其他儿子有多么优秀，都不能取代皇后的嫡子被选为东宫太子。

天武天皇临终前留下遗命，自己驾崩后，国家大事皆由皇后和太子裁决。天武天皇刚死，尸骨未寒，鸬野赞良便展开了斩草除根的行动，杀死了大津皇子。为了稳固政局，鸬野赞良将丈夫天武天皇的尸体安放在临时墓地，引得朝中大臣和地方贵族不断前来祭拜，不停地表忠心。这种别出心裁的入殓吊唁仪式陆陆续续持续了两年零三个月，鸬野赞良收获了足够多的承诺，心里渐渐踏实了。她把灵前的贡品无偿地分发给了贫民和老弱病残，并免除了老百姓的债务利息，做了一些实惠于民的好事。老百姓很高兴，莫不对她交口称赞。

鸬野赞良凭借高超的政治手腕，赢得了大臣和百姓的支持，这才放心给天武天皇举办葬礼。如今万事俱备只欠东风，只要找到合适时机把儿子草壁皇子推上御座，天下就是他们母子的了。孰料天算不如人算，草壁皇子福薄，忽然意外身亡。儿子的英年早逝，令鹈野赞良悲恸万分，不过在当时的情况下，她没有时间整天为立储君的事烦恼。他本打算立草壁皇子的儿子轻皇子为东宫太子。转念一想，轻皇子年仅7岁，要等很多年才能长到亲政的年龄。为防夜长梦多，她决定自己登基。690年，鹈野赞良在王宫举行了盛大的加冕礼，正式登基为女皇。上台后，鹈野赞良做的第一件事就是让天武天皇的长子高市皇子辅政，册封其为太政大臣。这样做有两点好处：一是可以与高市皇子结为政治盟友，共同稳定政局；二是把高市皇子安排在自己眼皮子底下做事，可以密切监视其一举一动，有效防止其谋叛。

下一步，鹈野赞良决定仿照唐朝帝都长安兴建新都，完成天武天皇未竟的事业。新都藤原宫规模浩大，外观雄伟，气势磅礴，景观奢丽，令人叹为观止。大兴土木，避免不了劳民伤财，但鹈野赞良不在乎，她只想借助继承先帝遗志的名义，彰显自己的雄才大略。在权力场沉浮多年的她，早已意识到，稳固专制统治最有效的方式就是无限度地神话自己，粉饰皇权的神圣性，而这一切需要借助一些象征性的事物来实现。什么东西最能代表至高无上的皇权呢？当然是全国的政治中心——帝都。宏伟的帝都比沉甸甸的王冠，更能激起民众的膜拜情绪，所以哪怕榨干国库，她也要修建新的京都。

毫无疑问，鹈野赞良是个老辣而又精明的政客，一个雄心勃勃、急功近利的统治者，知道该怎么统治自己的臣民，知道如何让自己的名字成为不朽。在位期间，她致力于完善律令，进一步改革了官制和土地公有制度。696年，高市皇子患病去世，鹈野赞良也已年过半百，精力大不如从前了，做事越来越力不从心。此时，轻皇子15岁，正值朝气蓬勃的年龄。经过一番思索，鹈野赞良决定把皇位让给自己的皇孙。第二年，轻皇子即位，是为文武天皇，鹈野赞良当了太上皇，在幕后辅政。701年，她协助少帝制定了《大宝律令》，在日本颁布了有史以来的第一部成文法典。

鸬野赞良作为一位出身皇族的女性，人生注定不寻常，她享受了常人想都不敢想的奢华生活，也承受了常人难以想象的磨难。当皇女时，她无论跟父权和皇权抗争，只能逆来顺受，任人摆布。成为睥睨天下的女皇以后，她变成了和父亲一样的人，同样有心机，同样有手段，同样自私自利。据史书记载，她是一个沉稳、果敢、强悍的人，比男人更有气度，女性特质比较少，小女人才有的任性、撒泼、歇斯底里不曾在她身上出现过。毫无疑问，她是一个庄重体面有威仪的帝王，无论是个人形象还是治国才能，都不比男性天皇逊色。

据传，鸬野赞良很喜欢出巡。劳工们正挥汗如雨修建藤原宫时，鸬野赞良决定到伊势透透气，进行一次愉快的旅行。古时交通不发达，旅行成本很高。天皇出行，成本自然要翻几番。鸬野赞良不是一个克勤克俭的君主，从小锦衣玉食，早就习惯了挥金如土，当然不可能微服出巡。沿途经过的城镇村庄，必定要竭尽全部的人力、物力为她服务。地方官民承受的压力可想而知。时值阳春三月，恰逢农忙时节，官府为了让天皇陛下享受到最周到的服务，征发了许多役夫，鸬野赞良每到一处，都有人提供各种劳务，与此同时，加派的徭役使大量的农民无法留在田地里劳作，大片农田荒芜了，当年的收成减少很多，不知有多少家庭为此要忍饥挨饿。中纳言（官名）三轮高市麻吕极力劝谏女皇陛下中止这种劳民伤财的旅行。鸬野赞良龙颜大怒，不仅不肯采纳他的正确建议，还罢免了他的官职，然后继续劳师动众地巡游。

从种种迹象来看，持统天皇鸬野赞良既不是仁君，也不是明君，这不奇怪，封建社会从不缺雄才大略的暴君和碌碌无为的昏君，而英主历来就寥若晨星、屈指可数，无论是女人当天皇，还是男人当天皇，本质上并没有什么不同。一个人一旦被推上了神坛，拥有了不容置疑的绝对权威，可以凌虐天下，予取予夺，那么他（她）必定比其他人更容易腐化堕落，也必定更容易走向疯狂。绝对的权力意味着绝对的腐败，唯有清心寡欲、不食人间烟火的圣人才能把持住自己，然圣人不常有，饮食男女随处可见，俗不可耐的凡人比比皆是，故只要专制制度存在，只要天皇存在，暴君、昏君就不会断绝。

皇族与豪族的殊死较量

天皇制度虽然对日本历史影响深远，但天皇实际掌权的时间并不很长，早在奈良时期，天皇的皇权便受到了严峻的挑战。长屋王之变后，皇亲政治宣告结束，权柄逐渐滑落到豪族手中。正所谓"冰冻三尺非一日之寒"，日本皇权的衰落是一个漫长的过程，它绝不是旦夕间发生的。长期以来，天皇、皇亲国戚、豪族之间一直有着复杂交错的利益纠葛和矛盾，政治斗争、权力斗争从未停止过，风平浪静的表象下，总有汹涌的暗涛和激流，无论是皇权政治也好，皇亲政治也罢，都不稳固，它们成为过时的符号，化为远去的烟云，似乎是一种必然。

710年，日本迁都奈良，奈良时代开始了。这个时代，共历八代天皇，女天皇男天皇平分秋色，各占四代。男天皇亲政前，由年长而富有经验的女性皇族代为理政。因此有人说,奈良时代是女人的时代,由女人来执掌天下。按照传统的观点,女人容易感情用事,脂粉气太重,不适合担任国家元首,女人执掌容易引发各种危机。故而有人把皇权的衰落归咎于奈良时代出现的女天皇太多,这是非常偏颇的。事实上,奈良时代的第一位女天皇元明天皇和第二位女天皇元正天皇都是千古难遇的明君,她们是不应该背负这种罪责的。

元明天皇是天智天皇的女儿,草壁皇子的王妃,掌权时间不长,只有短短七年,却政绩卓著。在位期间,她铸造了铜钱"和铜开宝",制定了促进货币流通的法令,且完成了迁都奈良的壮举,开启了全新的时代。政务方面,她知人善任,重用藤原不比等,严厉打击贪官污吏和地方豪强,确立了奖励贤能惩罚贪佞的考核机制,禁止豪强兼并土地侵占田地。

由于贪官和豪强残酷鱼肉盘剥百姓,许多农民入不敷出,只好举债生活,还不起债务被迫逃亡。元明天皇针对这种情况,宣布免除所有高利贷债务,有效地减少了农民逃亡的数量,老百姓从此得以安居乐业。与此同时,元明天皇还推行新政,劝课农桑,有力地推动了农业生产。

715年,54岁的元明天皇宣布退位,把皇位让给了年富力强、冰雪聪明的女儿元正天皇,从此退隐幕后。据说,元明天皇非常清俭,去世前夕,特地留下遗诏宣布薄葬,在诏书中,她语重心长地说,人固有一死,耗费财物厚葬,纯属浪费,没有任何意义。她主动提出死后火葬,免得占用太多土地,陵寝力求简朴,不必修建得太过气派壮观。自己故去之后,百官照常处理政务,百姓照常生活,尽量不要扰民。作为一个帝王,国家最高掌权者,能有这样的修为和境界,实属难得,日本出了那么多天皇,像元明天皇那样生前励精图治,兢兢业业治国,一直爱民如子,死后提倡薄葬,尽量藏富于民,不给臣民增添负担的,真是少之又少。这样贤明的帝王在世界史上也是不多见的。所以元明天皇注定要名垂青史、光耀千古,成为后世之榜样。

元正天皇继承了母亲的遗风,在位期间勤政爱民、淡泊名利,把国家治理得井井有条。据史书记载,元正天皇娴静美好、美丽端庄,是一位出尘脱俗的大美人,可惜因为未出阁便当了天皇,毕生未嫁,没有享受到爱情的甜蜜和家庭的温暖。古代日本,皇族女性,以有夫之妇或寡妇的身份继承天皇之位,可以照常生活;未婚登基,就意味着做一辈子童贞女皇,不能嫁人了。女性天皇以处子之身即位,必须保持原来的圣洁。按照规矩,元正天皇毕生守身如玉,从青春少女到垂垂老妪,一直孑然一身。她把最好的年华献给了国家,无怨无悔地付出,终于换来了国家的昌盛繁荣。作为一个君主,她已尽到职责,可谓无憾,但作为一个女人,她的人生是不圆满的,缺失的部分是永远都无法弥补的。其中的哀伤悲凉及种种心酸,个中滋味如鱼饮水,冷暖自知,别人是不可能体会到的。

元正天皇执政期间,藤原不比等已去世,天武天皇的长孙长屋王成为国家举足轻重的重臣,辅佐女皇处理政务。藤原不比等的儿子们不甘屈居人下,费尽心思扩充藤原家族的势力,试图与长屋王分庭抗礼。皇族与豪族之间的矛盾日益尖锐化。元正天皇本性恬淡娴静,不擅玩弄权术,不想卷入激烈的权力斗争,因此没有介入长屋王和藤原氏之间的纷争。她把时间和精力花在了制定《养老律令》和编纂国史《日本书纪》之上。

724年,元正天皇退位,把皇位让给了文武天皇的儿子首皇子,首皇子就是后来的圣武天皇。元正天皇退隐之后,回归了恬淡平静的生活，度过了安详的晚年，68 岁去世。死后效法母亲火化薄葬，赢得了后世的称赞。

圣武天皇的童年非常不幸，7 岁丧父，不久母亲精神失常，祖母元明天皇被迫把他从母亲身边带走，母子多年不得相见。圣武天皇母亲藤原宫子是个苦命的女人，她是权臣藤原不比等的女儿，遵从父命嫁给了文武天皇。苏我氏家族覆灭以后，新崛起的藤原家族吸取了教训，小心翼翼地侍奉皇族，避免与皇族成员竞争，为了进一步巩固自己的政治地位，藤原不比等毅然把女儿藤原宫子献给了皇室，她适应不了宫廷生活和复杂莫测的环境，精神崩溃。

圣武天皇从未得到过父母的关怀和照料，自幼在冰冷的深宫长大，身体非常羸弱，即位时年方 24 岁，本是风华正茂的年龄，却终日病病殃殃、无精打采。当时政局比较混乱，藤原不比等的儿子狼子野心，觊觎皇位已久，一直默默等待着时机，随时准备谋朝篡位。危急时刻，天公偏偏又不肯作美，时不时降下洪涝灾害，田园屋舍悉数淹毁，老百姓的日子很不好过。圣武天皇体弱多病，皇族之中除了长屋王，已经没有人能与藤原家族抗衡了，藤原氏开始不把皇权和皇族放在眼里，处心积虑地策划着在太岁头上动土。

长屋王官拜正二位左大臣，地位仅次于太政大臣，可谓是位高权重。藤原武智麻吕和藤原房前的官衔均为正三位，不及长屋王，因此心里非常嫉恨，非常渴望早点铲除这个竞争对手。后来圣武天皇为了聊表孝心，决定尊母亲藤原宫子为"大夫人"。长屋王坚决反对，圣武天皇被迫妥协，收回了追封母亲的尊号。藤原家族由此怀恨在心，与长屋王的仇怨越结越深。

727 年，一阵响亮的啼哭声传遍了宫殿，小皇子基亲王呱呱坠地，降临人世，皇室沉浸在一片喜悦中。孩子的母亲藤原安宿媛得贵子，进一步稳固了在后宫中的地位，同时提升了藤原家族在朝中的政治地位。藤原家族为此非常高兴。圣武天皇也很高兴，孩子刚满月，便破例册封其为东宫太子。文武百官纷纷入宫庆贺。只有长屋王和大伴旅人没有前来祝贺。藤原武智麻吕提议册立藤原安宿媛为皇后。长屋王不同意，理由是按照古法，唯有皇族才有资格当皇后，藤原安宿媛没有皇族血统，只能充任帝妃。双方各执一词，斗得不可开交。

不久长屋王的亲信中纳言（官名）大伴旅人被调离了京师，藤原氏成功剪除了长屋王的羽翼，使长屋王陷入孤立被动的境地。728年，藤原房前改任中卫府大将，执掌皇家禁卫军，成了手握雄兵的重臣。局势朝有利于藤原氏的方向发展。可是藤原氏得意没多久，宫中便传来了基亲王夭折的噩耗。藤原安宿媛悲痛欲绝，含泪送走了襁褓中的皇子，憔悴得不成人形。数日后，数颗流星划破天际，尾长超过两丈，璀璨的光华消逝在皇宫深处。藤原家族的兄弟认为这是不祥之兆，不再奢望藤原安宿媛继续为皇家开枝散叶。

藤原氏为皇太子基亲王的早夭惶惑不已时，县犬养家族的广刀自夫人为圣武天皇生下了一名男婴，是为安积亲王。藤原氏和县犬养氏两大家族就立储一事展开了讨论。藤原武智麻吕反对立婴儿安积亲王为皇太子，主张立圣武天皇和藤原安宿媛的女儿阿倍内亲王（即后来的孝谦女皇）为东宫太子，立藤原安宿媛为皇后。长屋王再次提出反对，他认为无论是藤原家族还是县犬养家族的女子，皆为豪门闺秀，没有皇族血脉，不能晋升为皇后，所出的皇子也没有资格当皇储。

长屋王计划让自己的儿子膳夫王迎娶阿倍内亲王，借助皇族内部的联姻，将儿子扶上天皇的宝座。藤原房前激烈反对，朝中大臣亦对长屋王心怀不满。长屋王陷入四面楚歌的境地，处境大为不妙。729年夜，两位大臣向圣武天皇告密，诬陷长屋王图谋不轨，意图颠覆国家社稷。圣武天皇信以为真，立刻派人包围了长屋王的府宅。藤原武智麻吕趁乱前往长屋王住所，道貌岸然地怒斥对方的谋逆罪行。长屋王自知难逃一死，为了保留最后的尊严，含冤自焚而死，妻子儿女纷纷追随他而去。自此皇族势力彻底衰落，藤原家族成为凌驾于所有豪族之上的名门望族，执掌了国家的朝政大权。藤原安宿媛在家族势力的扶持下，被破格立为皇后，是为光明皇后。由于圣武天皇一直龙体欠安，实权掌控在光明皇后手中，这就意味着最高权柄由天皇家族转移到了藤原氏手中，也就是说国家政权已然被豪门大族窃取。

　　按照传统的观点，圣武天皇的血脉为正统，长屋王为皇族宗室，藤原氏为外戚集团，三者之间的较量本质上是皇权、宗室子弟和外戚之间的权位之争，藤原氏的胜利代表外戚集团的胜利和皇族的没落，出现这种迹象，往往意味着距离改朝换代不远了。但是由于外戚的血脉渗透到了皇室，一旦外戚和皇族联姻的后代继承了大统，权柄又回到了皇家。国政大权最终花落谁家，取决于新君是倒向外戚还是宗室，结局仍旧是胜负难料。

奇葩女天子——爱江山更爱美男和尚

737年，日本九州出现了致命病毒天花，人们接连不断地死于传染病，不久这种可怕的病毒扩散到了全国各地，连京都也未能幸免。藤原四兄弟藤原武智麻吕、藤原房前、藤原宇合、藤原麻吕全都被传染上了，相继发病身亡。人们都说天花流行是长屋王的鬼魂在作祟，藤原四兄弟相继被索命，是长屋王的冤魂在报仇。闻者莫不胆战心惊。最为忧心的是藤原家族，因为随着四兄弟的离世，藤原氏的地位和影响力大不如从前了，如今京城谣言四起，藤原氏由名门望族一夜之间变成了被诅咒的家族。

翌年，光明皇后册立女儿阿倍内亲王为皇太子。749年，在光明皇后的授意下，体弱多病的圣武天皇宣布退位，正式传位于32岁的阿倍内亲王。阿倍内亲王就是后来的孝谦天皇。藤原仲麻吕负责辅政，很快赢得了孝谦天皇的信任和器重，成为朝廷的股肱之臣，渐进衰落的藤原家族再度崛起。755年，圣武天皇驾崩。藤原仲麻吕撺掇孝谦天皇违背先皇遗诏，废黜皇储道祖王，改立与藤原家族关系亲密的大炊王为皇太子。三年后，孝谦天皇把皇位让给了大炊王。大炊王成为日本第47代天皇，是为淳仁天皇。淳仁天皇是藤原仲麻吕一手扶立的，手上没有实权，形同虚设，一直在做傀儡。

藤原仲麻吕大权在握，独断专行，几乎可以在朝廷上呼风唤雨。光明皇后去世后，他更加肆无忌惮了，大臣们敢怒不敢言，纷纷为之侧目。孝谦上皇也越来越看不惯藤原仲麻吕，怎奈自己已经退位，没法插手政事，只能任由藤原仲麻吕为所欲为。母亲的去世，对孝谦上皇打击很大，她莫名地感到孤单和空虚。年轻时她娇俏泼辣、美貌动人，身边从不缺乏爱慕者，大臣们全都为她着迷，一个一个地拜倒在她的石榴裙下。虽是未婚登基，她可不愿像元正天皇那样寂寞终老，于是大胆打破了惯例，随心所欲地与男子缠绵欢爱。人到中年以后，她也像其他女人那样，经历了色衰而爱弛的尴尬，她最为宠信的表兄仲麿对她意兴阑珊，态度冷若冰霜。她气恼不已，渐渐心灰意冷。想起自己没了母亲，身边又没有男人宠爱，不由得自怜自伤。

由于急火攻心，伤心过度，孝谦上皇大病一场，怅恨之下遁入了空门。养病期间，她遇到了内道长禅师道镜。在那段风雨如晦、病魔缠身的日子里，道镜一直在病榻前无微不至地照顾她。她身体康复以后，发现自己已经离不开道镜了。如今她再也不是高高在上，不可一世的女皇了，而是一个漂泊天涯、孤苦无依的中年女性，渴望有一双宽厚的肩膀可依靠，渴望有一个温暖的港湾可停留，渴望有一个爱的归宿。道镜正是她理想中的伴侣。道镜知识渊博，谈吐不俗，而今正值壮年，很有男性魅力。年过40的女上皇，见了他居然像怀春的少女一样，有了怦然心动的感觉，本以为此生再也不会爱了，熟料心灰意懒、昏昏沉沉的时候，竟然又找到了意中人。这真是造化弄人啊。

孝谦上皇和道镜相恋的消息瞬间传遍了京城，闹得满城风雨。藤原仲麻吕上书指责女上皇与和尚偷情，损害皇家名誉。淳仁天皇随声附和。孝谦上皇大怒，她立刻动身回到了平成京，召集文武大臣，当着群臣的面厉声斥责淳仁天皇，当即宣布从此以后国政大事皆由自己裁决。淳仁天皇只是个任人摆布的傀儡皇帝，形同藤原仲麻吕的玩偶，根本不敢对抗身上流着黄金血脉的上皇。藤原仲麻吕知道淳仁天皇不中用，遂决定起兵作乱，推翻孝谦上皇的统治，遂暗暗集结兵马，准备伺机而动。同党高丘比良麻吕担心事情败露惹祸上身，悄悄把谋反的计划密报给了孝谦上皇。知情者和气王（日本诸侯王）和阴阳师大津大浦做出了同样的选择，纷纷向孝谦上皇告密。

藤原仲麻吕兵马未动，孝谦上皇便已经掌握了准确的军事情报，故而得以先发制人。她迅速采取行动，立即派少纳言（官名）山村王到淳仁天皇的寝宫取回玉玺和驿铃（使用驿马必须出示之物，唯有钦差大臣、权势人物才能享有，作用相当于尚方宝剑），防止藤原仲麻吕借助傀儡皇帝发动兵变。藤原仲麻吕闻言大骇，马上派儿子藤原训儒麻吕追击山村王，抢夺玉玺和驿铃。消息灵通的孝谦上皇听说后，派人杀死了藤原训儒麻吕。藤原仲麻吕不知儿子已死，派出得力干将前去支援，结果那名大将也被射杀了。

孝谦上皇掌握了主动权，遂趁势削夺了藤原家族的爵位，抄没了藤原氏的家产，并下令关闭关门，搜捕乱臣贼子藤原仲麻吕。藤原仲麻吕连夜出逃，趁着夜色的掩护逃出了京城，计划潜入自己担任国司的地盘。孝谦上皇给吉备真备加官晋爵，把讨伐诛杀藤原仲麻吕的重任交给了他。吉备真备虽然年过古稀，但足智多谋、富有韬略，一眼看穿了藤原仲麻吕的企图，抢先一步抵达了势多桥，将桥梁焚毁，成功切断了藤原仲麻吕的去路。藤原仲麻吕只好改变路线，逃往儿子藤原辛加知出任国司的领地。

逃亡途中，藤原仲麻吕拥立皇族宗室盐烧王为天皇，给自己的儿子加封官爵，紧接着又利用窃取的太政官印，对诸国发号施令。日本出现了两个政权，两个天皇。这是孝谦上皇不能容忍的。正所谓天无二日、国无二君，卧榻之侧不容他人酣睡，孝谦上皇决不允许任何人跟自己分庭抗礼，于是马上传令下去，谁要是能取下藤原仲麻吕的项上人头，就能获得一大笔赏金。正所谓重赏之下必有勇夫，诏令一出，全国积极讨逆。佐伯伊多智率众驰往越前（地名），不由分说地斩杀了藤原辛加知，讨伐军进入爱发关。

藤原仲麻吕不知道儿子已死，准备乘船前往琵琶湖东岸，怎奈天公不作美，船只必须逆风行驶才能抵达目的地。当日风势迅猛，藤原仲麻吕乘坐的小船被大风摧折了，险些酿成事故。藤原仲麻吕驾着破船在盐津登陆，谋划着攻取爱发关。叛军和讨逆大军在爱发关狭路相逢，佐伯伊多智亲自指挥作战，一举击溃了藤原仲麻吕带领的叛军。叛军退守三尾，讨伐军乘胜追击，不久朝廷又派来援军支援讨伐军，联军从海陆两个方向攻打三尾，叛军大败。藤原仲麻吕连忙带着妻儿乘船逃跑，全家老小被斩杀于琵琶湖中，盐烧王也被杀死了。

藤原仲麻吕死后，藤原家族再次受到重创，权势和声威一落千丈。孝谦上皇铲除了最有力的竞争对手，得以重返御座，改称为称德天皇。称德天皇第一次做天皇时，家国大事由母亲和藤原仲麻吕处理，她并未真正染指政治，不清楚该怎样统御国家、匡扶社稷。第二次做天皇时，她已然变成了另外一个人，不但懂得了如何跟权奸斗智斗勇，而且对宫廷政治、官场政治了若指掌，已经蜕变成一个老谋深算的女政治家。

步步惊心的恶灵事件

　　称德天皇宠爱情郎道镜，居然冒天下之大不韪，让一个出家人管理朝政。她煞有介事地向群臣解释说："朕曾经出家修行，乃空门天子，理应由遁入空门的大臣辅佐朝政。"百官不敢质疑，只能唯唯诺诺，听从女皇的安排。不久称德天皇又追封道镜为法王，特准其锦袍加身、乘坐凤辇出行，规格与天皇不相上下。道镜一人得道，家族鸡犬升天，个个加官晋爵，未建寸功便身居显位，一时风光无两。道镜的弟弟净人一夜之间升迁为禁卫军长官，负责掌管皇家军队和朝廷的兵器总库。

　　热恋中的女皇已然被爱情冲昏了头脑，几乎把整个王朝的命运和自己的身家性命全都压在了道镜身上。道镜渐渐迷失了自我，把修行悟出的禅理全部抛诸脑后，变得越来越世俗，越来越贪婪。如今他已经成了一人之下万人之上的权臣，只要更上一层楼，就可以与天皇平齐了。他很想知道坐在天皇的御座上，颐指气使、号令天下，是什么感觉。于是便唆使主神官阿曾上奏说："八幡大神降下神谕，由天道即位，我国必四海升平，实现大治。"称德天皇信以为真，一度考虑过要传位于道镜。

　　有一天晚上，称德天皇做了一个怪梦，梦见八幡大神郑重其事地告诉她，马上叫宫女法均前往宇佐听旨。醒来之后，称德天皇认为八幡大神托梦给自己，必有要事相告，遂不敢怠慢，决定派人到宇佐去一趟。在梦里，八幡大神点明要法均去。法均年事已高，不方便远途奔波。称德天皇思来想去，决定让法均的弟弟清麿代替法均到宇佐。清麿临行前，道镜再三强调，务必要按照主神官阿曾的意思禀报天皇。清麿感到有些为难，出发前夕，特地拜见了道镜的师父丰永法师，想要测探一下老法师的看法。丰永法师怅然道："假如真让道镜即位，老僧再也没脸见人了，只能绝食而死，以死明志了。"

清麿敛容拜谢而去，当即决定绝不能让道镜继承天皇之位。他风尘仆仆地赶到了宇佐，当天洗去浮尘，沐浴更衣以后，十分虔诚地祈祷了一番。然后回去告诉姐姐法均，八幡大神显灵了，留下神谕说，自开国以来，君臣的身份已经划定，只有天皇家族的人才有资格继承大统，臣子永远都不能变成君主。道镜觊觎大位，其罪当诛。法均把原话原封不动地禀报给了称德天皇。称德天皇大怒，严厉斥责法均姐弟欺君罔上，污蔑道镜，当即下令将二人发配到大隅。道镜趁机雇用凶徒在半路上设下埋伏，决计截杀法均和清麿。道镜的心腹藤原百川临阵反水，救下了法均姐弟，彻底扭转了局势。

藤原百川不是等闲之辈，他的先祖正是大名鼎鼎的藤原镰足。藤原镰足是天智天皇最宠信的重臣，曾经凭借智谋和能力辅佐天皇安定天下，一手促成了藤原家族的崛起。他的后代藤原不比等借助政治联姻的手段，晋升为皇亲国戚，致使满门显贵。可惜后世子孙心术不正，在野心和贪欲的刺激下，做了许多大逆不道的错事，终于引来了灭门惨祸。到了藤原百川这一代，藤原氏已经家道中落。藤原百川是靠自己的才学赢得的功名，长期孤立无援，日子很不好过。

在特权当道的封建社会，没资历没背景，仕途之路是很难通达的。藤原百川早就看透了人情冷暖世态炎凉，因此道镜得宠后，他毫不犹豫地投奔其门下，瞬间由一个微不足道的无名小卒晋升为内竖省大辅，在道镜的弟弟净人手下当差。净人无才无德，如果不是哥哥有权有势，连九品芝麻官都当不上。有了藤原百川这样的得力助手，自然乐得逍遥，索性把所有的政事都托付给藤原百川处理，自己天天吃喝玩乐、潇洒快活。实权渐渐滑落到藤原百川手中。恰在此时，藤原百川的两个堂兄藤原永手和藤原良继都在朝廷内担当要职，国政大权已经被藤原家族把控住了。道镜一心做着天皇美梦，全然看不清形势。

不久，称德天皇病笃。道镜慌了神，他这才意识到没有女皇陛下的庇护，自己有多么无足轻重。他日夜为女皇祈祷，希望女皇能早日痊愈。但丝毫不见效果。称德天皇在病榻上辗转数月后，永远地闭上了眼睛。道镜听到女皇驾崩的消息，犹如五雷轰顶，立时被打回原形，变成了失魂落魄的丧家犬。藤原百川趁机发难，将他和他的弟弟净人流放到了穷乡僻壤。没过多久，道镜便不明不白地死在乡下。紧接着宫廷里传出一份遗诏，天智天皇庶子的后代白璧王奉诏即位，是为光仁天皇。光仁天皇虽然也有皇家血统，但他不是嫡系，不属于正统宗室，他的即位标志着天皇家族自诩高贵的血统再次发生了微妙的变化。

传位遗诏来历不明，它很有可能是藤原百川伪造的。称德天皇弥留之际，右大臣吉备真备提议立天武天皇的孙子文室王子为新君。与此同时，藤原百川早就想好了继位人选。吉备真备深受唐风影响，是个温文儒雅的文臣，手段和魄力比不上杀伐决断的藤原百川。两者争锋，胜负立见分晓。在权力之争中，藤原百川不付吹灰之力便获得了最后的胜利。凭借一封遗诏，他轻而易举地达到了一石二鸟的目的，贬黜了道镜，并削夺了老对手吉备真备的官位。

光仁天皇血统不正，容易受人指指点点。好在他的发妻井上内亲王是称德天皇的亲妹妹。井上内亲王晋升为皇后之后，光仁天皇凭借妻子的血统和家事，即位的合法性得到了满朝文武的认可。即位时，光仁天皇已经62岁了，已然到了老眼昏花的年龄，虽然也想励精图治，但明显感觉到自己心有余而力不足了。在这种情形下，井上内亲王开始插手朝政。藤原百川看不惯皇后干政，决定除掉这个野心勃勃的小妇人。

井上内亲王喜欢下棋，闲暇之余经常和光仁天皇对弈。有一次两人玩得兴起，于是设了一个赌局，约定假如井上内亲王输了，就给天皇物色个风情万种的美女，反之天皇输了，就帮皇后找一个阳刚精壮的英俊小生。结果井上内亲王技高一筹，天皇输了。光仁天皇于是把自己膝下长得最英武的儿子山部亲王叫来，供井上内亲王差遣。山部亲王时年36岁，雄姿勃发，风采斐然，宛若一块美玉般惹人爱怜。井上内亲王已然是一个年过半百的老妪，满脸皱纹，老态佝偻，一点风韵都没有了。风华正茂的山部亲王整天服侍年老珠黄的嫡母，没有机会和如花似玉的妙龄女郎亲近，自然满腹牢骚，久而久之由怨生恨，开始心向藤原百川。

井上内亲王的儿子他户亲王因为是嫡出，被册立为皇太子。他户亲王整日鲜衣怒马，出入前呼后拥，非常有派头。山部亲王也是天皇的血脉，可因为是庶出，方方面面都不能跟他户亲王相比，处处低于自己兄弟一头，心里无比郁闷。藤原百川看透了他的心理，于是与之合谋，废掉井上内亲王和他户亲王，扶立他即位。

有一天，藤原百川神色慌张地禀报光仁天皇说，皇后暗中施法诅咒天皇早死。光仁天皇信以为真，马上派人搜查皇后的寝宫和庭院。结果在井里发现了用来施咒的假人。藤原百川上奏请求将此案交给自己处理，光仁天皇应允。藤原百川立刻下令将皇后井上内亲王和皇太子他户亲王囚禁起来讯问。井上内亲王母子受不了藤原百川威逼，屈招了罪行。次日，藤原百川当着群臣和光仁天皇的面，高声宣读圣旨，宣布废黜皇后和皇太子，将他们母子二人打入冷宫，改立山部亲王为皇储。光仁天皇听罢，脸色惨白，浑身颤抖，很难让人相信，这份上谕是出自他的手笔。两年后，废后井上内亲王和废太子他户亲王在冷宫暴毙，莺歌燕舞、繁花似锦的奈良城忽然变得阴气森森。

奈良城是仿照大唐帝国的帝都长安修建的，外观宏伟，建筑富丽堂皇，艺术珍品琳琅满目，非常富有人文气息。孝谦天皇当政时期，在里面遍植花木，饲养了许多珍禽异兽，徜徉其间，随时可以与麋鹿嬉戏，煞是有趣。自废后和废太子离奇暴死以后，皇宫突然变得死气沉沉，坊间也变得冷冷清清，偌大的奈良城似乎一下子失去了生机。紧接着日本开始闹灾荒，米价飞升，百姓饥馁，骤然之间民不聊生。日本最大的米仓忽然失火了，粮食被烧得干干净净。山部亲王不知得了什么怪病，猝然昏厥，很长时间都没有醒来。山部亲王的近侍陆陆续续离奇暴死，亲眷接二连三死于非命。皇宫内外风声鹤唳，人们都说是废后和废太子的阴魂在作怪。

皇族成员连忙找人施法除魔，将废后和废太子改葬他处，但收效甚微。不久正值盛年的藤原百川抱病而亡。昏迷已久的山部亲王忽然苏醒了。光仁天皇非常高兴，马上宣布退位，将天皇之位传给了山部亲王，山部亲王晋升为桓武天皇。桓武天皇即位不久，上皇光仁天皇便含笑九泉了。按照上皇遗诏，桓武天皇的弟弟早良亲王被册立为皇太子。由于天灾人祸不断，桓武天皇决定迁都，奈良时代随着都城的迁移，渐进尾声。

奈良时代末期怪事连连，古人认为是死人阴魂不散所致，这是因为在当时科学不昌明、迷信盛行，一旦发生常理难以解释的现象，人们首先会联想到鬼神。按照今天的观点来看，奈良城怨灵事件有两种可能：一是城内出现了某种流行病菌，许多人相继染病身亡，皇家也未能幸免；二是皇族成员及身边近侍既不是被恶灵害死的，也不是病死的，而是被人蓄意谋杀的。奈良城的皇族究竟是死于天灾还是死于人祸，我们不得而知，也许背后潜藏着不为人知的惊天大阴谋。

史上最牛赴唐留学生——阿倍仲麻吕

奈良时代，日本派出了大批遣唐使出使唐朝学习，这批留学生为两国的文化交流做出了巨大的贡献。在诸多入驻大唐的留学生中，最为唐人所熟悉的莫过于阿倍仲麻吕。他的中文名字叫作晁衡，自幼仰慕博大精深的中国文化，长大后不辞辛苦来到中国，如饥似渴地阅读中国的文化典籍，背诵诗词歌赋，变成了一个饱学之士。他曾经参加过唐朝的科举考试，以卓越的文采高中进士，深为唐玄宗赞赏，并与浪漫主义诗人李白结为好友，演绎了一段佳话，至今为人津津乐道。

阿倍仲麻吕来到大唐时，年仅19岁，正是年轻气盛、血气方刚的年龄。然而他一点都不心浮气躁，自踏入东土大唐以来，一直在潜心学习，很快将《诗经》《易经》《礼记》等典籍烂熟于心。具备了一定的文化素养以后，他也想像其他的读书人那样考取功名，于是便转入国子监太学学习。阿倍仲麻吕学习很刻苦，天天手不释卷，读书读到夜半更深也不知道疲倦。经过长期的准备，阿倍仲麻吕认为自己已经掌握了撰写文章的要领，于是报名参加了科举考试，不料竟金榜题名高中进士，让无数寒窗苦读的文人墨客羡慕不已。

阿倍仲麻吕凭借真才实学在唐廷赢得了一席之地，被册封为左春坊司经局校书，专门负责校订经书和史书。他对这份工作分外满意，因为可以接触到大量的文化典籍和有价值的史料，进一步满足自己的求知欲。阿倍仲麻吕才气纵横，表现不凡，赢得了唐玄宗的认可，不久即擢升为门下省左补阙，负责安排帝王的出行，配备人员车马等。这个官位虽不显赫，但却离帝王很近，能与皇帝频繁接触，得到进一步晋升的机会更多。在古代，虽然朝廷制定了一整套官员考核的标准，但依靠政绩晋升，通常升迁之路比较曲折缓慢。唯有讨得皇帝欢心，才能得到破格提拔，扶摇直上。毕竟皇帝才是国家的最高决策者，但凡皇帝看好的人，必然前程似锦。

唐玄宗非常喜欢阿倍仲麻吕，给予了他连中国人都很少获得的殊荣——赐姓，赐他姓朝名衡。由于人们对朝姓不熟，都管他叫晁衡。有了中文名以后，他完全接受了中国的观念和习俗，效法中国文人雅士，给自己取了字——仲满。由于阿倍仲麻吕个性谦虚内敛，老成持重，为人恭谨，不像其他文人骚客那样狂狷不羁、恃才傲物，仕途之路异常顺遂，自步入官场以来，一直步步高升，很快就晋升到了从三品秘书监兼卫尉卿。

阿倍仲麻吕在中国生活了数十载，一头青丝渐渐染上了霜雪。许多留学生都跟大唐女子结婚了，在中国娶妻生子，落地生根。阿倍仲麻吕是否迎娶了中国女子，是否有了妻室，我们不得而知，因为史书并未记载这些内容。虽然在唐朝，女子的地位相对较高，但仍然不能与男人平起平坐，能载入史册的女子数量少得可怜。即便阿倍仲麻吕迎娶的是相府千金，史书上也难于留下只言片语。恐怕他只有与皇家的金枝玉叶结为夫妇，这桩婚姻以及妻子的姓名才能被记录在册。

无论阿倍仲麻吕在中国是否有妻儿陪伴，他都不会感到孤独，因为他身边从不缺少朋友。在大唐的这些年，他以文会友，与大诗人李白、王维等建立了深厚的友谊，常常和中国朋友聚在一起饮酒赋诗、畅谈人生。李白潇洒豪放，容貌魁伟，文武双全，既能斗酒诗百篇，又练得一手好剑法，从年轻时起就开始仗剑江湖，广交天下豪杰和文人雅士。阿倍仲麻吕是个典型的东瀛人，纯粹、虔诚、好学，不擅溜须拍马，不懂得旁门左道，因此深为李白喜欢。李白素来藐视官场和权贵，最看不惯别人仗势欺人，也看不惯读书人奴颜婢膝。阿倍仲麻吕清正简单，虽身居要职，以外国臣子的身份侍奉唐玄宗，却丝毫没有染上不良习气，故而被李白所看重。

在大唐客居了17年后，阿倍仲麻吕思乡情切，于是上书给唐玄宗，请求辞官回日本，唐玄宗未批准。唐玄宗也许很难理解，阿倍仲麻吕为什么要迫不及待地回国。大唐乃天朝上国，物华天宝，人杰地灵，经济繁荣，文化昌盛，外国人在天朝为官，既能享受高官厚禄，又能开阔眼界，学到最先进的知识，这是莫大的幸运，为何要急着回国呢？唐玄宗真心觉得阿倍仲麻吕是个难得的人才，人品才学无可挑剔，确实舍不得放他走。阿倍仲麻吕自然也知道日本方方面面不如大唐，但还是非常思念家乡。他乡再好，终归不是故乡，随着年龄逐渐增大，阿倍仲麻吕越来越渴望能早点落叶归根。大唐皇帝不让他离开，作为臣子，他是没有办法离开的。平生以来，他第一次感受到身不由己是什么滋味。

752年，日本又派遣了一批遣唐使赴唐。阿倍仲麻吕奉唐玄宗之命接待日本使团。他耐心地教授日本使节大唐的礼仪，使之尽快入乡随俗。翌年正月，唐玄宗在含元殿接见了这批日本使者，他惊讶地发现这些日本人非常熟悉中国的宫廷礼仪，非常高兴。此后的几天里，阿倍仲麻吕带着日本使者参观了典藏丰富的三教殿，把中国的儒、释、道文化介绍给了自己的同胞。

日本使节的到来，再次触发了阿倍仲麻吕的思乡之情，他再次向朝廷上书，要求返回故里。这次唐玄宗批准了，并给了他唐朝聘贺使的光荣身份，让他衣锦还乡。为日本使团送行时，唐玄宗忽然诗兴大发，作了一首诗，祝福阿倍仲麻吕一路顺风。此时阿倍仲麻吕已经年过半百，听到这首情真意切的送别诗，想到与大唐天子往昔的情分，不由得老泪纵横，于是哽咽着也作了一首诗酬答。

同年6月，阿倍仲麻吕跟日本同胞一起离开了帝都长安，10月抵达扬州城，准备会见鉴真和尚。鉴真和尚已年过花甲，曾历尽艰险东渡日本，五次东渡五次无功而返，接连的失败并没有挫败他的信心，这次他准备第六次东渡。此时他已双目失明，但听到日本使团回国的消息后，仍然决定随他们一同扬帆驶向东瀛。阿倍仲麻吕和鉴真结伴而行，一行人分乘四艘小船出发了。临行前，阿倍仲麻吕不由得热血激荡，随口创作了一首日本诗歌。日本的奈良城似乎就在眼前。他幻想着自己健步如飞回到故土，依稀翘望故乡壮美的山河和皎洁的明月，找回从前的记忆。

阿倍仲麻吕归心似箭，航船行使得很快。不料途中遭遇了大风暴。波澜不惊的海面忽然之间波浪汹涌，一时间狂风大作、巨浪滔天，阿倍仲麻吕乘坐的小船剧烈地颠簸摇晃起来，险些被掀翻。身为日本人，阿倍仲麻吕早习惯了与天灾为伴，对突如其来的海啸、地震、火山喷发早已习以为常,但这次遭遇,却使他惊出了一身冷汗。因为他觉得自己有可能死于海难,再也见不到日思夜想的奈良城了,这是一种莫大的遗憾。好在他运气不错,小船飘飘荡荡,被狂风巨浪送到了驩州海岸,他和同胞侥幸活了下来。鉴真和尚更幸运,如愿以偿地东渡到了日本。

劫后余生的日本使臣陆陆续续上了岸,熟料惊魂未定,忽然又遭到了当地土著的攻击。不少人丢了性命,只有十几个人逃过一劫,幸存了下来,阿倍仲麻吕就是其中的幸存者之一。

李白听说好友阿倍仲麻吕在海上遇难,十分震惊和悲痛,怀着无比忧伤的心情,挥笔写下了一首悼亡之作——《哭晁卿衡》,其诗曰:"日本晁卿辞帝都,征帆一片绕蓬壶。明月不归沉碧海,白云愁色满苍梧。"755年6月,阿倍仲麻吕历经千辛万苦,终于回到了长安。在帝都,他又见到李白。李白喜出望外,如同在梦中一般。双方互诉衷肠,千言万语道不尽对彼此的惦念。也许是因为李白的盛情挽留,也许是因为在内心深处已然把大唐看成了自己的第二故乡,阿倍仲麻吕最终留在了长安,决定不回日本了。后来他创作了一首名为《望乡》的诗,其文曰:"卅年长安住,归不到蓬壶。一片望乡情,尽付水天处。魂兮归来了,感君痛苦吾。我更为君哭,不得长安住。"

阿倍仲麻吕回到长安不久,就爆发了安史之乱。在最动荡的年月,他也没有离开唐玄宗,此后又在唐廷出任过左散骑常侍、安南节度使、光禄大夫兼御史中丞等官职,仕途一直比较通达。虽然他在大唐已经成为高官,却从未看轻过浪迹江湖、没有功名的李白。他佩服李白的才学和人品,视其为知己,双方惺惺相惜,发展出了一段旷世友谊。李白不愿摧眉折腰事权贵,向来不喜欢跟官场中人打交道，唯独阿倍仲麻吕是个例外。

770年，阿倍仲麻吕以73岁高龄仙逝，死后葬在了东土大唐。10年后，日本特地发布诏书表彰其为中日交流做出的贡献。半个多世纪以后，仁明天皇加封他正二位官衔，再次表彰了他在文化传播方面的杰出功绩。

皇室"岳母门"——药子之变

奈良时代走向终结，是因为恒武天皇心中有鬼，总怀疑皇族受到了恶灵的诅咒，执意要迁都。皇族子弟莫名其妙地离奇死去，已经给恒武天皇留下了巨大的心理阴影。后来他和自己的兄弟早良亲王陷入权位之争，害得早良亲王含恨屈死，奈良城又蒙上了一层血腥和戾气。恒武天皇在奈良城一日也待不下去了，迁都事宜便被提上了日程。

当年光仁天皇在遗命中点明立早良亲王为皇储，恒武天皇非常不快，他一心想要立自己的儿子为皇太子，由于担心别人指责自己违背上皇遗愿，不忠不孝，没敢改变诏命，心不甘情不愿地立弟弟当了皇太子。784年，大臣藤原种继将都城迁往山城国。恒武天皇欣然应允。当时恒武天皇已经厌倦了阴气森森的"鬼城"奈良，加之在京都，贵族势力盘根错节，已经威胁到了皇权，恒武天皇认为，迁都可以使朝中的政治势力重新洗牌，使局势向有利于自己的方向发展，所以不遗余力地支持藤原种继。旧贵族不想离开自己的大本营，千方百计地阻止迁都大计，派人暗杀了藤原种继。恒武天皇趁机诬陷早良亲王，将其贬为庶民，紧接着又把他流放到淡路岛。

早良亲王无辜受冤，非常苦闷，在流放途中绝食而死。同年12月末，恒武天皇立儿子安殿亲王为储君，本以为以后就可以高枕而卧，静享天下太平了。没想到后宫里又发生了怪事，安殿亲王莫名染上了怪病，恒武天皇的爱妃藤原乙牟漏紧跟着一病不起，不久便香消玉殒了。人们都说是早良亲王的怨灵在作祟。流言传遍了大街小巷，恒武天皇很害怕，马上派人作法安抚弟弟的亡魂。法师作法之后，恒武天皇仍旧坐立难安、惶恐不已，在度过了无数个失眠的夜晚之后，决定马上迁都，于是开始着手营造新都长冈京。

在古代，一旦频繁出现天灾人祸，人们普遍认为这是因为天子失德，遭到天谴所致。恒武天皇接连失去了好几位近亲，担心老百姓背地里议论自己，在新都生活了10年后，把都城迁到了风水较好、符合阴阳五行之说的福地平安京。为新都取名为平安，是希望天皇家族的菊花王朝永远平顺安康，自此以后风调雨顺、国泰民安。迁都事件标志着奈良时代的结束，平安时代的到来。平安时代并不平安，新时代刚开启不久，便发生了"药子之变"。

天皇迁都那一年，皇家忙着给皇太子殿下操办喜事，在一片祝福声中，安殿亲王与藤原种继的外孙女喜结连理，皇族与藤原家族再次联姻。新王妃大致十二三岁，虽然已经出落成了一个亭亭玉立的少女，但年龄太小，发育不成熟，看起来非常青涩平板。倒是她的母亲藤原药子三十出头，生得分外妩媚，犹如雨后的牡丹一般秾艳华贵、光彩照人，任何男人见了她，都免不了要想入非非。安殿亲王看不上新婚妻子，却一眼看中了自己的丈母娘，就此陷入了一段不伦之恋。

起初藤原药子并没有想过要和女婿安殿亲王交往，她一心想要让女儿得到幸福，担心女儿少不更事，在东宫不受宠，时常入宫看望照料女儿。万万没想到，安殿亲王会注意到自己。母女二人站在一起，气质形象形成了鲜明的对比。在安殿亲王眼里，妻子就像缄结不解的丁香、含苞待放的花蕾，有一种含蓄温婉之美，可远观而不可亵玩焉，激发不了自己的欲望；而岳母丰艳动人，浑身散发着成熟女人才有的撩人气质，远远看去，她就像阳光下蓬勃疯长的植物一样，健康迷人，有着旺盛的生命力和丰盈的身姿，令人一见即爱，近观，她又像全身长满漂亮斑点的母豹，目光缱绻温柔，略带野性，身段婀娜，无论从哪个角度看，都是人间尤物。

当时安殿亲王二十出头，正是荷尔蒙分泌旺盛的年龄，无论如何都对清纯幼稚的妻子提不起兴趣，却对风姿绰约的岳母动了真情。最初，藤原药子不敢接受安殿亲王的爱，也不愿意伤害自己的女儿。后来实在架不住安殿亲王凌厉的攻势和热烈的表白，默许了两人的关系。安殿亲王不顾世俗的眼光，明目张胆地和自己的岳母谈起了恋爱，公然将藤原药子册封为东宫宣旨。两人花前月下，双宿双栖，好不缠绵。沉浸在热恋中的藤原药子，彻底把礼义廉耻的那一套抛到了一边，连女儿也不在乎了，只想与安殿亲王朝朝暮暮、白头到老。

安殿亲王和岳母私通的丑闻很快传遍了宫廷，传到了恒武天皇的耳朵里。恒武天皇气得半死，他万万没有料想到，天照御大神的后裔，堂堂皇族，居然干出如此苟且之事，这让贵为天皇的他如何向百官及天下万民交代。他决不允许皇室成为天下笑柄。为了尽快消除宫闱秽闻带来的影响，堵住天下悠悠之口，恒武天皇马上下旨将藤原药子逐出东宫，然后派人对鬼迷心窍、走火入魔的安殿亲王严加看管。

藤原药子和安殿亲王从此两地相隔，不得相见，这段不被看好的不伦之恋似乎就要画上句号了。皇室丑闻渐渐平息。夜阑人静之际，安殿亲王无时无刻不在思念藤原药子，佳人的倩影时时闯入他的梦境，他忘不了曾经有过的温存，忘不了她的一颦一笑，无论如何都没有办法斩断这段情缘。但是对于这段感情，他已经不抱什么希望，因为父权和皇权是难以违抗的。正当他准备放弃的时候，宫中传来消息，恒武天皇驾崩了。听到噩耗，他不仅不悲伤，反而有些欢喜。如今他成了全日本最有权势的男人，王冠、权力、爱情、自由唾手可得，谁也没有资格阻止他追求自己渴望的东西。

806年，安殿亲王即位，是为平城天皇。平城天皇刚刚坐上御座，就迫不及待地将藤原药子招入后宫。正所谓小别胜新婚，经过短暂的分离，重聚之后，两人的感情更加甜蜜了。平城天皇几乎对藤原药子言听计从，对她的宠爱超过了所有的嫔妃。当时藤原药子还是一个有夫之妇，丈夫藤原绳主在朝中为官，担任中纳言。平城天皇为了独霸藤原药子，将藤原绳主调离了京师，打发到了遥远的九州。

藤原绳主默默忍下了夺妻之恨，面对奇耻大辱，选择了忍辱负重，一声不响地收拾完行囊，头也不回地离开了京城的是非之地。作为臣子，他是没有办法反抗天皇的，也没有勇气指责天皇，他只能责怪自己有眼无珠娶了一个水性杨花的女人，或者责怪自己懦弱无能居然任由妻子红杏出墙。有时他想远离朝堂未必是一件坏事，至少他不用天天朝拜情敌了，不必再忍受各种风言风语了，不必再忍受同僚的异样目光和冷嘲热讽了。藤原绳主怀着无比复杂的心情，永远地离开了给他带来无尽伤害和屈辱的帝都，毫不留恋地、毅然决然地绝尘而去，从此在人们的视野里消失了。

藤原绳主调为地方官之后，藤原药子的哥哥藤原仲成填补了空缺，改迁为中纳言。转眼平城天皇34岁了，藤原药子年过40时，由一个楚楚可人、婀娜多姿的美妇人变成了风韵犹存的半老徐娘。时光飞逝、佳期如梦，锦瑟年华不再，过不了几年，她就要人老珠黄了。作为一个聪明的女人，她知道以色侍君好日子长久不了。只有掌握了权力，才能掌控自己的命运。平城天皇的兄弟伊予亲王才干出众，品行无可挑剔，深受百官爱戴。藤原药子非常担心平城天皇会把皇位传给弟弟。如果伊予亲王当了天皇，她在后宫中的地位必然会一落千丈，到时她将失去一切，而且会在寂寞冷清、琐碎和庸常中度过后半生。

为了自己后半生的幸福，为了荣华富贵，为了保住既得的利益，藤原药子向众望所归的伊予亲王下了毒手，伙同哥哥藤原仲成构陷伊予亲王，伊予亲王蒙冤死于大狱，他的母亲受到牵连，也被害死了。809年，平城天皇忽然得了一场大病，时人认为是伊予亲王的冤魂在作祟。平城天皇的病情一日重似一日，觉得自己离大限之日不远了，连忙传唤弟弟，将代表皇权的三种神器交付了出去，正式宣布退位。他的弟弟神野亲王即位，是为嵯峨天皇。

平城天皇退位后，迁居到平城京安心养病。远离了宫廷纷争和各种烦心事，平城天皇的病竟不治而愈。藤原药子大喜过望，整天对着大病初愈的上皇吹枕头风，强烈要求对方夺回皇位。平城天皇也想复位，于是便和弟弟嵯峨天皇明争暗斗、争夺权位。在朝为官的藤原家族纷纷搬到平城京，支持上皇。日本再次出现了分庭抗礼的两个朝廷。平城天皇经常撤销嵯峨天皇发布的赦令，百官左右为难，不知道该听从谁的命令，朝政一片混乱。

810年，平城天皇发布诏令否认平安京的合法性，声称只有平城京才是正统朝廷。嵯峨天皇忍无可忍，逮捕并处死了前来传达诏令的藤原仲成。平城天皇闻讯，吓得弃京而逃，携藤原药子潜逃到东国，筹划着择日起兵杀回王庭。嵯峨天皇抢在前面切断了他的去路。平城天皇自知大势已去，无精打采地返回平城京，不久即遁入空门，自此不问世事。爱慕虚荣的藤原药子失掉了尊位，又失去了心爱的男人，陷入深深的绝望，不久即服毒自尽。由藤原药子引发的宫廷政变和王族纷争，被后世称为"药子之变"。藤原药子作为红颜祸水的典型，被载入史册，以警醒后世。皇家"岳母门"事件随着她的离世，终于落下帷幕。

冠名皇廷的外戚集团——藤原氏

嵯峨天皇掌权后，仍然重用藤原氏家族。藤原氏家族经过无数次大风大浪、起起落落，始终屹立不倒，逐渐发展成了日本历史上最有政治影响力的权门贵族。长期以来，藤原氏家族一直受到朝廷的优待，名下的土地数不胜数，家产富可敌国。凭借雄厚的经济实力、不可撼动的政治地位和皇亲国戚的背景，藤原氏家族子弟一路扶摇直上，官运亨通，渐渐大权独揽，到9世纪末期，竟然架空了天皇，开始以摄政王的身份独揽朝政。

藤原氏家族第一个摄政者是藤原良房。藤原良房的父亲藤原冬嗣曾帮助嵯峨天皇平息了药子之乱，成为社稷第一功臣。嵯峨天皇对藤原冬嗣宠信有加，一直视其为心腹。藤原冬嗣为了进一步攀龙附凤，提出与天皇结为儿女亲家。嵯峨天皇同意并安排了两门亲事，让皇子正良亲王迎娶藤原冬嗣的女儿藤原顺子，又把皇家千金公主嫁给了藤原良房。

嵯峨天皇是一个很有情趣的君王，平时喜欢舞文弄墨，极其爱好书画，兼具文人和艺术家的气质。进入太平时期，他厌倦了皇宫和政务，希望化身江湖浪子，抛却世事烦忧，纵情山水，快意恩仇，在名山大川和云蒸霞蔚的自然美景中陶冶情操，感受物我两忘的美妙意境。遂迫不及待地将皇位让给了异母弟淳和天皇，将正子公主嫁给了淳和天皇，然后册立儿子正良亲王为东宫太子，一切安排妥当之后，便离开了金碧辉煌的王宫，到铅华洗尽的大自然中追求新生活去了。

833年，淳和天皇退位，皇太子正良亲王即位，是为仁明天皇。在嵯峨天皇授意下，仁明天皇和藤原顺子的儿子道康亲王没有被立为皇储，淳和天皇的儿子恒贞亲王成了东宫太子。这样的安排令新上位的仁明天皇和藤原家族都很不满意。恒贞亲王势单力孤，朝中没有大臣支持，父亲已经退位为上皇，唯一的依靠就是嵯峨天皇。嵯峨天皇驾崩后，他的东宫地位岌岌可危。有人给恒贞亲王献策，建议他暂时离开京都，然后再从长计议。恒贞亲王尚未动身，秘密就泄露了出去。仁明天皇借故将其贬为庶人，拥立自己的儿子道康亲王为东宫。

不久，藤原良房晋升为大纳言，为了进一步巩固和天皇家族的关系，将自己与洁姬公主所出的女儿藤原明子嫁给了道康亲王。借助这门亲事，藤原良房擢升至右大臣，荣宠达到了极点。他千方百计地讨好仁明天皇，花费巨资兴建许多奢华风雅的场所，以供天皇休憩娱乐。仁明天皇命短，正当壮年便猝然崩逝了。道康亲王顺理成章即位，是为文德天皇。文德天皇优柔寡断，性格懦弱，继位以来，一直看岳父藤原良房的眼色行事，不敢册立长子惟乔亲王为东宫，被迫立藤原明子九个月的儿子惟仁亲王为皇太子。

藤原良房成功地把外孙扶上了储君的宝座，为此扬扬得意。自此所有的权柄都落入了藤原氏家族手中。后宫是藤原明子的天下，当今天子身上流着藤原氏的血，藤原良房既是他的岳父又是他的舅舅，未来的天皇依旧是藤原家族的人。凭借着错综复杂的政治联姻，藤原氏成功将自己的血统渗透到皇室之中，离皇权越来越近。左大臣去世后，文德天皇想把这个肥缺交给岳父藤原良房。藤原良房嫌官阶太低，坚持不受。文德天皇只好改封他为太政大臣。一年后，文德天皇突然猝死，据史书记载，死因为脑出血，似乎是病死的，但许多人都认为天皇盛年暴死，事出蹊跷，很有可能是被觊觎大位已久的藤原良房谋害的。

文德天皇驾崩后，年仅8岁的皇太子惟仁亲王登基，是为清和天皇。清和天皇年幼无知，不能理政，由藤原良房摄政。藤原良房代替天子行使国君的职权，开启了摄关政治的先河。藤原良房一生风光无限，享尽尊崇，唯一的遗憾就是膝下无子，后继乏人。为了弥补这个缺憾，他让长兄把侄子藤原基经过继给了自己。在养父藤原良房的大力提拔下，藤原基经年纪轻轻便进入了权力核心部门。

藤原基经年少得志，在官场上混得风生水起，30岁那年，才开始面临人生的第一次考验。一天夜里，皇宫的应天门方向忽然火光冲天、浓烟滚滚，两侧的门楼瞬间化为灰烬。从火势上看，这不是天灾，而是有人蓄意放火。藤原良房闻讯，立即下令派人严查此事。转眼四个月过去了，官府依然没有找到纵火犯。案件一筹莫展之际，藤原基经的叔父藤原良相接到大纳言伴善男密报，认定左大臣源信就是躲在幕后放火烧宫门的凶手。藤原良相出于私心，未经查实，

便吩咐藤原基经领兵包围源信府宅，将其捉拿归案。

源信本来属于天皇家族的成员，嵯峨天皇当政时期，皇室成员人口激增，开销庞大，为了缓解财政压力，嵯峨天皇被迫将皇族子弟降为臣子，赐予贵族姓，源氏便是降为臣籍的皇族之一。藤原基经经过审时度势的思量，认为此事非同小可，不能草率行事，所以没有对源信兴师问罪，把事情的原委如实报告给养父藤原良房。藤原良房在宦海沉浮多年，政治嗅觉敏锐，自然知道皇族得罪不起，于是马上把源信遭受诬告一事奏告给天皇，帮助源信洗刷了冤屈。源信万分感激，对藤原氏家族好感倍增。

过了一段时间，案件有了结果。有人招供说，宫门失火一案乃伴善男的儿子伴中庸和纪氏所为。藤原良房立刻将相关人员逮捕归案，伴氏纪氏获罪，被流放远地。藤原基经因做事稳重受到赞赏，擢升为中纳言。应天门大火究竟是谁放的，我们不得而知，它已经成为历史上的悬案。伴氏和纪氏很有可能是政治斗争的牺牲品，藤原良房借助此案滥施淫威，将政敌狠狠地教训了一番，在朝堂中树立了绝对的权威。

工匠们耗费整整六年时间，才将破破烂烂的应天门修葺一新。工程竣工当天，藤原良房高高兴兴地参加了宫门落成大典。回家后突然咳嗽不止，健康状况急转直下，苦撑到第二年，终于油尽灯枯，抱病而亡。当时藤原基经官拜右大臣，羽翼已丰。清河天皇也到了亲政的年龄。当时年景不好，日本疫病蔓延，人心不安，皇宫又发生了火灾，年轻的清河天皇被搞得焦头烂额，执政没几年，便已然觉得身心憔悴，于是把皇位让给了九岁的儿子贞明亲王，是为阳城天皇。阳城天皇为藤原基经的妹妹藤原高子所生。藤原基经以国舅的身份摄政，成为藤原氏家族第二位摄政大臣。后来虾夷（北海道地区）人起兵作乱，藤原基经领兵平息了叛乱，因作战有功擢升为太政大臣。

阳城天皇15岁时，藤原基经上疏请求辞去摄政大臣的职务。阳城天皇没有批准。老谋深算的藤原基经再次以退为进，测试年幼的小天皇，请求辞去太政大臣一职。阳城天皇还是不准。藤原基经索性深居简出，拒绝上朝，让大臣将公文送至私宅批示。阳城天皇怒火冲天，也跟着不上朝了。藤原基经只好出山理事。君臣之间的嫌隙越来越深。据《日本三代实录》记载，阳城天皇喜欢斗鸡走马，非常贪玩，个性叛逆，曾经拔出象征着神圣皇权的宝剑玩耍，为了寻求刺激，命人捉来青蛙喂食蟒蛇，在一旁乐滋滋地观看巨蛇吞噬蛙类的残忍一幕。

阳城天皇乳母的儿子源益在宫里当近侍，不小心得罪了阳城天皇，被殴杀于清凉殿内。平安时代，宫廷很少执行死刑。源益死后，宫内气氛诡异，一切娱乐活动均被禁止。所有人都担心再度发生怨灵事件。好玩成性的阳城天皇公然违背禁令，继续养马遛马，成天跟群小嬉戏。这一系列离经叛道的行为，惊动了老臣藤原基经。不久阳城天皇托病退位，其实是被藤原基经废黜了。藤原基经认为少年天子性情捉摸不定，不好控制，遂扶立仁明天皇的儿子、阳城天皇的叔祖父光孝天皇即位。

光孝天皇以55岁高龄登基，年老力弱，疾病缠身，又没有从政经验，事事仰仗藤原基经，将国事全权委托给藤原基经，自己退居幕后，乐得垂拱而治。三年后，光孝天皇驾崩，其子宇多天皇即位。宇多天皇自知斗不过藤原基经，只好继续当傀儡，下诏宣布国政要事，事无巨细，文武百官要事先禀报太政大臣藤原基经，才能启奏。诏令中有"阿衡之任，为卿之任"之语，本意是为讨好藤原基经，却遭到了误解。阿衡指的是中国古代的辅政大臣伊尹，宇多天皇运用典故，将藤原基经比作伊尹，实为赞美，文章博士藤原佐世却说伊尹虽身居高位，却有名无实，天皇引用中国典故，背后必有深意。藤原基经大怒，愤而不朝。宇多天皇惶恐万分，连连致歉，请求谅解。过了很久，阿衡事件才慢慢平息。

由于宇多天皇一再示弱，表现得软弱可欺，藤原基经愈发蛮横无理，强行把女儿藤原温子塞入后宫，又将儿子藤原时平提拔为藏人头。宇多天皇听之任之，不敢轻举妄动。两年后，藤原基经病逝。年轻的藤原时平还没有掌握官场的法则，宇多天皇顺利把大权夺了回来。可惜好景不长，藤原时平很快便成长起来了，凭借权谋手段，晋升为由大臣，从此独霸朝纲。宇多天皇再次大权旁落，他实在受不了窝囊气，索性把皇位让给了年幼的太子，自己落得清闲自在，朝政大权又回到了权倾朝野的藤原氏手中。

失意王族最后的反叛——平将门之乱

平安时代晚期，国政大权长期被藤原氏把持，律令制度影响力衰弱，天皇形同虚设，渐渐陷入统而不治的境地。原有的经济秩序受到冲击和破坏，庄园制应运而生，全国各地出现了无数武士团体。武士团体为保卫庄园经济而生，既是一股不可忽视的军事力量，又有一定的政治背景，背后的支持者可能是豪门大族，也可能是皇族。

源氏和平氏两大武士团体皆是降为臣籍的皇族。在古代，日本统治者宣称，世代天皇都是天照御大神的子孙，不是肉体凡胎，故而没有凡人的姓氏。唯有臣子才有姓氏。每当天皇的子嗣太多,宫廷供养不起的时候,一些庶出地位较低的皇子皇女便会由神族降为人族,被赐予姓氏。源氏原本是清和天皇的后代,平氏是恒武天皇的后代,降为人臣后,便失去了皇族的待遇,地位也大不如从前。

平氏的祖先平高望贵为皇孙,降为臣籍后,被调往关东任职。平高望过世后,他的后代在关东各地拓展家族势力,创建了好几个武士集团。起初,平氏在关东影响力非常有限。平高望的孙子平将门立志光耀门楣,决定只身到京城发展。平将门生得魁伟不凡、器宇轩昂,有武才,挽弓、射箭、骑马样样了得。他自认为到京都以后,一定会受到王公大臣的竞相追捧。他踌躇满志地到了京都,在摄政大臣藤原忠平那里谋到一个差事,本以为自己将受到重用,步步高升,没想到藤原忠平根本就没把他放在眼里,迟迟不肯对其委以重任。

年轻气盛的平将门自尊心受到了极大的伤害。他自认为贵为皇族后裔,放低姿态投奔藤原氏,已经算是屈尊而就了。藤原忠平傲慢无比,竟然居高临下地对待他,此等奇耻大辱,是可忍孰不可忍。平将门一怒之下,辞去官位,一口去跑到了东国。离京前,他与自己素未谋面的堂兄弟平贞盛不期而遇。平贞盛见平将门带着随从堂而皇之地从身边走过,满脸厌恶地啐骂道:"此人日后必成祸患,可惜我没有带人来,不然今日就宰了他。"

平高望膝下有四子,分别为平国香、平良将、平良兼、平良文。平将门是平良将的儿子,因为父亲平良将仕途不顺,平将门无依无靠,处处碰壁。平贞盛是平国香的儿子。平国香在关东有一份基业,连京都的官员对他都敬让三分,所以平贞盛在平安京的官场自然混得如鱼得水,比前途未卜的平将门境况不知要好多少倍。平将门在京城碰了一鼻子冷灰，回到关东以后越想越气，他充分认识到官场政治的黑暗，知道自己可能永无出头之日了，冲动之下，愤然回到自己的地盘经营私田，默默发展地方武装。他发誓要赤手空拳打出一片天下，有朝一日，让所有歧视过他的人对他刮目相看。

不久，平将门的父亲平良将过世了，平将门返回老家猿岛郡奔丧，接管了猿岛、丰田两郡，在东国站稳了脚跟。后来因为领地归属权的纠纷，平将门和大伯父平国香产生了矛盾，彼此闹得很不愉快。当时平国香在关东一带很有威望，作为后辈的平将门不敢造次，只有退守猿岛郡，把有争议的领土拱手让出。刚刚返回大本营，平将门又因为土地所有权的问题，跟源护的三个儿子发生了争执，源氏步步紧逼，平将门势单力孤，情形非常不利。双方僵持不下的时候，平国香加入了战斗，他丝毫不念亲情，不仅不帮平将门，还领兵支持源氏，武力威胁平将门。

平将门无比心寒，只好以寡敌众，率军迎战源氏和大伯父。这一仗打得非常激烈，双方杀得天昏地暗、日月无光，战场上血流成河，一片鬼哭狼嚎。平将门越战越勇，横刀跃马，威风凛凛，一口气杀掉了源护的三个儿子，紧接着纵马追击大伯父平国香，一刀将其斩落于马下。

平将门的三叔父平良兼听说哥哥被侄子杀死了，惊愕不已，责怪平将门大逆不道，欲代替已经过世的弟弟平良将清理门风。在与平国香和源护三子交恶之时，平将门为了将三叔父平良兼发展成盟友，迎娶了他的女儿良子。没想到与三叔父亲上加亲以后，三叔父仍然不肯支持自己，非但如此，还打着复仇的旗号，发兵征讨。平氏自相残杀的悲剧再度上演，平将门挥舞着大刀，一路上纵横驰骋，斩杀无数敌军，一举击溃了平良兼的主力。平良兼败走，侥幸捡回一条性命，连忙跑到京都向醍醐天皇哭诉，说平将门如何离经叛道、如何嚣张跋扈。

醍醐天皇信以为真，于是将平将门招到京都，欲兴师问罪，同时把源护等人也招了过来，以方便对质。由于平将门曾经侍奉过藤原忠平，迫于压力，醍醐天皇不敢严加查办，只好将其收押待审，准备大事化小小事化了。不久醍醐天皇退位，朱雀天皇即位。朱雀天皇刚刚上台便宣布大赦天下，平将门被赦免，得以重返故里。平贞盛和平良兼听说后，在半路上设下埋伏。平将门侥幸逃脱暗杀，躲过了一劫。平贞盛不肯善罢甘休，向天皇索要了兵符，意图武力讨伐平将门。孰料关东的兵将无动于衷，不愿听从平贞盛的调度。

屡次与平将门较量，平贞盛始终处于下风。面对杀父仇人，平贞盛恨得咬牙切齿，可每次对垒，都输给平将门，心里别提有多恼火了。朝廷认为平氏互相攻伐，陷入没完没了的私斗，是因为家产分配不均而起，关东战争没有任何正义性可言，于是命令平将门、平良兼、平贞盛停战。怎奈关东地处偏远，朝廷鞭长莫及，盘踞关东的平氏子弟照旧龙争虎斗，丝毫不把朝廷的诏令放在眼里。平贞盛屡屡失利，渐渐意识到自己不是平将门的对手，于是改变了复仇计划，秘密返回京都构陷平将门谋反，请旨镇压平将门。

平贞盛离开不久，平良兼便去世了。关东唯平将门一家独大。他不再受任何人掣肘，趁机起兵作乱，接连攻陷了下总国、常陆国、下野国、上总国、武藏国、相模国。为了向朝廷示威，故意押着常陆国的地方官藤原维几游街示众。占领了关东大片领土之后，平将门野心急剧膨胀，公然拥兵自立，自诩为"新皇"，然后大兴土木修建皇宫，擅自设置百官。日本自从诞生了第一位天皇以来，从未有人敢悍然称帝，连嚣张一时权倾天下的藤原氏，也只能做摄政大臣，不敢自称天皇。平将门是唯一敢僭越称帝的人。

平将门的弟弟平将平深受忠君思想影响，听说哥哥冒天下之大不韪自立为帝，万分难过，抱着平将门失声痛哭，流着眼泪奉劝哥哥早点迷途知返，不要一错再错。平将门不为所动，他从来不相信君权神授的那一套陈词滥调，认为帝王之位，为贤能者居之，自己有吞吐天下的气魄，武功赫赫，风华正茂，总比傀儡皇帝朱雀天皇要强。与其任由藤原氏擅权，还不如以皇族身份自立，论血统论资历，他应该比藤原家族的权臣更有资格管理天下。

世人皆认为平将门已降为臣籍，属于落魄贵族，自立为帝，便是蓄意谋反，纷纷出言声讨。平将门的好朋友藤原纯友听到消息后，十分欣喜，连忙率众响应平将门作乱。藤原纯友与平将门的人生境遇非常相似，他虽然有显赫的家族，却不被亲人待见，长期郁郁不得志。因为两人同病相怜，又志同道合，在情感上惺惺相惜，很快结为至交。有一次，平将门和藤原纯友一同登临睿山，站在高高的山巅上俯视整个平安京，不由得热血澎湃。平将门心情激动地说："他日假如我做了皇帝，必封你为关白！"平将门攻取关东数国，僭越自立的消息传到藤原纯友耳中，他马上在西部招兵买马配合平将门叛乱。两个人计划在京都会师，东西夹击合围平安京，将朱雀天皇拉下马。京城危如累卵。

940年，藤原忠文以讨逆大将军的身份率领诸国联军镇压平将门。平贞盛秘密潜回常陆国招揽天下豪杰，招募了大批勇武的死士，准备同平将门决一死战。武士藤原秀乡投奔其麾下。藤原秀乡早年因为犯法被流放到关东，一度想要为大名鼎鼎的平将门效力。虔诚拜谒时，平将门正在洗头发。听说有人求见，将头发胡乱地梳理了几下，随意地戴上帽子便去见客了。当日，平将门热情地招呼藤原秀乡一同用餐。藤原秀乡暗暗观察平将门，见他乱发冲冠、仪容不整，吃相尤为不雅，不断有食物残渣掉落到衣衫上，依然不以为意，随便用手掸去，丝毫不觉得失礼。由此判断出，平将门只是个登不上大雅之堂的乡野村夫，难成大器，遂改投到平贞盛的门下。

平将门听说死对头平贞盛返回了关东，连忙领兵前往常陆国搜捕，但始终没有看到平贞盛的踪影。平将门无功而返，以为自己得到的是假情报，遂无所顾忌地遣散了军队，身边只留下数千人。平贞盛躲在深山老林里伺机而动，发现好大喜功的平将门疏于防范，已经将军队解散就果断杀出，与藤原秀乡联合起来攻打平将门。平将门猝不及防，被打得溃不成军，仓皇逃往岛广山。在岛广山紧急调兵，从诸国纠集了四百多武士，仅凭四百兵力与平贞盛、藤原秀乡大战于北上。平将门身先士卒，冲锋陷阵，以万夫不当之勇接连杀退敌军。平贞盛极为震惊，但没有被吓退，他很快发现了平将门的致命弱点。平将门习惯作孤胆英雄，总是一马当先、冲锋在前。

平贞盛利用平将门喜欢孤军奋战、有勇无谋的弱点，阵前叫嚣了一番之后，出其不意地射了一支冷箭。平将门中箭落马，一代叱咤风云的勇将就这样被结果了性命。日本武士作战时很讲究规矩，一般不会放冷箭偷袭。平将门做梦也没想到，自己的堂兄弟会做出这种令人不齿的事，故而在毫无防备的情况下被射杀了。藤原秀乡趁机扑过去，割下了他的首级。平将门战死沙场后，同党被剿灭，关东叛乱迅速平息。藤原纯友也被镇压了。日本又恢复了往日的宁静。

武士集团内讧和院政之争

随着庄园经济的蓬勃发展，源氏和平氏两大武士集团的地位迅速蹿升，大有取代藤原氏的趋势。在平安时代，藤原氏煊赫一时，权势喧天，历届天皇都要迎娶藤原家族的女儿才能稳定朝纲，由于长期大权旁落，即位后只能沉湎于个人享乐，不问政事。神圣的王权转眼成为浮云，藤原氏家族的利益常常凌驾于国家社稷和皇权之上，因此朝纲为之不振。

掌权期间，藤原氏和其他享有特权的贵族大肆兼并土地，对老百姓巧取豪夺，使得国有土地越来越少，私田越来越多，流行了半个多世纪的班田制（国家分配土地的制度）土崩瓦解，土地资源集中到了少数人手中，变成了一座座庄园。特权阶层摇身一变，成了庄园主。庄园主为了私利争斗不休，纷纷雇用武士团体捍卫自己的利益。迅速崛起的武士团体暗暗养精蓄锐，实力渐渐超过了庄园主。

发迹于关东地区的平氏和称霸畿内地区的源氏，涌现出了许多能征善战的优秀武将，这些武将凭借战功不断加官晋爵，个个身居要职，渐渐成为武士团体中的领袖人物。平清盛是武士阶层中举足轻重的大人物，他统领的平氏集团控制了日本半壁江山，将大半丰饶的土地收入名下，时人都不敢与之争利。平清盛本人官拜太政大臣，家财万贯、势倾天下。他仿效藤原氏，积极与皇族联姻，将正当妙龄的女儿送入后宫，嫁给当朝天子高仓天皇，以国丈的身份独揽大权，将势力范围拓展到全国各地。《平家物语》有这样一句话描述平氏权势之盛："非平氏者绝非人"，意思是没投身到平氏家里，便觉得枉来世上一遭，简直是白活一场。可见人们对平氏已经膜拜到无以复加的地步。

平氏兴盛多半是因为平清盛。平清盛不是普通的武士，父亲平忠盛是地方武士团体的首领，母亲出身皇族。显赫的家事，使得平清盛从小就能接触到宫廷事务，为他以后跻身政坛打下了基础。平清盛虽然是含着金汤匀出世的贵族子弟，生而优越，但童年极其不幸。很小的时候，他的生母便去世了。他是被姨母一手养大的。据史书记载，平清盛天资聪颖，才思敏捷，小小年纪便能出口成章，深得白河天皇的喜爱。

年少时，平清盛迷上了"田乐"表演。一天，他带着侍卫前往寺院表演，一路上笑语喧哗，惊动了僧人。僧人们不知道平清盛的来历，看到一群青年持械硬闯佛门净地，不由得动了气，连忙上前喝止。平清盛乃天之骄子，自幼享受万般宠爱，从未受过这般委屈，听到责骂，立时暴跳如雷，于是命令侍卫对准僧人放箭。侍卫依言行事，见到僧人便挽弓射杀，地上留下无数具尸体，现场一片狼藉。杀完人，平清盛还不解恨，又率众将寺院内的古老建筑悉数砸毁，然后大摇大摆地扬长而去。

事后，平清盛把射杀僧人一事如实禀报给了父亲。在当时的日本，僧人无论是在朝堂还是在民间都有极高的威望。平忠盛意识到儿子闯下了弥天大祸，为了平息事端，主动交出了七名滥杀的侍卫，意图帮助儿子脱罪。寺院不肯善罢甘休，强烈要求白河天皇严惩平清盛，将其流放边疆。白河天皇偏袒平清盛。僧人纠集军队起兵反抗。朝廷出兵镇压，打败了僧兵，内乱渐渐平息。

平清盛是个不折不扣的纨绔子弟，年纪轻轻便如此冷酷蛮横，竟因口角干出草菅人命的恶行。白河天皇不仅不怪罪，反而对他袒护有加，更助长了他的嚣张气焰。白河天皇虽不是明君，但很有头脑，为了从藤原家族手里夺回君主应有的权力，他一手开创了院政政治。所谓的院政政治，指的是天皇主动退位，以上皇的身份组建后台政府，绕开藤原氏权臣，向百官推行政令。这种策略非常有效，藤原氏在朝中的势力果然被大大削弱了。白河天皇英年退隐，由8岁的儿子堀河天皇当傀儡牵制藤原氏，躲在暗处遥控朝政，将实权牢牢掌握在自己手中。堀河天皇去世后，白河上皇年仅5岁的孙子鸟羽天皇即位。鸟羽天皇20岁时，白河上皇担心他不好控制，强令其退位，把皇位转交给了鸟羽天皇5岁的皇子崇德天皇。

1129年，白河上皇逝世，鸟羽上皇建立了自己的院政政府，架空了崇德天皇，将自己的儿子近卫天皇扶上了御座。近卫天皇病逝后，鸟羽上皇又把自己的另外一个儿子后白河天皇扶上了皇帝的宝座。后白河天皇执政第二年，鸟羽上皇驾崩，受尽打压长期郁郁不得志的崇德上皇看到了契机，暗暗联络文武大臣，准备发动宫廷政变，夺回皇位。平清盛早就料到蠢蠢欲动的崇德上皇会趁夜突袭皇宫，于是抢先一步袭击了崇德上皇的寝宫，打乱了对方的计划。崇德上皇一败涂地，狼狈逃走，众将士无心恋战，纷纷束手就擒，叛乱很快被镇压。这次事件史称"保元之乱"。

举兵失败后，崇德上皇万念俱灰，在仁和寺落发出家，不久被官府擒获。后白河上皇以大逆罪，被流放荒远之地。崇德上皇在流放地历经磨难，实在忍受不了恶劣的环境，苦苦哀求朝廷网开一面，恩准自己回宫，并历时三年抄了五部经书，诚心诚意地为后白河天皇祈福，请求得到宽恕。后白河天皇见了经书，毫不领情，将其全部退了回去。崇德上皇绝望了，狂笑着咬破手指，愤然写下血书诅咒皇廷和天皇，从此整天蓬头垢面不修边幅，污秽憔悴不成人形，如同鬼魅一般，苦撑了5年后，怀着满腔怨恨离开了人世。

保元之乱平息后，功臣平清盛恩宠日隆，渐渐恃宠而骄。后白河天皇经过这次叛乱，意识到了加强皇权的重要性，于是颁布了《保元新制》，企图将鸟羽院政时期的庄园收为己有，把这个重任交给了藤原通宪，具体执行者是平清盛。平清盛不负所托，立刻着手整顿各国庄园，采用刚柔兼济的手段稳住各方势力，为朝廷立了大功，得到了更高的官位和头衔。同样为朝廷立下汗马功劳的源义朝却备受冷落，内心极为不满，暗暗筹划着发动政变，推翻后白河天皇的统治。

不久后白河天皇效法先祖，把皇位让给了长子二条天皇，退居二线遥控政治，开设了自己的院政政府。源义朝趁机浑水摸鱼，勾结权臣藤原信赖与外戚集团反对后白河上皇，背地里结党营私，形成反院政集团。平清盛和藤原通宪坚决维护后白河上皇，广结党羽，组成了院政派，两派斗得你死我活。一场大战一触即发。

1159年12月夜，源义朝和藤原信赖趁平清盛外出之际，发动政变囚禁了后白河上皇和二条天皇，并放火烧殿，逼死了藤原通宪，流放了藤原通宪的儿子。皇家父子之争，演变成了宫廷政变，让源氏渔翁得利，这个结局是谁都不曾料想到的。上皇和天皇身陷囹圄后，皆悔不当初。平清盛闻讯，火速从外地返回京城，率众击退了源义朝的叛军，杀死了兴风作浪的藤原信赖。源义朝在逃跑途中被部将杀死。其子源赖朝被放逐到伊豆。这次事件史称"平治之乱"。

动乱结束后，上皇和天皇的势力不同程度地受到了削弱，平清盛成了最大的受益者，得以独揽大权。后白河上皇不甘心权力被架空，悄悄联络处处受平清盛打压的藤原氏，试图东山再起。1177年，后白河上皇驾临鹿谷山庄，授意亲信和旧势力放火烧杀平清盛，该计划因叛徒的告密而胎死腹中。平清盛大怒，一度想要囚禁后白河上皇，因长子竭力劝谏而作罢，此后与后白河上皇的关系越来越紧张。

后白河上皇权欲极重，算来算去还是败给了平清盛。为了揽权，他几乎六亲不认，一度算计儿子二条天皇和孙子六条天皇，并把自己的另一个儿子高仓天皇扶上御座当傀儡，可谓狡猾至极。但跟老奸巨猾的平清盛比起来，他还是棋差一招，平清盛仅仅用最简单的招数就破解了他精心布局的整盘棋，那就是将自己的女儿平德子嫁到后宫，为高仓天皇生皇子。如此一来，他便能以天子外祖父的身份继续摄政了。他的外孙安德天皇两岁即位，正是牙牙学语的年龄，自然不能亲政，他轻而易举地窃夺了皇权，代行天子之职，成了人人畏惧的无冕之王。

第三章
镰仓幕府时期

——冷酷背景中诞生的"悲情英雄主义"与"武士道精神"

日本贵族在火并的过程中，间接成全了武士集团，一些手握雄兵的武将开始拥兵自立，成为一股不可小觑的武装力量，但开创武家政权的风云人物源赖朝并不是一个武力强大、威风凛凛的霸主，他能坐拥江山，一半靠女人，一半靠弟弟。镰仓幕府的统治者既不勇武也不英明，他们能统御天下，仰仗的不是真刀真枪真功夫，而是权谋和手腕。多数统治者都是精于内斗和推行愚民思想的高手。在他们的管理下，武士们被训练成了无所畏惧的敢死队，被过度美化和包装的武士道精神所操控，个个以壮烈殉主为荣，演绎了无数悲壮而惨烈的故事，致使悲情英雄主义泛滥成灾。

天皇统治时期，日本国民普遍愚忠；幕府时期，愚忠演变成了死忠。华丽悲情的死亡即便愚不可及，终归会留下一丝病态的美感和伤感。这也许正是人们不赞同武士道精神，却依旧无法鄙视武士的原因。无论上流社会多么卑鄙龌龊，统治阶级的命令有多么不可理喻，作为炮灰的武士，作为以死效命的服从者，武士身上始终笼罩着一层悲情色彩，他们生于刀丛剑雨中，随时准备赴汤蹈火，为主君献身。具有讽刺意味的是，即便有这么一群疯狂的死忠者，镰仓幕府仍然没有保住江山，仅仅存在148年，便被频繁倒幕的后醍醐天皇推翻了。

靠女人起家的幕府将军——源赖朝

平氏光芒万丈，家族鼎盛时，源氏人丁凋零，运势江河日下，成了瘦死的骆驼、落了毛的凤凰，不再被看好。首领源义朝去世后，源氏几乎一蹶不振，差点消失在历史的长河之中。当时谁也预料不到，源氏有朝一日会死灰复燃，开创一个崭新的时代，但历史总是会在不经意间发生惊天逆转。若干年以后，源义朝的儿子源赖朝由一个惨遭流放的落魄子弟成长为手握重兵的一代雄主，在短短几年时间内，荡平了宿敌平氏，复兴了家族，并在镰仓设府理政，把日本带入了镰仓幕府时代。源赖朝的人生充满传奇色彩，他的故事听起来非常励志，那么他究竟是怎么时来运转，改变命运的呢？答案是靠女人。

源赖朝出身将门之家，是清河天皇的后裔，门第显赫，从小衣食无忧，生活非常富足。年少的他从来不知道世事艰辛，因为父母把所有的风雨和阴霾挡在了高墙外面。12岁那年，源赖朝的母亲不幸去世，他经历了人生第一次打击，然而苦难却刚刚开始。同年12月，他的父亲源义朝谋划着发动政变，企图将日本最有权势的人物平清盛拉下马，结果功败垂成，反被平清盛追剿，源氏几乎全军覆没，其本人被部下所杀。源氏遭遇了灭顶之灾。源赖朝一夜之间家破人亡，变成了可怜的孤儿兼罪臣之子，人生从云端坠入谷底。

稚气未脱的源赖朝擦干眼泪，开始了逃亡之旅，天地之大，他不知道何处才有自己的容身之地，也不知道该逃往哪里，只知道为了活下去，必须拼命地奔逃，绝对不能让仇人找到。平清盛势焰熏天，爪牙遍布天下，他要找的人必能找到。源赖朝岂能逃出他的魔爪，没过多久，便落网了。源赖朝以为自己必死无疑，但平清盛没有动手，不是因为忽然生出了恻隐之心，而是因为其老母竭力阻止。平清盛的母亲觉得源赖朝长得非常像自己早夭的儿子，遂千方百计地保护源赖朝。平清盛拗不过母亲，只好高抬贵手，将源赖朝流放到伊豆。古时的伊豆景致风物与今天大不相同，那里可不是什么风光旖旎的旅游胜地，而是流放重刑犯的苦寒之地。源赖朝在那个鸟不生蛋的地方度过了20个春秋。他孑然一身，无依无靠，就像雨打的漂萍一样随波逐流，棱角被磨蚀殆尽，心肠变得比坚冰还要冷。

在伊豆，最炙手可热的大红人非伊东佑亲和北条时政莫属。源赖朝只是一个刑徒，一个微不足道的犯人，一辈子都没有机会攀上他们的高枝，可不知为什么他非常讨女孩子喜欢，竟先后将两位大人物的掌上明珠揽入怀中，瞬间变成了他们的上门女婿，险些将伊东佑亲活活气死。不可否认的是，源赖朝是一个很有魅力的男子，他神秘、冷峻、不动声色，浑身散发着一股忧郁的气质，是不谙世事的少女幻想的对象。伊东佑亲的女儿八重姬被他深深地迷住了，竟然将名分、廉耻心统统抛到脑后，未出阁便迫不及待地献出了自己，偷偷生下一个私生子。

伊东佑亲听说宝贝女儿生下了罪犯的后代，十分恼火，外孙刚刚落地，便吩咐家仆将其投到冰冷的河水里溺死。一个小生命就这样夭折了。八重姬未婚先孕，已经毁了少女的名节，伊东佑亲迫不及待地想把她嫁出去，所选定的金龟婿就是北条时政的儿子北条义时。为了保住家族名誉，伊东佑亲下令处死源赖朝。

八重姬的哥哥伊东佑清听说父亲要杀妹妹的情郎，连夜赶来通风报信。源赖朝本以为让伊东佑亲的千金怀上自己的骨肉，就能顺理成章地入赘名门，没想到偷鸡不成反蚀把米，不仅没有攀上高枝，还惹来了杀身之祸。为了躲避灾祸，源赖朝决定投靠北条时政。在伊豆，只有北条时政有实力跟伊东佑亲叫板，假如他能有幸在北条时政门下效力，就能逃脱伊东佑亲的杀害。他不知道北条时政会不会收留自己，因为眼前没有了退路，他必须放手一搏，豪赌一次。

源赖朝借着朦胧的夜色，风尘仆仆地赶到了北条府。北条时政狐疑地打量着眼前的年轻人。只见他披头散发、满脸尘霜，衣衫又旧又破，看起来十分落魄。细细观察，发现此人容貌清秀，骨子里透着一股咄咄逼人的英气，举手投足自有一番风度。初次见面，北条时政对源赖朝印象不错，没想太多，便吩咐下人给源赖朝安排食宿。

由于伊东佑亲费尽心机地阻止家丑外传，北条时政一直蒙在鼓里，并不知道源赖朝和自己未来的儿媳有私情，一直对源赖朝照顾有加。源赖朝因祸得福，在北条府过上了新生活。他不甘心默默无闻，迫切地渴望早点出人头地。几个月后，他终于等来了机会。朝廷下达诏令，北条时政要进京任职了。北条时政一走，源赖朝便故技重施，大胆追求北条政子。北条政子是北条时政的女儿，年方21岁，冰肌玉骨、娇艳欲滴，天生是个美人胚子，一直待字闺中。在当时，出身名门望族的大家闺秀，常常被当成政治联姻的工具，婚姻大事由不得自己。北条时政眼光很高，在物色女婿的时候，千挑万选，不断地权衡比较，女儿的婚事就这样耽搁下来。

源赖朝乘虚而入，适时地递上了一封情书。北条政子不由得春心荡漾。初恋的甜蜜和对爱情的憧憬，给少不更事的北条政子带来了无尽美好的幻想，为了守护这段感情，她放下了女孩的矜持，接受了源赖朝的求爱。正当两个人卿卿我我、如胶似漆的时候，痴心不已的旧情八重姬从家里逃了出来，千辛万苦地来到了北条府，期待着与源赖朝破镜重圆。源赖朝拒绝出来见她，因为她已经失去利用价值了，现在北条政子才是他鲤鱼跳龙门的关键。八重姬这才看清源赖朝的真实面目，顿时万念俱灰，在生无可恋的情况下，选择了投河而死。

恋爱中的女人是盲目的，北条政子重蹈八重姬的覆辙，误把源赖朝看成了一个外冷内热的血性汉子、一个有情有义的男人，不管不顾地献出了一切。北条时政从京城回来以后，得知女儿委身给了流放犯源赖朝，又怀孕了，感到既惊讶又气愤。他做出了和伊东佑亲一样的选择，强迫女儿另嫁他人。北条政子表现得很顺从，在父亲的精心安排下，嫁给了平氏贵公子平兼隆。在婚礼仪式上，北条政子一直强颜欢笑，没有人知道微笑背后的悲凉。到了洞房花烛夜，夫君家惊讶地发现刚过门的新娘子凭空消失了。新郎平兼隆昏倒在地。后来才知道，原来北条政子早已心有所属，不肯接纳新郎，结婚当晚用木棒打昏了新郎，自己冒雨逃出去了。

北条政子成功出逃后，上气不接下气地跑到了伊豆山神社跟源赖朝相会。这个勇敢的女人舍弃了荣华富贵和优渥的家境，只想与源赖朝厮守终生。可在源赖朝眼里，她不过是一架上升的阶梯，一个让自己咸鱼翻身的道具，除此以外，再无吸引力。在被岳父接纳之前，源赖朝对北条政子非常温柔体贴，婚后则判若两人。这是北条政子做梦也想不到的，连精明老辣的北条时政都被蒙骗了。北条政子生下女儿大姬后，执意要和源赖朝共度一生。北条时政不想看到女儿继续纠结痛苦，被迫认可了源赖朝，默许了他们的婚事。刚当上上门女婿，源赖朝便看上了北条府上的侍女龟前，起初不敢明目张胆地与侍女私通，只得背地里暗送秋波、打情骂俏，对待妻子北条政子则相敬如宾，半点缱绻的情谊都没有了。

凭借着岳父的财力和兵力，源赖朝在伊豆悍然起兵，在短短五年时间内，荡平了声势浩大的平氏，以镰仓为大本营，创立了第一个幕府政权。如日中天的他，不顾妻子的心情，火急火燎地把龟前接到了府上宠幸，之后又不断向寡居的大嫂示好。北条政子默默吞咽下苦果，方才知道自己的丈夫有多么俗不可耐。

以功绩而论，源赖朝是成功的，他一手开创了幕府时代，开启了日本长达几个世纪的武士史，但抛掉功利思想来看，源赖朝的人生是失败的，20年的磨难和放逐生活，没能永久性地束缚住他的身体，却在他的灵魂深处打上了永恒的烙印。在他看来，亲情、友情、爱情都是可利用的资源，本身不具任何意义。他不信任何人，对所有的人都没有感情，每天苦苦思索的只有一件事，那就是如何踩着别人的肩膀往上爬，如何改变落魄潦倒的现状，如何一飞冲天成为人上人。除了自己，他没有爱过任何人，所以才会一而再再而三地伤害和背叛深爱自己的女人，辜负了别人的情谊。

为他人作嫁衣的悲情英雄——源义经

幕府政治的创始人源赖朝是一个不折不扣的枭雄，也是一个冷酷庸俗的现实主义者，他把妻子、恋人当成招之即来挥之则去的棋子，不懂得怜香惜玉；他对待至亲，更加恶毒，竟玩起了鸟尽弓藏的把戏，用极其卑劣的手段把自己的亲弟弟源义经逼上绝路，做出了一系列令人不齿的事情。客观来说,源赖朝的个人能力有限,他的基业是岳父给的,天下是弟弟协助打下的,如果没有亲人的帮助,他可能永远都是个籍籍无名之辈。他自己可能也意识到了这一点,所以愈发不能容纳功高震主的弟弟,必处之而后快,却一手酿成了悲剧。

源义经是源赖朝的异母兄弟,他的人生比源赖朝还要坎坷。其母是一个地位卑微的侍婢,长得十分标致可人,被源氏首领源义朝一眼看中,娶作小妾。由于是庶出,源义经自然不如哥哥受宠爱。更倒霉的是,他刚出生不久,父亲便因为参与政变,不幸蒙难。他的童年是在东躲西藏、颠沛流离中度过的,每天提心吊胆,日子过得朝不保夕。在兵荒马乱的年月,孤儿寡母相依为命,非常艰难。苦熬了一段时间之后,母亲被迫改嫁给了一个低级的贵族。年幼的源义经只好独自谋生,被迫落发出家。在寺庙里,他偷偷地学习武艺,期待着长大以后歼灭平氏,为死去的父亲报仇雪恨。

16岁那年,源义经混在商队里,几经辗转来到奥州,半途中遇到了嫡母由良御前(源赖朝的生母)的家人,得以认祖归宗,恢复姓氏。不久,孤苦伶仃的源义经和兄长源赖朝重逢了。源义经非常高兴,期待着和哥哥联手击败仇家,重振源氏家族。源赖朝可不这样想,他并非是一个笑傲沙场的武士,也不是一个满怀悲愤的复仇者,而是一个老于世故、深谋远虑的政治家,在弟弟冲锋陷阵、抛头颅洒热血的时候,他躲藏在幕后冷笑,早就准备好了刀子,等待着弟弟功成名就以后,上演狡兔死走狗烹的戏码。

天真勇武的源义经对于哥哥的谋划一无所知,因为从小孤苦无依,他非常看重手足之情,随时愿意为兄弟赴汤蹈火、两肋插刀。源赖朝虽然铁石心肠,但也有真情流露的一刻。第一次见到长大成人的亲弟弟时，他激动得流下了泪水。分别以前，源义经还是一个裹在襁褓里嗷嗷待哺的婴孩，如今已然蜕变成了英姿飒爽的大将。发生家庭变故时，源义经因为太过年幼，什么记忆都没留下。但见到哥哥的一瞬间，却依然倍感亲切，高兴得喜极而泣。兄弟俩抱头痛哭之后，约定一起征讨平氏，共图大计。后来源赖朝发现，源义经是一个军事奇才，才干能力超过了自己，遂起了猜忌之心，甚至一度动了杀机。

1184年，源义经参加了一之谷之战。他率领军队连夜突袭敌营，一举击败了平资盛、平有盛。源义经令手下大将土肥实平追剿溃逃入山林的残兵败将。源赖朝的另一个异母弟弟源范赖负责攻打平知盛的守军。经过数次激战，双方互有伤亡，无法分出胜负，战斗陷入僵局。关键时刻，源义经当机立断，决定兵分两路夹击平氏，于是让田义定率一万骑兵攻打平盛俊和平教经，自己只带了40余轻骑神不知鬼不觉地潜入山中，巧妙地绕到了平氏军营的后方。天色破晓时，源范赖带领主力部队发动了猛烈的进攻，源义经接到信号，马上疾驰而下，杀入敌营。平氏背腹受敌，方寸大乱，开始四处溃散，死伤不计其数，残兵乘船逃到了屋岛，当时源氏只有陆军没有水军，只好停止追击。

一之谷之战，源氏大获全胜，源义经居功至伟，若不是他运用奇谋克敌制胜，这一仗是很难见分晓的。奇怪的是，战后源赖朝只召回并嘉奖了源范赖，对源义经不理不睬。连后白河天皇都看不下去了，册封源义经为检非违使作为补偿。源赖朝得知后，非常愤怒。为了更好地监视和控制弟弟，源赖朝将臣下河越重赖的女儿乡御前许配给他。乡御前是个深明大义的女子，不愿扮演美女间谍的角色，诚心诚意地跟着源义经过日子，为此源赖朝十分恼火。

在此后的日子里，源赖朝故意将源义经弃之不用，把兵权交给了源范赖。有一次源范赖奉命征讨平氏，原计划绕到敌军背后偷袭，计谋被平行盛识破，大军被拦腰斩断，陷入进退维谷的被动境地。更糟糕的是，平氏封锁了关门海峡，致使源氏的援军和粮草无法到达前线。源赖朝迫于无奈，只好起用源义经。源义经临危受命，火速赶往摄津渡边港，整备完战舰，准备直扑屋岛。起航时，天气突变，海上忽然刮起大风，紧接着暴雨如注，部下皆以为在这种恶劣的天气里不宜出海冒险。源义经觉得不能因为天气贻误战机，竭力说服大家顶风冒雨扬帆远航。几经周折，众人终于到达了屋岛前方的村庄。

源义经发现了平氏的军营，只见营寨内旌旗招展，军容严整，附近的港口停泊着数艘战船。在敌强我弱的情况下，源义经决定放弃强攻，改为智取，遂派人在周围的村庄放了一把火，遍插象征源氏家族的白旗，以此迷惑平氏，制造大军来犯的假象。平氏果然上当，连忙登船逃走。源义经抢先一步登陆，下令放火烧营。平氏立即调转马头反击，边撤退边放箭。平教经对源义经箭矢相加，险些将其射杀。千钧一发之际，佐藤继信呼啸着打马上前，用身体挡住了射向源义经的那支冷箭，当场气绝身亡。源义经万分悲痛，含泪继续作战。平氏听信了假情报，误以为源义经有大军增援，撤出了屋岛。源氏占领了濑户内海，实力大增。由此，平氏的势力被大大削弱。

不久源氏和平氏在关门海峡展开了海战。平氏顺流而下，轻而易举地击退了逆流而上的源氏。因为潮流方向的变动，源氏吃了大亏。危急时刻，源义经急中生智，下令击杀敌方的舵手和水手。平氏的舰队受到重创，瞬间失去了动力。到了晌午，潮流的方向发生了改变，源氏顺着水流急速行船，很快登上了敌船，与平氏短兵相接。经过一番激战，几乎将平氏杀得片甲不留。平资盛、平有盛、平经盛、平教盛、平行盛、平教经等久经沙场的大将，被逼得纷纷投水自尽。平氏灭亡。

源义经凭借赫赫战功扬名天下，成了日本家喻户晓的名将，为世人所敬仰。相较之下，能力平平、精于谋略的源赖朝便显得黯然失色了。争强好胜、野心欲望极大的源赖朝不想活在弟弟的光芒下，遂决定像清理杂草一样铲除源义经。面对哥哥的步步紧逼，源义经选择妥协退让，一再强调手足情深，信誓旦旦地保证自己绝无二心。听到弟弟泣血发表的肺腑之言，源赖朝依然不为所动，毅然逼迫后白河天皇发布通缉令，在全国范围内搜捕源义经。

被逼向穷途末路的源义经，在巨大的压力下投靠了藤原秀横。藤原秀横过世后，他的儿子藤原泰衡迫于幕府的压力，不再为源义经提供庇护，转而倒戈相向。源义经被迫走向了绝路，最终在衣川馆含恨自裁。源义经素知哥哥心狠手辣，为了不让妻女遭受凌辱迫害，陷于生不如死的境地，临死前将正妻乡御前和年仅4岁的女儿一并杀死，一家人在另一个世界团聚了。源义经的妾室静御前在被捕前已经怀孕，源赖朝威胁说如果生下的是男孩，格杀勿论，生的是女孩，孩子才能活命。结果静御前产下了一名男婴，孩子刚出世便惨遭遗弃，活下来的概率微乎其微。静御前失去了丈夫、儿子，心如死灰，早就没有活下去的欲望了。至此，源赖朝都不想饶恕她。源赖朝的妻子北条政子非常同情静御前的遭遇，极力为她求情，准许她离开镰仓的幽囚之地，回到京都生活。孑然一身的静御前最终选择落发出家，守着青灯残烛度过了最后的岁月，年仅22岁就抑郁而死。

源义经挥刀自尽时，年仅30岁，正是风华正茂的年纪，怎能不教人扼腕叹息！毫无疑问，源义经是日本历史上最富英雄气概的将才之一，他年少有为，在战场上屡立奇功，表现得有勇有谋，创造了攻无不克战无不胜的神话，最后却落得个家破人亡、横刀自尽的可悲下场，着实令人悲叹。自始至终源义经都不是政客，也不是谋士，他是个满腔热血的青年才俊，是个儿女情长的人，不因身世坎坷、境遇不顺而怨天尤人，虽饱经忧患却依然保持着赤子之心，不懂得官场的复杂规则和叵测的人心，无法斗过老谋深算的源赖朝，注定成了一个悲情英雄，让后世永远怀念。

冷血悍妇的倾世柔情

源赖朝机关算尽，终于得到了自己想要的一切，成为第一代幕府将军以及日本实际的统治者。步入暮年，源赖朝的壮志雄心丝毫没有半点减损，但他的身体已经大不如前。枭雄的暮年是悲凉的，当金戈铁马的峥嵘岁月成为记忆的时候，他们只能一遍一遍地重温过去，用怀念来填补内心的空虚，除此之外，再无乐趣。源赖朝老了，老到翻身跃马都感到吃力的地步，在一次意外坠马以后，便长久卧床不起，伤病久治不愈，辗转病榻一年之后，便两手空空地离开了人世。

源赖朝去世时，他的儿子源赖家年仅17岁，还是个乳臭未干的黄毛小子，缺少历练和政治经验，根本不能掌控大局。按照习俗，源赖朝的妻子北条政子应该出家为尼，毕生为他守贞。源氏人丁凋零，很难守住天下了。北条时政蠢蠢欲动，打算篡夺女婿的家业，然而就在万事俱备的时候，他的宝贝女儿跳了出来，誓死保卫丈夫的江山，不惜与亲生父亲反目成仇，与整个家族决裂，甚至做出杀子逐父的举动，令所有熟悉她的人大跌眼镜。人们这才惊讶地发现，原来那个纤细柔弱的女人是如此决绝和刚烈。

在妇道和孝道的两难抉择中，北条政子毫不犹豫地选择了前者，在丈夫和儿子之间，她同样选择了前者，自从嫁给源赖朝，她便将整个生命托付给了对方，甚至连自己的灵魂也交付了。尽管源赖朝是个薄情寡义的负心汉，她还是要做从一而终的贞洁烈女，至死不悔。源赖朝去世后，北条政子柔肠寸断、悲痛欲绝，毅然剪断了一头青丝，削发为尼，本想伴着青灯古佛了此残生。怎奈儿子不成器，父亲又虎视眈眈地盯着丈夫开创的幕府，企图将名号改为北条家。紧张的局势把她这个已经遁入空门的寡妇逼到了风口浪尖上，既然无法彻底了却尘缘，她只好再度出山，力挽狂澜。

源赖家刚刚接管家业两个月，便厌倦了政务，开始疏远为镰仓幕府忠心效力的御家人（从属于幕府将军的武士）和德高望重的宿老。守孝半年后，源赖家暴露出风流好色的本性，竟然强抢御家人安达景盛的小妾。安达景盛得知后，心寒不已。君臣关系严重恶化之际，又有小人挑拨离间污蔑安达景盛造反，双方之间的矛盾更深了，不久便发展到兵戎相见的地步。源赖家调集一大批武士，准备以讨逆的名义诛杀安达景盛。安达景盛毫不示弱，也组织大量人马，计划袭击镰仓幕府，一场大战一触即发。

北条政子闻讯，急匆匆地赶到儿子那里，及时阻止了儿子的军事行动。第二天，亲自召见安抚安达景盛，积极从中斡旋，巧妙化解了御家人和幕府之间的冲突，迫使安达景盛回心转意，重新宣誓效忠于镰仓幕府。事后,北条政子严厉训斥了源赖家,历数其种种罪状,诸如疏于政事、滥杀功臣、不仁不义、听信谗言、亲近奸佞等。通过这件事,北条政子意识到源赖家不具备做英主的资质,为了防止儿子败掉家业,她授予幕府宿老裁决军国大事的权力,以此牵制儿子的行动。

源赖家昏聩无能、见识浅薄,却急于树立至尊权威,总想打压御家人,搞得幕府上下离心离德。若不是北条政子出面,幕府的统治早就土崩瓦解了。可惜源赖家不知悔改,一味我行我素、胡作非为。北条政子认为再不出手阻止,丈夫辛苦打下的基业就会断送在他手里。痛定思痛之后,她做出了一个艰难的抉择——大义灭亲,废黜儿子,另立贤能。在她的安排下,源赖家灰溜溜地被赶下台,第二个儿子源实朝取而代之,成了第二个幕府将军。源赖家不甘心,秘密勾结父亲的宿敌,意图颠覆镰仓幕府,重登大宝。面对来势汹汹的叛军,北条政子镇定自若,联合父亲北条时政积极应战,结果大获全胜。

源赖家兵败被俘,北条政子亲自审讯这个不孝的逆子。见到母亲时,源赖家痛哭流涕道:"儿子一时糊涂,犯下大错,请母亲宽大为怀,给儿子一个改过的机会。"说完连连顿首。他本以为哭得悲悲切切、凄凄惨惨,母亲一定会心软,这样自己就能逃脱惩罚,但他完全想错了。北条政子不仅没有被打动,反而从心底里看不起这个贪生怕死、怯懦无能的儿子。在她眼里,源赖家不仅是个没用的草包,还是一个摇尾乞怜的懦夫,一个敢做不敢当的孬种,这样的儿子不要也罢,他的存在,分明就是源氏家族的耻辱。

为了保住丈夫的千秋霸业,为了维护源氏家族的声誉,北条政子发了狠,逼迫儿子服毒自尽。源赖家一死,局势便稳定下来。可惜好景不长，在讨逆过程中，北条政子被迫引狼入室，跟父亲北条时政联手。如今大敌已破，北条时政便琢磨着推翻镰仓幕府，建立北条家族政权。镰仓幕府危机四伏。源实朝太过年轻，根本斗不过像狐狸一样狡猾的外祖父，差点死在对方手上，侥幸逃脱没多久，再次遭到暗杀，命丧当场。

谋杀源实朝的凶手不是别人正是源赖家的儿子源公晓。源实朝是源赖朝的次子，按照继位顺序，他本不该被选为幕府的接班人。长子源赖家被废黜前，北条政子对源实朝没有过高的期待，一直按照培养公卿贵族的方式养育他。源实朝无甚野心也不懂政治，痴迷于文化艺术和游乐，喜欢美女，一直膝下无子。北条政子很着急，担心找不到继承人。源公晓之所以能接近源实朝，执行刺杀任务，是因为在北条政子的安排下，他被过继给源实朝，当了源实朝的养子。

以血统而论，最有资格继承大位的，便是源赖家之子源公晓。长期以来，北条政子一直为源赖家的死耿耿于怀，认为是因为自己管教失败，才导致儿子误入歧途，总想补偿源公晓。北条政子非常疼爱这个自幼失怙的孙子，对他关照有加，但不想让他当幕府将军。她刻意安排源公晓落发出家，并给他在寺院中谋了个职位，竭力把他排斥在世俗权力中心之外。北条政子猜测到孙子可能憎恨自己和自己背后的幕府，却没有料想到对方会把矛头对准无辜的源实朝，做出如此大逆不道之事。

1205年，北条时政派人暗杀源实朝，阴谋未能得逞。14年后，源实朝前往八幡宫寺参加典礼，深夜返回幕府，半路上被源公晓伏击，中剑身亡。源公晓斩下了他的首级，夺路而逃，不久被长尾定景抓获处死。至此，源赖朝直系绝嗣。

源实朝遇害后，北条时政趁机兵谏镰仓幕府。北条政子顾不得为儿子守丧，强忍着丧子之痛，率兵讨伐父亲。父女俩展开了激烈的决战。北条政子沉着地调兵遣将，消灭了父亲的军队，将北条时政逐出镰仓，驱回伊豆，并声色俱厉地警告说以后不准返回幕府，否则休怪她不顾父女的情分。源氏正统血脉断绝后，北条政子联合弟弟北条义时扶植源氏远亲藤源赖上位。藤源赖只是个有名无实的将军，实权已经落入了北条政子和北条义时手里。

无论是源氏开创的旧幕府还是北条家的新幕府，都没有想过要推翻天皇，但天皇家族不甘心大权旁落，悍然发动了倒幕战争，矛头直指北条义时。天皇虽然已经成为名义上的帝王，但在日本依旧有着无上的权威和巨大的影响力。镰仓幕府的开创者源赖朝曾经训诫部下，要恭恭敬敬地跪接天皇陛下的赦令，必须老老实实按照天皇的旨意行事。在这种思想的影响下，历代武士都尊奉天皇，没人敢和天皇开战。北条义时惊闻天皇举兵来犯，一时没了主意。

危难时刻，北条政子挺身而出，鼓动武士与朝廷抗争，大战前夕发表了精彩的动员演说："大将军栉风沐雨开创了幕府，汝等能享有现在的官爵和俸禄，皆拜大将军所赐。如今朝廷和幕府势不两立，你们想卖主求荣、背恩弃义投靠朝廷，还是想知恩图报侍奉镰仓？"众武士听罢，忆起当年追随源赖朝南征北战的岁月，想起昔日所受的恩惠，不由得热血上涌，纷纷宣誓愿为幕府效犬马之劳。

北条政子出动19万大军进逼京师。幕府军所向披靡，连战连捷，大败官军。参与倒幕的五位贵族全部被处死，主谋后鸟羽上皇和策划者顺德上皇、土御门上皇均遭到流放。自此天皇走下了神坛，皇室权威严重削减，北条家族统领的幕府拥有了绝对的统治地位，并获得了话语权。

北条政子的一生饱受争议，她一手摧毁了天皇腐朽没落的统治，使之完全失去了政治影响力，堪称女中豪杰。为了维护夫家的利益，她狠心毒杀亲子，驱逐生父，杀伐决断不输男人，表现得铁面无私、冷酷无情，有悖于古代妇女的传统美德。她所做的一切不是为了争权也不是为了谋利，而是为了让九泉之下的亡夫安心，自始至终她都是那个雨夜奔逃的新娘，冒着自毁名节的风险偷偷跑出去与爱人源赖朝相会。为了一段不被看好的孽缘，她割舍了一切，付出了一切，变得冷血而残忍，又有谁知道这个横眉怒目、不近人情的悍妇，内心深处潜藏着怎样的柔情。她是一个长袖善舞的女政治家，也是一个威风八面、运筹帷幄的女将军，但归根结底，她是一个女人，一个痴情专情的女人，以飞蛾扑火的姿态爱着一个心猿意马的坏男人，直到他入了土化为灰，她对他的爱也没有停止，只有死亡能让她爱他的心停止跳动。

1225年，这个出生于伊豆的奇女子，幕府背后的女将军，默默地离开了人世，追随她心爱的丈夫去了。一代传奇，就此落幕。

武士军刀对阵蒙古铁骑

日本的幕府时代，是武士的时代，武士既是保家卫国的战士，又是不可忽视的武装力量，在历史的舞台上扮演着十分重要的角色。武士当道的时代，日本遭受了前所未有的巨大危机，接连遭受蒙古铁骑的入侵。那么，横扫欧亚大陆的蒙古铁骑为何会把目光投向小小的岛国日本呢？日本武士又是否能够抵挡住所向无敌的蒙古大军呢？

众所周知，蒙古是一个能征善战的民族，不仅有引弓射雕的本领，还非常擅长攻城略地，善于围城打援、野战争锋，无论是高大威猛的欧洲人还是精于上攻伐谋的亚洲人，都不是他们的对手。蒙古帝国的君主忽必烈威震世界，人们对他敬畏有加，不敢有所拂逆。因为不尊号令者，必然会受到蒙古大军的残酷讨伐。蒙古帝国的君主多次要求日本以臣属的身份纳贡，高丽国王再三规劝日本人俯首称臣，定期朝贡，但日本人死活不肯服软，一次又一次拒绝了忽必烈的要求，惹恼了一代天骄忽必烈，把战争引向了日本本土。

在长达400年的岁月里，因为各种各样的原因，日本列岛与中国断绝了往来，朝贡关系中断。忽必烈上台后，急于恢复原有的朝贡体系，在中国树立权威，日本人的拒绝，让他感觉颜面尽失，因此他毫不犹豫地发动了对日战争。1274年，远征军从朝鲜半岛入海，浩浩荡荡地前往九州岛，兵分三路攻入内陆。这支军队主力为蒙古人和高丽人，仅有少量女真人和汉人。主力军在长崎一带登陆。

镰仓幕府得到军报，连忙调兵迎战。蒙古铁骑机动灵活，势不可当，日本人抵挡不住，死伤惨重。战斗进行了一个月，日本人才摸清了蒙古人的打法，开始调集重骑兵反击。蒙古是马背上的民族，天生擅长骑射，日本人的箭法虽不及蒙古战士，但他们敢于拼杀，纷纷冒着密集的箭雨冲向敌阵，与蒙古人展开肉搏战。在弓弩手的掩护下，日本武士疯狂地冲杀了过去，挥舞着军刀，开辟出一条血路。蒙古大军损兵折将，这才意识到自己遇上了对手。在此之前，蒙古人从未遭受过这样的重创，远征作战向来是一路凯歌，但这次战斗不一样，他们的对手仿佛不是脆弱的血肉之躯，而是来自地狱的魔鬼，个个勇武不怕死，以必死的信念作战，不惜与敌方同归于尽，令久经沙场的蒙古人也有点吃不消。这一仗蒙古人没有占到什么便宜，箭矢用光了，粮草将尽，已无力再战，只好铩羽而归。撤退时遇到了一场大风暴，部分战舰被摧毁，大部分战船平安回到了中国。

这次战役，给叱咤沙场的蒙古大军留下了极深刻的印象。日本人的军刀锋利无比，无坚不摧，几乎可以削铁如泥，元军士兵用普通的刀剑格挡，往往一触即断。不过日本的弓箭射程太短，杀伤力远远比不上蒙古的角弓。蒙古和日本第一次交锋，双方互有死伤，忽必烈认为日本人已经认识到了蒙古帝国的强大，不会继续负隅顽抗了，于是再次派遣使者前往日本，要求对方称臣纳贡。日本人非常愤怒，为了表明自己据不屈服的态度，斩杀了蒙古人的使者。忽必烈再一次被岛国武士打耳光，自然不能容忍，遂愤然调动水陆大军，准备第二次远征，誓言要好好教训一下不知天高地厚的日本人。

日本人密切关注着蒙古人的动向，为即将到来的大战做好了充分的准备。此时镰仓幕府对各藩的控制力大大加强，有能力征调足够的兵力和军需物资，抵抗蒙古铁骑的第二次入侵。日本人在蒙古军队可能抢滩登陆的地区修建防御工事，建起了一道高高的石墙。本州和九州沿海一带安排了精锐部队把守。九州各藩积极招募民兵，日本列岛的武士纷纷赶往前线作战，全国上下众志成城，都愿意为国家死战。

1281年，蒙古人出动五千艘战船、20万军队再度远征日本。精锐之师为蒙古骑兵，人数约4.5万；高丽人大约5万，人数比蒙古人略多；人数最多的是汉人，总数多达10万之众。同年五月末，北方的远征军漂洋过海到达博多湾，连续攻占了好几个岛屿。同年六月，南方军舰赶来会师，两军兵会合一处，计划在九龙山登陆。等候多时的日本军队，以高大的石墙为掩体，凭借坚固的防御工事浴血守卫领土，一次又一次地打退了蒙古人的猛烈进攻，并击败了高丽军主力，擒杀了高丽人的将帅，杀死了好几位威名赫赫的蒙古高官。这场艰难的攻坚战进行了一个多月，远征军折损三分之一兵力，但仍然无法跨越防线。到了同年七月，蒙古人的粮草箭矢基本耗光了，士气低迷。只要找到合适的时机，就会撤出战场。

同年8月1日，平静辽阔的海面上忽然刮起了一阵飓风，风暴持久不息，几乎将远征军的南方舰队摧毁殆尽，北方舰队至少有一半沉入海底，残存的舰船返回了高丽。指挥官面对突如其来的海难无计可施，只好抛弃主力军队，搭船逃离了可怕的死亡之海。近十万远征军被丢弃在了九龙山海滩，他们人困马饥，长期得不到给养，没办法突破日军的森严壁垒，又找不到退路，只能坐以待毙。飓风止息的第三天，日军反守为攻，将饥馁疲惫的远征军赶到了八角岛的狭窄地带，然后肆意砍杀。远征军惨遭杀戮，战场上尸横遍野，血色弥漫，宛若人间地狱。当时只有两万多人活了下来，做了日本人的俘虏，而这些人都是南方汉人，后来全部沦为日本部民（即奴隶、贱民的意思）。

蒙古统治时期，把帝国范围内的国民划分为四等，第一等人是蒙古人；第二等人是色目人；第三等是北方汉人；南方汉人地位最为卑下，被列为最后一等。日本人按照等级秩序，将高贵的蒙古人以及蒙古人的盟友色目人全部杀死，次一等的北方汉人也没能幸免，只有最低等的南方汉人得到了赦免，侥幸保住了性命。经此一役，南方军队全军覆没，仅有三名士兵活着回到了中国。忽必烈从他们嘴里得知了整个战役的过程以及远征军折翼日本海难的真相，非常恼怒，依照军法处死了副统帅，并严厉处罚了其他官阶的官员。

蒙古人曾两次入侵日本,第一次入侵事件史称"文永之役",第二次日本入侵史称"弘安之役"。第二次自卫战争,日本人投入大量的军力,得以重创蒙古铁骑,在双方僵持不下的关键时刻,有赖天助,一场毁灭性的特大风暴毫无征兆地席卷而来,一举摧毁了蒙古大军的舰队,加速了蒙军的败亡。在和日本人针锋相对的较量中,兵强马壮、骁勇善战的蒙古大军没有发挥出任何优势,这个结果几乎令全世界的人都感到大惑不解。有人把蒙古人的战败归咎于天灾,认为海上不起飓风,蒙古大军征服日本指日可待,是那场及时到来的特大风暴挽救了日本。许多日本人也曾经这样认为,居然把那次灾难性的飓风取名为"神风",肯定了大自然的功绩。

不可否认的是,"神风"加速了战争的结束,假如它不登陆日本,战斗还会持续很久。蒙古人是不会轻易认输的。但真正保卫日本的是那些视死如归的武士,如果没有他们的拼死力战,即便日本海滩频频有飓风光顾,也无法保证日本列岛不被攻陷。无论如何,日本人凭借强大的武力和天时地利的配合,粉碎了蒙古铁骑不败的神话,自信倍增。事后,日本武士骄傲地宣称蒙古大军战斗力不过尔尔,日本军队各方面都胜过他们。客观而言,和蒙古大军比起来,日本人确实在某些方面占据优势,比如他们的战刀锋芒逼人,铠甲质地坚硬,箭矢难以穿透。再比如自进入幕府时期以来,日本就变成了一个盛产武士的国度,武士阶层的男子从小便接受军国主义教育和严格的军事训练,已然被打造成了可怕的战斗机器,战斗力丝毫不比在马背上长大的蒙古人逊色。

当然,蒙古大军的勇猛和锐气也给日本人留下了强烈的印象,他们无法赦免比草原苍狼还凶猛的敌人,担心双方再次兵刃相见,为了永绝后患,将大部分俘虏都杀死了,仅留下了少量文弱的汉人当奴隶。这两次战斗，无论是对蒙古人还是对日本人都具有特别的意义，接连惨败的蒙古人痛定思痛，收敛了傲气，自此变得虚心起来，总结了经验教训以后，进一步地优化了自己的战略战术，全面提升了作战的战术水平，长期接受大国册封的日本人自此扬眉吐气，变得越来越自信，不再甘心充当他国的附庸，有了独立自主的底气。

醉心于死亡的武士道精神

镰仓幕府建立以来，皇权统治和贵族政治沦为明日黄花，异军突起的武士集团占据了历史舞台，成为时代的主角。武士与贵族最大的不同之处在于，他们执迷于苦修，从骨子里鄙视骄奢淫逸、声色犬马的颓靡生活，讲求"忠义、勇武、坚贞"，崇尚武士道精神。武士道精神的核心是为主公尽忠，不贪生不畏死，杀身成仁舍生取义，为了理想信念，毫不留恋毫不犹豫地前往死地，用鲜血捍卫荣誉，用生命谱写壮丽的挽歌。抱香而亡的樱花便是这种精神的象征，日本人一看到漫山遍野的樱花就会联想到生命的短暂和死亡的壮美，为日本武士那种义无反顾的决绝而悲叹连连。

武士道精神在幕府时代被不断歌颂和神话，渐渐成为日本人的精神支柱和国民性格的一部分。日本人身上勇敢和极端的特征与武士道精神有着密不可分的联系。在当时的历史时期，日本人将其视为崇高的道德准则，把它看成是一种自我牺牲的典范。不可否认的是，它是封建社会的产物，具有一定局限性，片面地强调忠勇和服从，把慷慨赴死当成一种大义凛然的行为，全然不去考虑对错是非，也不在乎主君的道德品质如何，极有可能助纣为虐，沦为统治者的利用工具和冷血无情的杀戮机器。

生活在多灾多难的土地上，日本人早就看透了死亡，所以才愿意用华丽的死亡诠释至高的精神境界，用舍命献身的行动证明自己的英勇无畏。他们从骨子里看不起苟且偷生的懦夫，认为战死沙场是一种光荣，举手投降则是军人的耻辱，因此不会优待战俘。毫无疑问，日本武士对死的执念比对生的渴望还要强烈，所以都想死得更有尊严更富仪式感。在漫长的历史时期，日本人是用死的方式来评价和定义人的，而不是根据他生前的行为和品德，一个人若是能面不改色地坦然赴死，就值得崇敬，即便他有过不光彩的过去，做过令人不齿的事情，也不会受到指责和唾骂。因为在日本武士眼里，生得光荣不如死得伟大，懂得向死而生的人是值得敬畏的。

在日本史书中，第一个完美诠释武士道精神的人叫藤原义。藤原义是一个有着双重人格的复杂角色，他白天是一个衣冠楚楚、温文尔雅的贵族，每当暮色降临，便化身为面目可憎的恶魔，杀人放火、打家劫舍，无恶不作，搅得京城不得安宁。官府为了维持治安，多次派人缉拿，却屡屡失手。有一天晚上，刚刚作案回来的藤原义心满意足地回到了自己的寓所，他敏捷地翻墙入户，潜入家宅时，被藏匿在暗处的三名武士发觉了。武士们赶紧回到官府通风报信，到了深夜，官兵气势汹汹地赶来，包围了藤原义的宅邸。

披坚执锐的官兵本来打算和这个名震江湖的恶棍好好械斗一番，第一步是硬闯私宅，第二步是武斗，第三步是将恶人绳之以法。没想到这些步骤最后都省略了。官兵定睛一看，藤原义家门户大开，一点防备都没有，大伙一拥而入，但见藤原义脱了上衣，袒胸露乳，矫首昂视，目光炯炯有神，气度潇洒地盘腿而坐，膝前放着一把雪亮耀眼的武士刀。见此情景,官兵不由得愣住了,霎时呆若木鸡。藤原义旁若无人地吹起了玉箫,箫声凄凉哀婉,如慕如诉,闻者莫不生悲。

一曲完毕,藤原义缓缓放下玉箫,陡然举起了明晃晃的武士刀。官兵大惊,以为决一死战的时刻到了,立刻拔刀相向,准备浴血厮杀。奇怪的是,藤原义并没有把刀锋对准他们,而是对准了自己的身体。官兵一头雾水,不晓得藤原义葫芦里卖的究竟是什么药,全都屏息凝视,紧张地关注着对方的一举一动。在一片惊讶的目光中,藤原义高举军刀,狠命刺向自己柔软的腹部,在肚腹处划了"一"字,将肚皮用力切开,然后将内脏剜出,一股脑儿抛向吓呆了的官兵,随即直挺挺地倒在地上,当场气绝身亡。

藤原义虽然是一个恶贯满盈的江湖大盗,一个臭名昭著的恶徒,一个有着严重精神分裂倾向的变态罪犯,但因为死得壮烈,死得无畏无悔,受到了后世的推崇。此后,不时有日本武士效法藤原义切腹自杀,用这种匪夷所思的方式来洗刷耻辱、成全荣誉。在平氏和源氏火并期间,崇尚武士道的日本武士经常用切腹自杀的方式结束自己的生命。从现实角度来讲,横刀自裁,可避免遭受敌人的侮辱囚禁,免于被世人取笑,还能逃脱主君的惩罚,可谓是一举两得。从精神层面来看,面临不可挽回的失败时,果断地结束自己的生命,可以死得体面一些,比苟延残喘、跪着求生要有尊严。

日本武士从不可怜自己,也不摇尾乞怜,他们不知悲悯为何物、软弱为何物,对脆弱的肉体毫不吝惜,只在乎灵魂。在他们看来,肉体的痛苦,可以促成灵魂的升华,战败切腹,是裸呈灵魂清白最好的方式。日本武士的这种思想是怎么来的呢?当然是统治者灌输的。在古代,武士是一种职业。它的存在有着广泛的社会土壤。长期以来，日本都不是一个中央集权的国家，中央政府对地方的控制力是非常有限的。日本列岛有许多藩国，藩国实际掌权者被称为"大名"。大名有处理地方事务的行政权和司法权，他们为了保卫自己的领地，雇用了大批的职业军人，这些职业军人就是武士。有些大名拥有多座庄园，兼具庄园领主的身份，为了捍卫庄园的利益，将名下的武士发展成了自己的亲兵。

日本的统治者，无论是幕府将军还是地方大名，都希望麾下的武士能死心塌地地追随自己，愿意为某个使命出生入死、肝脑涂地，故花了不少心思向武士宣讲忠义之道，要求他们轻生死重恩义，把大义放在生命之上。自镰仓幕府时代起，武士由冲锋陷阵的炮灰变成了统治阶层，武士道的内容得到了丰富和发展。日本人将冷酷的武士道精神和玄奥的禅理结合起来，赋予了武士道精神更多的内涵。

禅理讲求修身养性，主张以慈悲为怀，似乎跟打打杀杀的武士精神没有任何关系。奇怪的是，安适、静默、恬退的禅道在日本人那里居然能转化成杀人于无形的利器，激励日本武士奋战。这是因为日本武士可以利用禅道修心的方法，陶冶情操，使自己的思想更加纯粹，在心无杂念的状态中，精进武艺。禅宗"生死皆妄念"的虚无观念和"生亦合欢死又何惧"的豁达生死观和武士道中临危不惧、舍身殉难的观点不谋而合。

武士道精神的内容来源于佛道、神道、禅道、儒学，看似驳杂，其实非常凝练精悍，可简单概括为"忠""义""勇"三字，其中"忠"与儒家的忠君孝父思想有类似之处，均强调对主君的绝对忠诚，两者最大的不同之处在于，儒家面临"忠孝两难全"的抉择时，会陷入道德困境，而日本武士则把忠君放在第一位，为了报效主君可以割舍亲情甚至牺牲家庭，"忠"的重要性始终是高过家庭伦理的。武士道中的"义"指的是对主君的义气,与正义、大义、道义没有太大关系,"义"只针对主君,无关天下苍生。日本武士不是仗剑江湖、除暴安良的豪侠,而是幕府、大名的家臣和亲兵,对铲除邪恶匡扶正义的事情并不感兴趣,他们只为所效命的主君而生,只为主君而死。"勇"指的是勇敢、无畏、勇于牺牲、不惧死亡,强调的是视死如归的勇气。

武士道精神中没有"仁"的思想,所以日本武士脑海中不存在"不仁""不忍"的观念,不考虑行为的正当性和正义性,对"武德"一词毫无概念,一味地尚武、蛮勇,不知不觉就沦为了统治者和战争贩子的暴力工具。

在和平成为主旋律的今天,暴力色彩浓厚的武士道精神理应被抛弃,但在古代和近现代,武士道精神作为日本民族的精魂,曾经帮助他们克服过无数难关。在强敌来犯、国难当头的危急时刻,武士道精神发挥了重要作用,它使体格瘦小的日本人战胜了彪悍骁勇的蒙古大军,在幕府当政时期,日本武士作为非常重要的社会阶层,在历史的舞台上扮演着至关重要的角色。第二次世界大战过后,日本沦为废墟,成了一穷二白的国家,它能在短短数十年内崛起,实现民族复兴,与民族性格当中舍生忘死、勇于奉献的武士道精神或多或少有一些关系。

武士道精神是日本国民精神的一部分,它是一把"双刃剑",曾经挽救过日本,也曾经给日本带来灾难和罪恶。步入文明社会以后,武士道精神当中的野蛮的部分和偏执的愚忠思想已经被剥离抛弃了,接受现代文明洗礼的日本人焕发出新的精神面貌。

史上最能折腾的倒幕天皇

北条政子动用武力手段，将不可一世的天皇拉下了马，从此日本天皇成为虚无缥缈的存在，连傀儡的地位都丧失了，幕府将军成为名正言顺的统治者。这种结局是自诩为神族的天皇们无法接受的。后醍醐天皇忍受不了君臣颠倒的残酷事实，上位后悍然发动了声势浩大的倒幕运动，试图夺回统治权。

抗元卫国战争取得胜利后，幕府因为不能及时给功臣和御家人封赏，渐渐不得人心，统治日趋衰落。在对外战争中，御家人消耗了大量的财力、物力，经济蒙受了巨大的损失，得不到主子的恩赏，境况越来越窘迫，不少人穷困潦倒，被迫变卖家当、典当土地，有的为了缓解财政危机，大肆侵占公地、蚕食庄园，激化了社会矛盾。御家人的没落，直接导致了御家人制度的衰亡和瓦解，加剧了社会的动荡。失地农民和落魄的武士对镰仓幕府普遍不满。幕府政权摇摇欲坠，处在风雨飘摇之中，随时都有可能倾覆。

后醍醐天皇认为复辟的时机已到，刚即位不久，便成功说服自己的父亲取消院政，让自己亲政。随后他励精图治，选贤任能，革除时弊，欲重塑天皇家族的辉煌，他认识到要想恢复皇权，必须推翻幕府。当时幕府的实力已经有所下降，后醍醐天皇果断抓住机会，派遣日野资朝、日野俊基两位钦差大臣鼓动地方豪族倒幕。美浓国豪强土歧赖兼、多治见国长等应召入京，共商倒幕大计。结果走漏了风声，六波罗探题包围查抄了二人的府邸，逼迫他们以死谢罪。

日野俊基等人锒铛入狱，日野资朝被流放。后醍醐天皇精心策划的倒幕计划破产了。这次事件史称"正中之变"。

后来，后醍醐天皇和幕府因为选立储君的问题发生了争执，愈发怨恨幕府。作为堂堂帝王，竟连册立皇太子的资格都没有，还要被臣子指手画脚，这种不愉快的经历使后醍醐天皇感到无比愤懑和屈辱，他发誓一定要推倒欺君犯上的幕府，重振天皇声威。时机成熟以后，他又一次策划了倒幕运动，结果再次落败，参与倒幕的日野俊基等人时隔数年以后再次被捕。后醍醐天皇怀揣着象征皇权的三大神器逃离了皇宫，之后以笠置山为根据地，向全国发号施令，号召各路兵马勤王讨逆。

幕府闻讯，连忙出兵攻打笠置城。笠置城失陷，后醍醐天皇慌忙逃往赤坂城。在逃跑的途中，惨遭生擒。不久被流放到隐岐岛。第三次倒幕运动以失败告终。后醍醐天皇虽然沦为阶下囚，但仍不死心，日夜渴盼着重整旗鼓，恢复旧河山。在倒幕志士的协助下，他成功逃离了隐岐岛，向全国发表了征讨幕府的檄文，号召各地讨幕。当时幕府在日本的政治影响力日益下降，家臣早就生出了二心。讨幕檄文一经发表，豪族和武士不约而同地选择了听从天皇陛下的召唤，积极响应朝廷的行动。倒幕之声此起彼伏，幕府陷入四面楚歌的境地。

家臣足利高氏和新田义贞顺应时势，改弦更张，纷纷背离了幕府，临阵倒戈。足利尊氏率军攻陷了京都，新田义贞挥师直捣黄龙，攻破了镰仓，镰仓幕府灭亡，结束了一百四十余年的统治。后醍醐天皇如愿以偿地实现了自己的政治理想，恢复了祖宗的基业，挽救了陷落的皇权。1333年，他正式入驻京师，废黜了北条高时拥立的光严天皇，开始推行新政，史称"建武中兴"。

新政政策主要包括：取消院政制度；废除关白、摄政大臣一职，所有军国大事皆由天皇一人裁决。设立"记录所""杂诉决断所"等机构处理行政诉讼事务，设置"武者所""洼所"管理武士；重新分配幕府的土地，保障贵族和寺院的根本利益；赏赐倒幕有功的武士。当时有的武士头目贪功邀赏，独吞了大部分赏赐，还有一些寸功未立的武士，收买笼络了近臣的宠姬，也得到了庄园。而大多数浴血拼杀的武士什么也没得到，连尺寸之地的赏赐都不曾领取，心中大为不满。

后醍醐天皇执掌后，迅速腐化堕落，在全国经济凋敝、民不聊生的情况下，大兴土木扩建宫殿，不断向大名和家臣抽取年贡，沉重的负担转移到了广大农民身上，加剧了劳动人民的苦难。经过连年的战乱，社会生产均未恢复，日本处在百废待兴的阶段，天皇不顾民生，一味穷奢极欲，大肆挥霍，很快便失去了人民的支持。1335年7月，北条高时的儿子北条时行亲率大军讨伐建武政权，一举攻克了镰仓。"中先代之乱"爆发。一个月后，足利尊氏带五百人马与弟弟直义之军会师，赶走了北条时行，收复了镰仓。叛乱平息后，足利尊氏迟迟不肯返回京都，长期盘踞在镰仓，自封为征夷大将军。显然，已经有了不臣之心。

后醍醐天皇怒不可遏，急令尊良亲王、新田义贞领兵征讨足利尊氏。足利尊氏奋起迎战。12月，官军大败。京都沦陷。建武政权灭亡。后醍醐天皇仓皇逃往比睿山，在逃亡途中，得到了北畠显家父子的支持，击溃了尊氏军，得以杀回京都。翌年5月，足利尊氏卷土重来，再次发兵包围了京都，后醍醐天皇再次弃都逃跑。足利尊氏入主京城，扶立光严上皇的弟弟丰仁亲王登基即位，是为光明天皇。光明天皇没有得到象征至尊皇权的三大圣物，即八咫镜、八坂琼勾玉和草薙剑，不具备传统意义上的正统性和合法性。

同年 10 月，足利尊氏盛情邀请落难在外的后醍醐天皇回宫。当时后醍醐天皇困守比睿山，粮草断绝，已经到了山穷水尽的地步，被迫接受了足利尊氏抛出的橄榄枝，孰料刚刚回到京城，便遭到了软禁。在足利尊氏威逼下，他被迫献出了三大神器，正式退位为上皇。幽囚期间，后醍醐天皇秘密联络倒幕志士，计划逃跑。同年 12 月，他男扮女装，伪装成贵妇人，连夜逃离了京都，从此长期流亡在外，以吉野为根据地，创立了南朝，公然宣称交付给光明天皇的三大神器为赝品，与京都的北朝分庭抗礼，日本走向分裂，步入了南北朝对峙时代。后醍醐天皇一直想要挥师北上，灭亡北朝，完成统一大业，最终未能如愿，于 1339 年病逝。

纵观后醍醐天皇一生，波澜起伏，沉浮不定，时而大权在握，时而沦为阶下囚，苦厄时发愤图强，倒幕不止，得势时得意忘形，骄奢淫逸，他是"生于忧患死于安乐"的典型，因为没有很好地把持住自己而功败垂成，不仅亲手毁掉了好不容易夺回的基业，还促成了日本的分裂，制造了更多的动乱，沦为了历史的罪人。

第四章
南北朝时期

——对峙格局中的内战与危机

倒幕成功以后，头号功臣足利尊氏因为利益之争，与后醍醐天皇发生了冲突，后醍醐天皇携带三大神器流亡吉野创立了南朝，与京都的北朝分庭抗礼，日本进入南北朝时期。在这一时期，日本有两个朝廷两位天皇，但权力最大的是足利尊氏创建的室町幕府。最后统一南北朝的是室町幕府的第三代征夷大将军足利义满。虽然日本从分裂到统一仅有半个多世纪的时间，但两朝相争，内耗不断，危机四伏，给日本社会带来的动乱和伤害，久久难以恢复。南北对峙时期，双方互相挞伐，内部也不团结，要么上演手足相残、父子相爱相杀的悲剧或君臣之间兔死狗烹的戏码，要么发生兵变，全国乱成一团。着实可悲可叹。

王朝争霸背后的女人

后醍醐天皇是南朝的第一代天皇，以精力旺盛，频繁倒幕屡战屡败而出名，有趣的是他曾化装成女人逃之夭夭。这样一位奇葩的天皇，他身边的女人必然不简单。他一生周旋于33位美丽的嫔妃之间，留下了许多风流韵事。多数女人只是他背后的花丛，所留下的无非是浮光掠影的惊鸿一瞥，只有一个女人不一样，她精明强干，个性十足，不仅可与天皇平分秋色，还一度影响过日本的时局和历史，她就是阿野廉子。

阿野廉子是后醍醐天皇最为宠爱的妃子，凭借着惊艳的美貌和过人的智慧，成功俘获了圣心，得以制御后宫。在莺莺燕燕的后宫，后醍醐天皇之所以偏爱阿野廉子，是因为他们曾经相濡以沫，同甘苦共患难，做过患难夫妻。遥想当年，后醍醐天皇倒幕失败，被流放到隐歧，唯有阿野廉子不离不弃地陪伴在他身边。当时交通不发达，隐歧又是偏远的苦寒之地，一个弱女子千里迢迢长途跋涉，其中的艰辛可想而知。阿野廉子没有车马，没有侍卫护送，身边仅有一名侍女，主仆两人从京都出发，一路跋山涉水步行到了隐歧。

历尽千辛万苦，阿野廉子终于穿越险恶的山路，与服刑的丈夫团聚了。比起长途跋涉的劳顿和辛苦，流放的生活更加难熬。这对从小娇生惯养、生活安逸的阿野廉子是一种巨大的考验。那里没有锦绣宫阙，只有简陋寒酸的旧屋；没有皇家宫苑，只有穷山恶水；没有鸟语花香，只有呕哑嘲哳的噪声；没有华美的衣衫、漂亮的首饰，只有褪色的布衣；没有丰盛的宴席、可口的美食，只有粗茶淡饭。更糟糕的是，她的处境连一个穷苦的民妇都不如。她的丈夫是一个落难的刑徒，她便是刑徒的家属，身份很不光彩。

阿野廉子知道，她不能自暴自弃，必须勇敢地面对一切困难，无条件地支持和鼓励丈夫。后醍醐天皇斗志未泯，他只是被眼前艰难困苦的生活折磨得麻木了，只要有人能唤醒他的万丈雄心，他就会马上振作起来。阿野廉子担起了这个角色。她不断鼓舞着后醍醐天皇，劝说他不要轻易认输。后醍醐天皇不甘心就此一败涂地，天天想着逃出隐岐，重新收拾旧河山。他默默地等待了一年，终于等来了机会，准备秘密出逃。

计划出逃的当夜，有人报告说阿野廉子的侍女临盆在即，情况十分危急。如果换作其他的主子，可能会毫不犹豫地抛下侍女，跟随丈夫逃走。那么阿野廉子会怎么做呢？这么多年来，无论是富贵还是贫穷、健康还是疾病，侍女都无怨无悔地追随着她，始终忠心耿耿，她们的关系已经超越了一般主仆，早已情同姐妹。所以听到侍女待产的消息，阿野廉子激动地从床上跳了下来，要求看守马上准备轿子，她要火速赶到即将分娩的侍女那里去。期初看守不答应，阿野廉子急了，声色俱厉地呵斥了一番，迫使看守打开了门。轿子很快消失在茫茫夜色中。第二天，看守才发现后醍醐天皇和阿野廉子不见了，方才如梦初醒，知道自己上了当。

阿野廉子是不会为了侍女放弃出逃的，在她看来丈夫的江山和基业，比什么都重要。自始至终，侍女都只是她手中的一枚棋子，利用侍女的分娩期逃跑，是她高明计划的一部分。后醍醐天皇咸鱼翻身以后，实现了"建武中兴"。阿野廉子因为协助天皇出逃有功，并在"建武中兴"中发挥重要作用，在朝野获得了极高的威望和极

127

大的权势，威信一度压倒男性重臣。日本虽然出现过好几位女天皇，女人执政并不是什么新鲜事，但后宫女子权倾朝野、染指朝纲的并不多。阿野廉子的成功一度改变了民间的生育观。许多人为此感叹"生男不如生女好"，认为生一个漂亮能干的女儿，便可光耀门楣，比生个不成器的儿子不知要强上多少倍。

新政府自建立伊始，便处在内忧外患中，武士阶层只想推翻腐朽的镰仓幕府，并不赞同天皇重掌政权，论功行赏的时候，后醍醐天皇只优待贵族，一味地苛待浴血奋战的低级武士，赏罚极为不公，加深了武士集团的不满。由于赏赐不公的政策，是阿野廉子亲自参与制定的，致使武家势力对她愈发憎恨和反感。

建武政权内部同样矛盾重重，武家势力的代表足利尊氏和皇子护良亲王关系日益恶化。护良亲王认为足利尊氏是奸佞，一度想要将他除去。作为庶母的阿野廉子在关键时刻，居然向足利尊氏告密，出卖了护良亲王。虽然同为天皇家族的人，在伦理上情同母子，但阿野廉子仍然选择了向护良亲王下毒手，她之所以这么做，无非是为了保障自己的亲生儿子上位。护良亲王才干出众，功勋卓著，能力和美誉度都超过了她的儿子义良，最有希望成为下一代天皇。阿野廉子为了让自己的儿子在夺嫡斗争中胜出，决定害死护良亲王。

足利尊氏早就看透了阿野廉子的心思，于是便巧妙利用她和护良亲王的矛盾，不断地推波助澜。足利尊氏和阿野廉子沆瀣一气，多次向后醍醐天皇进献谗言，说护良亲王心怀不轨，欲举兵夺天皇之位。后醍醐天皇信以为真，于是便在清凉殿设宴诱捕护良亲王。护良亲王根本猜不到父皇会摆鸿门宴加害自己，误以为后醍醐天皇有要事相商，只带了少量随从便去赴宴了。他刚刚进入大殿，便被逮捕下狱。

在暗无天日的土牢里,护良亲王想起为了支持父皇倒幕所受的苦,不禁悲从中来。那时他疲于奔命,经常风餐露宿,不曾过上一天安稳日子,好不容易倒幕成功,可以轻松舒一口气了,熟料这么快便蒙难入狱。他越想心中越悲凉,不由得日夜饮泣,但还没有彻底绝望,仍然对后醍醐天皇抱有幻想,于是便含泪写了一封情真意切的信表明心迹,秘密交给一个和善的看守,希望对方能将这封救命信转交到天皇手上。由于护良亲王是足利尊氏和阿野廉子的死敌,看守迫于二人的淫威,不敢参与此事,没把信交给天皇。后醍醐天皇错失了拯救儿子的机会。不久,护良亲王被移交到了足利尊氏的弟弟足利直义那里,被囚禁在一个阴暗潮湿的地牢内,在受尽折磨后,惨遭杀害。

阿野廉子联合足利尊氏残害皇子,完全是出于私心,她早就料到建武政权长久不了,预先为自己和儿子找好了退路,决计拉拢足利尊氏,保障后半生的生活。她想无论风云怎么变幻,政权更迭多少次,天皇和道统将持续存在下去,只要他的儿子当上天皇,他们母子就能永远高枕无忧了。护良亲王是她实现政治目标最大的障碍,所以她毫不留情地将其剪除了。

《天评记》在描述阿野廉子其人其事时,引用了中国骊姬之乱的故事,将阿野廉子刻画成了一个搬弄是非、蒙蔽圣听的祸国妖姬,认为她对南朝的衰落负有责任。北朝的史料《梅松论》则提出了截然不同的看法,认为护良亲王的被捕和被杀以及南朝的动乱,都在于后醍醐天皇,其中阿野廉子所起的作用微乎其微,虽然她在这场纷乱中扮演了不光彩的角色,但不足以成为压死骆驼的最后一根稻草。

北朝方面认为,年轻的护良亲王缺少政治斗争经验,被亲生父亲后醍醐天皇利用，成了对方手中的一枚棋子，他是在后醍醐天皇的授意下征讨足利尊氏的，计划失败后，后醍醐天皇为了自保，马上与之划清界限，不惜将他亲手交到仇人手上。故而护良亲王身陷囹圄时，对后醍醐天皇的恨远远超过了对武家的仇怨。无论真相如何，阿野廉子都曾为了一己私利，加害过护良亲王，其形象与中国春秋时期的祸国红颜骊姬非常相似。

足利氏祸起萧墙

自武家当政以来，天皇变成了任人摆布的傀儡，很长一段时间，天皇家族的人都对这个职位不那么热心了。后醍醐天皇复辟后，天皇又重新掌握了实权，夺嫡斗争和宫廷斗争又变得活跃起来，这便意味着成王败寇的法则会重新在皇子之间流行起来，总会有新的牺牲品出现。护良亲王便是其中的一个。在护良亲王蒙冤被害的事件中，足利直义充当了刽子手，那么他究竟是怎样一个人呢？为什么敢对皇族痛下杀手呢？

足利氏是仅次于北条氏的名门望族，这个显赫的家族，出了两个声名显赫的大人物，一个是搅乱乾坤的足利尊氏，另外一个就是敢于向亲王举刀的旷世枭雄足利直义。比起兄长足利尊氏，足利直义逊色了许多，他不懂军事，每次统领军队作战，都大败而归，经常被同族看不起。可是无论别人怎么蔑视足利直义，足利尊氏始终愿意跟他并肩作战、共谋大业。从幼年时期，足利直义便非常崇拜自己的兄长。因为足利尊氏性格秉性和父亲非常相似，沉稳大气，天生富有领袖魅力。足利直义脾气急躁,难以独当一面,总是亦步亦趋地跟着兄长。

在足利尊氏建功立业的过程中,足利直义由于个人能力有限,并没有起到多大作用,但是在谋害护良亲王的过程中,足利直义不仅充当了幕后帮凶和直接的执行者,还替足利尊氏背负了千载骂名,急于铲除护良亲王,是权力欲极盛的足利尊氏,而不是足利直义。为了帮助哥哥消灭劲敌,足利直义没少出谋划策。当初,足利尊氏不愿公然与皇族撕破脸,行动受限时,足利直义建议采用背后诬陷的方式对付护良亲王,使其锒铛入狱,最终惨遭杀害。

杀害亲王的千古骂名,足利直义一人承担了,使足利尊氏的名声得以保全。毫无疑问,无论是足利尊氏还是足利直义,都是令人痛恨的奸雄,他们的行为是让正人君子所不齿的,但足利直义名声更坏,因为兄长想做却不想亲自动手的罪恶勾当,都让他做了。在共创家业的那段时间里,两兄弟同舟共济、亲密无间,总是并肩战斗,配合得非常默契,在南北朝时期,掀起了不小的风浪。

1337年,大权在握的足利尊氏开设室町幕府,自任征夷大将军,封弟弟足利直义为征夷副将军,放心地把内政交给足利直义处理。两兄弟的喜好大为不同,足利尊氏志在谋天下,讨厌烦琐的政务,而足利直义格局有限,又不擅长攻城略地,唯一擅长的就是处理内务。两兄弟一文一武,配合得天衣无缝,把室町幕府打理得井井有条。足利直义掌权后,受到北朝公卿的追捧,连天皇家族的人都对他敬让三分。有一次足利直义生了重病,光严上皇亲自驾临石清水宫为他祈福。上皇讨好足利直义的举动,在全日本引起了轩然大波。自此人们改变了对足利氏兄弟的看法,纷纷投奔其门下。

足利直义高调招揽幕僚的行为,引起了幕府执事高氏兄弟的警惕。高氏是室町幕府的功臣，世代辅佐足利氏，可谓劳苦功高。不过足利直义并不看重高氏兄弟，不仅不把他们当成人臣，反而将其视为俯首听命的卑贱家奴。高氏兄弟居功自傲，渐渐不把足利直义放在眼里，动辄对其指手画脚。在足利直义眼里，家奴指挥主人是不能容忍的，故对高氏兄弟恨之入骨。高氏兄弟背后是强大的武士集团，得罪高氏就等于得罪了武士阶层，这对于立足未稳的室町幕府来说，要冒极大的政治风险。

自从镰仓幕府执政以来，武士的地位陡然上升，势力不断发展壮大，他们凭借手中的特权肆意霸占公卿的庄园，气焰非常嚣张。在乱世，幕府需要借助武士的力量保卫政权的安全，对于他们的不法行为向来睁一只眼闭一只眼。足利直义不是一个疾恶如仇的人，也没有多少正义感，但为了维护社会的安定，缓和朝廷和幕府的关系，毅然决定向不法武士开刀。大将土岐赖远仗着自己有战功胡作非为，有一次借着酒意朝光严上皇的御驾射箭，足利直义得知后，勃然大怒，立刻将土岐赖远推出去斩首示众，其他武士见状，很为之胆寒。

足利直义打压武士，令武士集团的代言人高氏兄弟极为不满。然而足利直义并不担心，他认为高师直、高师泰两兄弟虽然深受足利尊氏的赏识和信任，但不管怎么说，都是外人，在室町幕府的地位不可能超过自己。他利用幕府将军兄弟的身份不断地拉拢权臣武将，计划慢慢架空高氏兄弟。为了进一步稳固自己的政治地位，他收养了足利尊氏庶出的骨肉足利直冬。在和平时期，足利直义的策略是非常有效的，可在战争时期，情形便不一样了。室町幕府一旦对外交战，高氏兄弟便有了用武之地。

后醍醐天皇去世后的第七年，对峙已久的南北朝战火又起。南朝派名将楠木正成的儿子楠木正行讨伐足利氏。当年，楠木正成与足利氏在血肉横飞的沙场上狭路相逢，不幸战死，楠木正行年仅11岁。此后他唯一爱玩的游戏，便是目光凛然地骑在高高的竹马上，挥舞着竹剑不停地拼杀，幻想着手刃足利氏的场景。背负国耻家仇的楠木正行一天天长大了，成长为威风凛凛的总大将，誓言要夺回京都，诛杀乱臣贼子足利氏。

足利尊氏非常紧张，连忙向弟弟询问对策。足利直义推荐了两员大将迎战，结果败给了楠木正行。京师告急。足利尊氏害怕了，连忙派高师直、高师泰两兄弟领兵作战。高氏兄弟久经沙场、战斗经验丰富，初出茅庐、锋芒正盛的楠木正行不是对手，很快打败了南朝军队。楠木正行大仇未报，便战死沙场。高师直乘胜追击，直扑南朝的都城吉野，后村上天皇（后醍醐天皇和阿野廉子之子，原名义良）弃都逃走。

高氏兄弟立下大功，更加受宠信，在足利直义面前愈发趾高气扬。足利直义很想在战场上扳回一局，多次派养子足利直冬领兵出战，足利直冬打了好几场漂亮的翻身仗，但仍然于事无补。高氏兄弟越来越放肆，居然多次在大庭广众之下大声辱骂足利直义的亲信，明显是在挑衅。足利直义忍无可忍，决定随便找个借口找高师直前来，然后伺机将其伏杀。孰料关键时刻，参与刺杀计划的清胤叛变了，使眼色告诉高师直赶紧离开，高师直拔腿便逃，毫发无伤地逃到了馆舍。

在外统军的高师泰听说后，十分恼怒，马不停蹄地跑回了京都，欲杀掉足利直义，为险遭不测的兄长解气。内战一触即发。足利直义认为此时此刻，唯一能救自己于水火的就只有哥哥足利尊氏了。足利尊氏闻讯，连忙赶到足利直义的住所，紧急议事。足利直义情绪异常激动，不停地数落高氏兄弟的罪行：高师直不尊重皇族，霸占护良王母妃家宅；强抢公卿妻女；调戏盐治判官高贞美貌的娇妻，为将美人据为己有，诬陷并逼死高贞，其妻为保清白自杀；高师泰征伐无数役夫修建豪宅，役夫累得半死不活，大纳言家臣同情役夫，说了几句不满的话。高师泰恼羞成怒，逼迫他用力掘土，对他百般羞辱……

  足利尊氏听罢默然无语，眉头紧锁，面露为难之色。高氏兄弟的人马在外面吵闹喧哗不止，对龟缩不出的足利直义破口大骂，强烈要求足利尊氏严惩他那个不成器的弟弟。足利尊氏被激怒了，拔出刀剑，准备冲出去跟高氏兄弟拼命，被足利直义痛哭着拦下。为了平息骚乱，保住室町幕府，足利氏兄弟被迫做出了妥协，足利直义辞去了所有的职务，剃度出家。他的亲信惨遭流放，在流放途中被高师直所害。

  失去权柄、遁入空门的足利直义本以为可以清静无为地度过后半生，但树欲静而风不止，退隐之后，他仍然没有摆脱纷争。养子足利直冬为了替他讨回公道，悍然举兵起事。高师直趁机向足利尊氏进献谗言，说足利直冬起兵作乱，是足利直义指使的。足利尊氏信以为真，决定杀掉足利直义。足利直义得知后，不由得联想到了源赖朝、源义经兄弟相残的惨痛历史以及因夺嫡失败惨遭戕害的护良王。人都说血浓于水、兄弟如手足，但在权力、利益面前，亲情往往脆弱得不堪一击。天真的护良王可能到死都想不明白自己何以落得那般下场。

  遥想当年，骄阳般光芒闪耀的护良王被囚禁在黯淡的土牢里，没水喝没饭吃，被折磨成了一幅皮包骨，却久久不肯咽气。足利直义等得不耐烦了，索性派手下义博前去结果护良王的性命。义博死死压在护良王身上，举起大刀，准备割掉他的头颅。气若游丝的护良王居然发出了野兽般凄厉的吼叫，然后用牙紧紧地咬住了刀片。义博只得抽出随身携带的短刀，将其刺死，随后把割下的头颅献给足利直义，详细禀报了谋杀的整个过程。最令足利直义动容的是，护良王在临死前，竟然将屠刀咬断了一寸多。这是何等的刚猛，何等的惨烈！

想起谋害护良王的往事，足利直义惊起一身冷汗，他认为自己的下场绝不会比护良王更好。为今之计，唯有投靠南朝，才能苟全性命于乱世。令他万分惊喜的是，南朝接受了他的叛降，并愿意出兵协助他讨伐室町幕府。经过几次激战，足利尊氏大败，被迫乞和，并允许足利直义重回幕府执政，之后眼睁睁地看着心腹高氏兄弟被害而无能为力。兄弟俩再度聚首，表面和气，实际已经貌合神离，不久两人便决裂了，幕府再次陷入内战。不善兵法的足利直义被打败了，躲藏在伊豆山不敢出来。足利尊氏派人劝降，走投无路的足利直义被迫前来谈判，不久收到了一个食盒，含泪吃下了带毒的食物，当场毒发身亡。他终归比护良王死得舒服一些，所以也没有什么好抱怨的，他作恶一生，戕害皇族，最终死在自家兄弟手里，而不是仇人刀下，得了个全尸，人生还算圆满。

日本简史

马革裹尸的战神——新田义贞

　　南北朝时期涌现出了许多叱咤风云、纵横捭阖的名将，新田义贞便是其中的一位。新田义贞原名源义贞，是源氏家族的成员，早在镰仓幕府时期，便已经崭露头角，成为令敌人闻风丧胆的虎将，他曾经协助后醍醐天皇倒幕，灭亡了镰仓幕府。后来在征讨足利尊氏的过程中，兵败自刎而死。

　　新田义贞戎马倥偬一生，流传下来许多惊心动魄的故事。相传新田义贞的大军途径稻村崎时，被汹涌的潮水拦住了去路。涨潮退潮遵循着大自然的规律，只有时间正好，潮水才会轰然退去，露出一大片沙滩供人通行。但是军队急于赶到对岸作战，每一刻钟都很宝贵，实在没有时间等待退潮。新田义贞心急如焚，于是对着潮水喃喃祈祷，希望苍天海神能成就他的忠义，让潮水早点退去，让三军徒步通过。祈祷完毕，他将自己随身佩戴多年的宝刀投入水中，看着它坠入海底。献刀仪式完成后，潮水哗啦一声退去，三军欢呼雀跃，赶紧踩着沙滩急速而过，顺利地赶到了前线。

　　在新田义贞的带领下，倒幕大军势如破竹，连续打了好几场大胜仗，很快逼近镰仓。经过四天激烈的战斗，新田义贞顺利攻克了极乐寺坂口，挥师直取镰仓。镰仓各关口均不同程度地受到了袭击，一时间，人吼马嘶，刀剑铿鸣，杀声震天。守军纷纷倒在血泊中，所有的关隘都沦陷了。北条高时自知大势已去，绝望之下一把火焚毁了幕府宫邸。北条家族的人扶老携幼带着家臣躲到了东胜寺，数百人集体自杀。

镰仓幕府灭亡后，后醍醐天皇重新组建了小朝廷，倒幕大将足利尊氏不满天皇执政，意图恢复武家政治，悍然举起反叛的大旗，拥兵自立。后醍醐天皇闻讯，立即下达讨逆诏令，急令新田义贞、楠木正成两员大将迎战。战斗初期，足利尊氏连连失利，一路败逃，名将赤松退守白旗城，阻断了讨逆大军的去路。新田义贞使出浑身解数，也没能破城，只好留下少量部队继续攻城，自己转战其他战场。足利尊氏经过一段时间的休整之后，补充了大量兵源，大举进逼王庭，不久攻陷京都。新田义贞率军奋战，将足利尊氏驱逐了出去，成功收复了京师。1336年，足利尊氏卷土重来，出兵五十万，水陆进发，再次东征京师。

新田义贞的两个部将受到了足利直义的袭击，一支军队全军覆没，另外一支狼狈败逃。后醍醐天皇闻讯大惊失色，马上召集武将商量对策。楠木正成认为足利尊氏势大，此时宜守不宜攻，主张调整战略，以防御为上策。后醍醐天皇不听，逼迫楠木正成与足利尊氏死战，致使楠木正成战死。新田义贞落败，率残部回到了京都。后醍醐天皇听到前线战败的消息，十分恐慌，只好再次弃都逃跑，前往比睿山避难，新田义贞和弟弟新田义助追随天皇转战比睿山，继续与足利尊氏对抗。

足利尊氏见动用了大量的兵力，仍不能推翻后醍醐天皇的统治，遂主动议和，允许后醍醐天皇回京师主政。新田义贞听说天皇与足利尊氏妥协的消息后，大为困惑，他一直在前线拼死力战，万万没有想到双方已经暗暗达成了密约，不由得感到一阵心寒。后醍醐天皇没有对自己的行为作出任何解释，他是天皇，无论做什么都是正确的，谁也无权对他提出质疑。事后，后醍醐天皇打着另立朝廷延续国祚的幌子，假意将天皇之位让给皇太子恒良亲王，并命令新田义贞护送皇太子到越前敦贺成立流亡政府。

新田义贞带着弟弟、儿子，亲率大队人马，护送着皇太子恒良亲王、尊良亲王离开了比睿山，向敦贺进发。足利尊氏闻讯，立即派兵围追堵截，新田义贞不得不改变既定路线，迂回前往目的地。按照新的行军路线，他们必须翻越越栃木峠和木芽峠两座险峻的大山。栃木峠是一座荒山，时常有野兽出没，路上危险重重。时值冬日，天气异常寒冷，凄厉的冷风夹着雪片不断袭击着踽踽前行的队伍，山路湿滑难行，人和马不停地摔跤，中途被冻死者无数。

几经艰辛，新田义贞等人好不容易进入了金崎城，暂时安顿下来。金崎城依山而建，海拔八十多米，背靠奇山险峰，地理环境得天独厚，易守难攻，乃形胜之地。新田义贞和两位皇子固守山城，度过了整个冬天。足利尊氏得到消息后，派高师泰攻打金崎。新田义贞迎头奋战，艰难地支撑了数月。翌年正月，金崎城粮草断绝，守军天天以鱼和海草为食，后来开始屠杀战马，固守到能下口的东西全被吃光，出现人吃人的惨剧。新田义贞当机立断，带着少量随从趁夜突围出城，意图从后面攻击足利氏大军，以解金崎之围。

当时两位皇子和新田义贞的长子新田义显留守金崎城，处境非常危险，守军虚弱不堪，军心大乱，眼看城池就要沦陷了。新田义显和同尊良亲王在城破之前，选择了一块自杀。恒良亲王逃了出去，躲藏在芜木浦的洞窟之中，结果还是被发现了，最后被叛军押往京都毒死。新田义贞听到噩耗，顾不得悲恸，马上着手招募义兵，准备伺机反击。他的队伍不断壮大，翌年打败了足利氏麾下的宿将斯波高经，占领了国府城。

斯波高经退守足羽城，足利尊氏立刻调遣援兵赶到越前，救援斯波高经。新田义贞亲自领兵攻城,他的爱将大井田氏带着新田军浩浩荡荡地开赴越中,从后方袭击斯波军,联手夹击足羽城。按照计划新田军必须拿下藤岛城,固守该城的僧徒,被斯波高经重金收买,坚决不肯投降。新田义贞久久等不到捷报,非常着急,只好亲自前往藤岛城查看情况,当时他只带了50多名武士,半途中遭遇了敌方援军的埋伏。对方共有300多人,在小路两旁设下了弓弩手。新田义贞一行人刚露面,便遭到了伏击,一时间乱箭齐发,士兵避之不及,纷纷应声倒地。活下来的武士以身体作盾牌,拼死护卫着新田义贞,手下人奉劝新田义贞赶快逃走。

新田义贞回答说:"我绝不能抛下我的部下,一个人独活。"说完便一马当先地冲向敌阵。他的战马中了五箭,哀号连连,倒地不起。新田义贞摔落马下,一条腿被马身压住,挣脱不得。他拼命挣扎着,想要站起来,忽然一支冷箭呼啸着飞了过来,正中他的眉心。新田义贞脑海一片空白,任由钻心般的剧痛从头部蔓延到全身,他自知被命中了面门,不可能存活,长叹了一声,便举起军刀,割头自尽了。

新田义贞战死后,他的部将跪在他的尸体旁,向王庭所在的方向遥遥叩拜了天皇,然后纷纷切腹自杀,其他武士皆中箭身亡。新田义贞的头颅几经辗转,被送到了斯波高经那里。当时人们并不知道死者是何许人。双方交战时,不曾互通姓名。伏击者认为从战马的级别和随行人员自杀殉主等方面来看,死的一定是一位有影响力的大将。斯波高经觉得此人可能是新田义贞,于是对手下人说:"假如他的左眉上方有箭伤,那么必定是新田义贞。"手下人将头颅上面的血污洗干净,果然在相应的部位发现了清晰的箭伤,紧接着又在尸身上搜出了两把佩刀,那佩刀正是源家的宝物,最后又在贴身衣袋里翻出了后醍醐天皇的亲笔信。一切证据表明，割头自杀的正是南朝名将新田义贞。

斯波高经确认了死者的身份后，命人将尸体好生安葬。新田义贞的头颅被存放到了一个保鲜的箱子里，由骑兵快马加鞭送到了京都，放在繁华的闹市示众了一番之后，高挂在狱门上继续示众。新田义贞死得非常惨烈，至死不屈，为自己保留了最后的尊严，不负名将的威名，他的敌人虽然用悬首示众的方式羞辱了他，但无法污损他的名誉，作为一名军人，他为自己的天职献身，在最危险的时刻，不愿抛弃部将独自存活，甘愿与长期追随自己南征北战的将士同生共死，体现出了大将风范，值得后世尊敬。

明德之乱——山名氏兵谏京师

在北朝，天皇形同虚设，足利氏家族是日本的实际统治者，室町幕府为全国政治中心。然而地方的大名和封建领主并不完全听命于足利氏，他们在自己的领土范围内拓展势力，发展地方武装，表面上尊室町幕府为天下共主，内心却不服气，总想跟幕府较量一番。足利义满当政时，地方多次发动叛乱，经过连番镇压，守护大名的气焰暂时被控制住了。可惜好景不长，没过多久内乱又开始了。

室町幕府统治时期，地方割据势力庞大的原因在于，足利氏家族人丁单薄，家臣数量稀少，不像镰仓幕府的掌权者那样不乏即位的子嗣，而且有众多御家人拥护。室町幕府需要依靠地方大名统御人民，就得默许守护大名发展武装势力。称霸一方的大名一旦有了拥兵自立的能力，就伺机发动叛乱。其他大名趁着内乱浑水摸鱼，一方面积极拉拢中小武士，将其收为心腹；另一方面开始自行征收土地税，中饱私囊。室町幕府执政晚期，局势全面失控。1391年，统御十一国的守护大名山名氏清起兵作乱，明德之乱爆发。

明德之乱是一场蓄谋已久的叛乱活动。叛乱的发起者山名氏清在举兵起事前，曾与幕府将军足利义满相约一块到宇治游玩。足利义满如期赴约，山名氏清托病不出。足利义满心生狐疑，旁边的近臣都说山名氏清爽约，背后必有阴谋。足利义满佯装无事，随即离开。山名氏清所以不肯赴约，是因为前一日晚上，女婿山名满幸告诉了他一个爆炸性的消息，大将军足利义满决定赦免叛贼山名时熙、山名氏之，并让征讨有功的他与二人对峙。山名氏清之听了，十分气愤，觉得自己被幕府出卖了。故佯装生病，赌气闭门不出。足利义满一个人悻悻然回到京都。当日都城便发生了地震。占卜师说此乃凶兆，不久即有叛臣谋反。

同年十一月，山名满幸和山名氏清再聚首。山名满幸说："去年将军命我等征讨逆臣山名时熙、山名氏之，您再三恳请将军赦免二人，将军听不进去。今年，将军莫名赦免了二人，难道是想拉拢他们，讨伐我等？"山名氏清沉默不语。山名满幸又说："我山名氏领有十一国，势力庞大，只要同心协力，必成大事。将军不得人心，许多地方大名都怨恨他。我等振臂一呼，趁势起兵，四方必然响应。等到我们长驱直入，攻下畿内，谁敢不服？不过最好不要打出反幕府的大旗，充当乱臣贼子，可以借清君侧的名义，讨伐顾命大臣细川赖之。"

山名氏清同意了，两人约好各领兵马在京都会师。足利义满得知山名氏清蓄意谋反，连忙向细川赖之请教对策。山名氏清听说后，赶忙呈上效忠的誓书，声称自己对幕府忠心耿耿，绝无反意。随后暗中联络兄长山名义理，共商谋反大计。山名义理言辞恳切地奉劝弟弟打消谋反的念头，以免落得身败名裂的下场。山名氏清不听，苦苦哀求兄长跟自己一块起兵。山名义理不忍心让弟弟独自铤而走险，只好加入了叛军阵营。为了争取到更多的盟友，山名氏清去信给南朝，表明乐于为对方效刀之力，希望推翻北朝后，朝廷能册封自己当大将军。当时南朝日薄西山，无力与北朝对抗，听说北朝叛将愿意同自己里应外合，大喜过望，于是欣然答应了山名氏清的请求。

同年十二月，有人密报说，山名满幸和山名氏清暗中招兵买马，意图不轨。不久幕府近臣山名氏家秘密离开了京都，惹得流言四起。此前，他曾拍着胸脯保证说，如果族人发动叛乱，他一定会毫不犹豫地站在幕府的一方，绝不会背叛大将军。他的出逃引发了许多猜测。与此同时，山名氏清率军向男山进发，山名义理按照原计划，赶往天王寺，半途遭到阻击，只有少量军队突出了重围。山名满幸带着数千兵马抵达了丹波国。

足利义满认为山名满幸和山名氏清叛心坚定，已经不可救药，山名义理有长者之风，可能是一时糊涂被拉下了水，此人是可以争取的对象，于是便写信奉劝山名义理归降。山名义理回信说，他也知山名家族谋逆不对，但无法制止家人，如今骑虎难下，不可能抛弃族人为幕府效力。足利义满推断山名氏家、山名义理此时已在叛军营中，遂亲自发兵赶往丹后国，细川赖之、大内义弘等重臣随军出征。

不久，足利义满召开了军事会议，商讨对敌之策。有人建议不如暂且罢免细川赖之，与山名氏清谈判。足利义满马上否决了这个建议,理由是讨伐细川赖之只是一个借口,山名氏清起兵的目的是推翻室町幕府,自立为大将军。紧接着足利义满提出了破敌之策,先采用声东击西的策略,假意在东山布阵,把兵力埋伏在东寺,然后他本人充当诱饵,诱使叛军来攻,伏兵趁机夹击围攻山名氏清领导的叛军,将其一举歼灭。

诸将都认为这是一个好主意。只有一位将领表示反对,他认为这个计划太过冒险,为足利义满的安危担心,于是提出了一个相对保险的方案:让足利义满移驾内野军阵中,引诱叛军来打,诸将保障足利义满的安全,然后派另一支军队在东寺布阵,配合新野军队夹击叛军。足利义满采纳了他的意见。

山名氏清和山名义理率领的后军遭到了官军的围追堵截,长期滞留在河内国,突围不出,无法如期抵达京师。追随山名氏兄弟的武士们见对方迟迟没有发动军事进攻,士气锐减,纷纷当了逃兵。山名氏清急了,决定提前攻打京都,以稳定军心。大战前夕,山名氏清找来阴阳师占卜了一卦。阴阳师说:"陆奥守(官职名,即山名氏清)名字属水,按照阴阳五行之说,水旺于冬,故今年冬天作战有利。"山名氏清信以为真,遂秣马厉兵,准备冒着凛冽的东风作战。

山名氏清离开后,阴阳师低声对山名氏清的亲信小林重长说:"虽说水旺于冬,可冬日将尽啊。春风过境,冰消雪融,我军此时征伐京都,天时不利,不如在此以逸待劳,等待幕府前来讨伐。"小林重长叹息着说:"人一旦被欲望冲昏头脑,就会逆天行事,山名氏今年起兵必败,我早就预料到了,哪里用得着占卜?"山名氏清误以为冬日出兵必大获全胜,不无得意地对小林重长说:"先帝(后醍醐天皇)曾册封新田义贞为征夷大将军,我和新田义贞是同一个宗族,此番举兵起事，继承将军之位，也算是师出有名。况且我山名氏家还有南朝赐予的锦旗。这次若举义成功，我封你为幕府执事，如何？"

小林重长哭笑不得，如今关东和东北地区都已经被北朝平定了，南朝苟延残喘、自身难保，它赐给的锦旗又有何用呢？心里虽然这样想，嘴上却说："大战在前，不追随主公力战就是忘恩负义，追随主公起兵讨伐幕府，是为不忠。唯有战死沙场，方能忠义两全。"事后，山名氏清叮嘱弟弟山名义数，一定要保小林重长周全，不能让他战死。随后，兄弟二人兵分两路进军。山名义教、小林重长挥师京都，山名氏清和女婿山名满幸也开始进军。

山名义教和小林重长率领的军队很快到达了京师，在四条大宫与幕府军相遇了。大内义弘出阵迎战，与小林重长较量了几个回合，挥刀将其斩落于马下。山名义教纵马冲向敌阵，被对方的大将挡在了军阵之外，几次交锋过后，山名义教战败，血溅疆场，随即负伤身亡。与此同时，山名满幸在内野与细川赖之展开了激战。足利义满亲自率军督战，誓言要手刃山名氏清、山名满幸两个叛贼。千钧一发之际，大内义弘策马飞奔，踏着滚滚沙尘，冲杀而来，令在场所有的人都大吃一惊。他身上的铠甲多处损毁，破破烂烂，外面鲜血已经凝固，此时他已是伤痕累累。足利义满见了，很是感动，立即解下副刀赠给眼前的这位勇士，以示鼓励。

双方激战正酣时，幕府援军赶到，击退了山名满幸的叛军。山名满幸负隅顽抗，激励士兵再战，仅凭少量骑兵便打退了幕府军队。足利义满横刀跃马，亲自上前叫阵，幕府军士气大增，越战越勇，将叛军打得落花流水。山名满幸且战且退，率残部仓皇逃往丹波国。山名氏清听说山名义教和小林重长双双阵亡了，长叹道："这两个人都是骁勇善战的大将,生前劝我不要谋反,我不听,害得他们死在了我的前面,我只有战死,才能在九泉之下向他们当面谢罪呀。"

不久前线传来了山名满幸败逃的消息,叛军军心大乱,逃兵越来越多,骑兵只剩下了千把人。山名氏清知道败局已定,派人护送儿子山名时清、山名满氏投靠山名义理,以图日后东山再起。在战场上,山名氏清孤军奋战,因寡不敌众,负伤累累,被幕府大将一色诠范击落马下。他挣扎着想要站起来继续作战时,一色诠范一刀劈来,当场将他斩杀。

山名义理责怪侄子山名时清和山名满氏抛下生父自己逃跑,没骨气没血性,是为贪生怕死之辈,拒绝收留他们。骂完侄子以后,自己主动向幕府投降。幕府不肯赦免他,他只好做了游僧,到处流亡。山名满幸逃亡因幡国,东躲西藏,朝不保夕。山名氏家族就此败落。

遭遇"兔死狗烹"的守护大名

山名氏家族败落后,大内氏取代了它的地位,成为日本境内首屈一指的守护大名。大内氏不是本土的武士团,祖先是朝鲜半岛的百济王子圣琳亲王,不知什么原因,圣琳亲王千里迢迢远渡重洋,在日本落地生根,代代繁衍生息,族人渐成势力,成为当地豪族。大内氏虽是外来者,却比土生土长的日本人更受幕府重视。

在镰仓幕府时期,大内氏因作战有功,光荣地晋升为御家人。南北朝时期,大内氏为南朝效力,被册封为"周防守护"。足利尊氏

开出天价条件，许以高官厚位，才促使大内氏对北朝臣服。足利义满当政后，爆发了"明德之乱"，大内义弘平叛有功，获得了重赏，领有六国领地，一跃成为关西一带权势最盛的守护大名。因此引起了足利义满的猜忌。

足利义满退位后，依然牢牢地把控着幕府的大权，仿效太上皇、出家做法皇一样幕后执政。到了执政晚年，他生活用度愈发奢侈，不惜花费巨资修建豪华宫邸，强迫各地的守护大名掏钱出力。大内义弘断然拒绝了这个无理要求，他掷地有声地说："武士用刀剑弓矢为主君效力，而不是用钱袋表达忠心。"足利义满听罢很不高兴，君臣之间的嫌隙越来越深。

1398年，朝鲜派使者出使日本。朝鲜使者给大内义弘送去丰厚的礼品。幕府前管领斯波义将进谗言说："大内义弘私自收受朝鲜国的贿赂，图谋不轨，将军不可不察。"足利义满本来就想找机会铲除大内义弘，不经细查，便给大内义弘安了个不轨的罪名，勒令对方前来负荆请罪。京城百姓议论纷纷，有的说大内义弘这次恐怕凶多吉少，足利义满一定会趁机把他杀掉，有的说即便不杀，也会剥夺他守护大名的职位。大内义弘当然不可能自投罗网，任足利义满怎么催促，死活不肯入京。不甘示弱的他亲率大军赶赴和泉的堺港，密切关注着京都的形势。足利义满见状，只好请出得道高僧绝海中津前去谈判。

绝海中津只身来到堺港营寨，会见了大内义弘。绝海中津是个长者，不喜欢拐弯抹角，于是开门见山地说："坊间有很多传闻，大内殿下不必挂怀于心，亲自觐见主君澄清误会便好，如若不然，忤逆了将军，到时两败俱伤，怕是不值得。"大内义弘感到十分委屈，诉苦道："遥想当年，主君派今川殿下攻打九州，人马不过三百多骑,我当时年仅 16 岁,纠集的兵力多达四千,花费了 20 年时间,大战了 28 场,才平定了九州。山名氏清举兵叛乱时,我亲率二百骑兵火速援助京师,身负重伤依然坚持战斗,直到平叛成功才离开前线。去年九州的少贰氏起兵谋反,我大内义弘大话不说,立刻派舍弟大内满弘前去平叛,结果舍弟战死沙场。"

大内义弘神色黯然地说:"我大内义弘为主君效命三十年,三十年来鞠躬尽瘁,披肝沥胆,不曾有过二心,守护大名的职位是我用鲜血和性命博来的,几句捕风捉影的谣言岂能将它夺走?舍弟为幕府捐躯,家属不曾得到抚恤,幕府一点恩赏都不肯给,孤儿寡母度日艰难,将军这样做,岂不让众将士寒心?"

绝海中津耐心地听着大内义弘的牢骚抱怨,表情恬淡平静。大内义弘话锋一转:"为了让主君消除猜忌,体恤我们这些抛洒热血的忠将,我打算和镰仓公方(即足利满兼)一块进京觐见主君。"绝海中津脸色大变,知道事情已经无法挽回了,连忙起身告辞。镰仓公方与幕府同宗,当年足利尊氏在京都开府后,把幕府将军之位禅给了嫡长子足利义诠,为了更好地控制关东,在关东镰仓设立了办事机构,让三儿子足利基氏镇守镰仓,管理关东十六国,后代世袭此职位,这就是镰仓公方的历史。由于镰仓公方与足利尊氏为血亲关系,自认为有资格继承幕府将军之职,总想着要推翻室町幕府,平定京畿地区。

大内义弘公开表示私下里已经和镰仓公方结盟了,绝海中津觉得已经没有和谈的必要了,遂悻悻然离去。足利义满听说后,马上调动六千兵马讨伐大内义弘,并买通了四国、淡路的海盗,封锁了周边的海域。大内义弘陷入困境。足利义满亲率两千大军讨逆,另有三万人马赶来会师,堺港被围了个水泄不通。幕府人多势众,兵力有数万之多。大内义弘兵少将寡，麾下只有区区五千人马。大内义弘是没有机会取胜的，但他仍然不肯屈服，决定凭借坚城，与幕府军打一场旷日持久的消耗战，直到把对方拖垮为止。堺港井楼（有射击口的木头堡垒）林立，矢仓（存放箭矢的仓库）遍布，防守森严，壁垒固若金汤。

为了表示死战的决心，大内义弘提前给自己操办了盛大的葬礼，并给母亲寄去了一封遗书。大内义弘在战场上表现得十分英勇，多次打退了敌军的疯狂进攻。大内义弘的反抗精神激励了其他的地方大名，一时间各地叛乱四起。美浓、近江、丹波烽烟弥漫，土岐诠直、京极秀满、山名时清纷纷举兵起事。镰仓公方足利满兼率一万兵马进驻高安寺，欲趁乱攻取京都。

足利义满认为，必须速战速决，早点消灭大内义弘，如此才能腾出手来对付其他反叛势力。他望着密集的矢仓和高耸的井楼，忽然想出了一条妙计，令全体士兵搜集"左义长"。"左义长"是民间举行火祭仪式时使用的可燃物，类似于烟花爆竹之类的东西。冬日，狂风骤起，足利义满观察了一下风向，胸有成竹地挥挥手，令士兵向堺港的井楼、矢仓投掷"左义长"。霎时间堡垒内噼啪作响，强烈的爆炸声震得周围地动山摇，明亮的焰火满天横飞，火借风势迅速蔓延，把堺港防线烧成了一片灰烬。幕府大军潮水般冲了进去，与守军展开了激烈的白刃战。家臣富田气喘吁吁地跑过来，奉劝大内义弘说："我军守不住了，请主君赶快乘坐小船逃到周防去吧，以图他日东山再起。"

大内义弘怅然道："我若独自逃生，今后还有什么面目去见周防父老。"说完提起战刀继续作战，拼死冲入敌方战阵，如探囊取物般取下了一名大将的首级。终因寡不敌众，力竭而死。敌人斩下了他的首级，高声传递着他被害的消息。大内氏重臣杉氏、平井氏听到噩耗后，奋勇杀向敌阵，誓言为主君报仇，结果双双战死。大内义弘的弟弟大内弘茂伤心欲绝，准备横刀自杀，追随哥哥而去，他的家臣扑通一声跪倒，含泪苦劝道："总得有人给大内氏留下后代呀。"大内弘茂放弃了自杀的念头，率残部逃往周防。足利满兼惊闻大内义弘战败被杀，再也不敢往京师进犯一步，垂头丧气地打道回府了。

取得完胜的足利义满开始清算大内义弘的党羽和其他造反派，土岐诠直、山名时清纷纷殒命沙场。京极秀满战败后便销声匿迹了，不知是死是活。镰仓公方足利满兼逃回大本营后，仍然心有余悸，担心足利义满前来讨伐，于是低三下四地写信致歉，说自己一时糊涂，竟鬼迷心窍，听信大内义弘的挑拨离间，希望幕府将军大人大量，接受他诚挚的道歉。大内义弘的上级今川了俊不曾参与叛乱，仍然受到猜忌，莫名其妙地失去了全部职务，事后特地入京向足利义满请罪，并承诺以后永远不会插手幕府事务，这才得以全身而退，回到家乡养老。今川了俊结束了金戈铁马的岁月，远离了沙场和政治旋涡，后半生全心全意著书立作，写下了鸿篇巨著《难太平记》，揭露了足利义满狠毒虚伪的一面。

大内义弘战死后，足利义满削夺了大内氏的领国，但没有惩治大内义弘的弟弟大内弘茂，准许他在周防和长门当守护大名。这是一条别有用心的毒计。大内义弘生前已经把周防和长门两地交给自己最信赖的弟弟大内盛见了，再三叮嘱他要好生守护好先人创下的家业，无论如何都不能向室町幕府妥协。为了争夺周防和长门，大内弘茂和大内盛见兄弟反目成仇，互相攻伐，花费了数年时间，大内盛见终于打败了大内弘茂，内战平息，经过这场内耗，大内氏迅速衰落，再也不能和幕府抗衡了。足利义满不付吹灰之力便荡平了大内氏，手段不可谓不高明。

大内义弘谋反被杀，是无数兔死狗烹的典型案例，即便他不曾有过二心，也会因为主君的猜忌被逼反。古代的当权者为了笼络人心，惯于采用裂土分封的把戏，功臣得了大片领地，灾祸随之接踵而至，功劳越大，得到的恩赏越多，往往会首当其冲，成为第一个被铲除的目标。大内义弘的死是一种必然，他割舍不了辛苦打下的家业，不能像今川了俊那样功成身退，注定会被扣上乱臣贼子的帽子，身败名裂而死。

足利义满的谋攻之道和统一之路

古代的日本奉行的是家天下的政治，统治者将天下视为自家的基业，将土地、臣民视为个人财产和王室的附庸，脑海里没有国家的概念也没有民族大义，不懂得体察民间疾苦。基于利益之争，统治者内部发生了分化，日本出现了两个朝廷，即南朝和北朝。因为象征神圣皇权的三大神器在南朝统治者手里，长期以来，南朝被尊为正朔，北朝的正统性一直得不到承认，直到北朝灭亡了南朝，将三大神器收入囊中，这种局面才得以改变，那么统一日本为北朝正名的厉害人物究竟是谁呢？他就是室町幕府的第三代征夷大将军足利义满。

足利义满出生那年，恰逢祖父足利尊氏病逝。迟暮枭雄的故去和新生儿的降生发生在同一年，似乎意味着一个旧时代的逝去和一个新时代的来临。足利尊氏病故后，足利义满的父亲足利义诠接任幕府将军之职，当时国家处于分裂状态，南北政权隔空对峙，时常交兵，但战争的高潮已经过去，北朝占据了上风，南朝军队不肯认输，秘密潜伏在吉野山，时不时地犯境偷袭。

足利义满4岁那年，南朝大举兴兵，进犯京师。时值冬日，京城一片肃杀景象，寂静得可怕。城内忽然喊杀声四起，无数敌兵挥舞着兵戈，一路烧杀，场面十分混乱。危急关头，足利义诠顾不得家人，决定领兵迎战，把年幼的足利义满托付给了部下。足利义满被送到了大龙庵里避难，随后辗转白旗城。直到南朝军队退出京师，父亲才派人把他接回家里。五年后，足利义诠被无休止的战乱和繁忙的政务拖垮了身体，一病不起，临终前把足利义满托付给了细川赖之。38岁的足利义诠尚未完成统一大业，就已经被病魔折磨得奄奄一息。然而离世前他最关注的不是霸业，而是自己尚未成年的儿子。他用尽最后一丝力气抬起枯瘦的手，温柔地抚摸着足利义满的头，饱含深情地望向细川赖之说："我送你一个儿子，好不好？"然后转头对足利义满说："以后，他就是你的父亲，你一定要听从他的教诲。"足利义满含泪点了点头。足利义诠放心地闭上了眼睛。

足利义诠去世的第二年，足利义满继承了将军之位，因为少不更事，无法理政，由细川赖之辅佐。细川赖之作为托孤重臣，自感责任重大，多年来他一直呕心沥血地为幕府效力，全心全意地培养教育足利义满。他担心足利义满在成长的过程中受到不良思想的影响误入歧途，特地制定了《内法三条》，严令禁止向足利义满转述恶行恶语，禁止巧言令色蛊惑足利义满，假仁假义伪装良善者或者污蔑贤良的奸佞小人都将被视为亡国逆臣，严加惩戒。所有服侍足利义满的人都是细川赖之经过长期耐心的观察，千挑万选选出来的。这些人个个都是文武全才，且德才兼备，对幕府忠心不二，在他们

的影响下，足利义满渐渐长成了一代英才。

　　足利义满长大成人以后，开始建造办公府邸。他的父祖掌权时，幕府没有固定的办公场地，幕府所在地频繁变更。足利义满把府邸建在了京都北小路室町，室町幕府由此得名。为了大权独揽，足利义满弃细川赖之的栽培养育之恩于不顾，刻意疏远了他。有些大臣见风使舵，趁机挑拨离间。足利义满便顺水推舟，干脆打发细川赖之告老还乡。细川赖之没想到自己含辛茹苦养大的养子，居然这么快就翻脸无情，非常痛心，摇头叹息着离开了那个充满纷争的是非之地。离开前，他依然初心不改，还在为足利义满被小人蛊惑担忧。

　　足利义满在幕府亲政时，天皇威仪不再，已然变成了任由别人揉捏的棋子，连普通的武士都不把他放在眼里。有一天光严上皇出巡，迎面走来一个武士，武士不仅不让路，反而趾高气扬地痛骂上皇，一箭射坏了上皇御驾上的幕帘，还对旁边陪侍的公卿报以老拳。武士将领对此已经习以为常，他们纷纷感叹说："天皇只是个摆设，如果用木头雕个天皇像或用金属塑个模子管用的话，干脆把真人流放到鸟不生蛋的荒蛮之地好了，免得他们碍手碍脚，到处惹麻烦。"在大家眼里，掌握实权的幕府将军才是高高在上的王者，天皇不过是个虚无缥缈的影子罢了。足利义满出巡时，仪仗队浩浩荡荡，场面蔚为壮观，比当今天皇威风多了。平时他与天皇平起平坐，从不恪守君臣之道，一边议论时事，一边饮酒，不停地夸夸其谈，还强迫天皇收自己的儿子当养子。

　　由于上行下效的作用，地方的武士首领也变得骄横起来，渐渐不把足利义满放在眼里，他们各自为政，割据一方，不再对室町幕府俯首听命。足利义满为了加强中央政府的权力，花费不少心思消灭地方割据势力。他用五年时间到全国各地巡查。视察过后，他坚定地认为，地方武士首领势力和权力过大，不仅危害幕府的统治，而且阻碍国家统一，若要完成先祖未竟的事业，必须结束大小军阀割据的局面。足利义满先把矛头对准了实力相对较弱的武士集团，各个歼灭以后，开始对付力量强大的武士首领。他千方百计地挑拨各武士首领的关系，使之陷入内讧，然后伺机趁火打劫，将其一网打尽。经过十年的努力，地方割据势力被打压下去，室町幕府对全国的控制力空前加强。

内部政局稳定下来以后，足利义满开始琢磨统一日本，结束南北朝分裂的局面。足利义满当政时，北朝节节胜利，南朝接连失利，名将陆续战死，楠木正成的后人楠木正义认为，南朝气数已尽，国祚不会长久了，极力呼吁国家统一。后来南朝发生内乱，实力进一步衰减。北朝国运当头，灭亡南朝指日可待。然而足利义满并不急于攻打吉野，他想通过和平外交手段解决纷争，于是派出使者劝说后龟山天皇回京，商谈国家统一事宜。他提出三个条件：一、将三大神器交给北朝；二、南北两朝轮流继承大统；三、全国各地的领地、庄园由南北两朝的皇室分别管辖。

后龟山天皇同意了，将三大神器全部上交，然后退位当起了上皇，在京都的大觉寺里修行。足利义满见目的已达到，单方面撕毁了协议。北朝的后小松天皇得了三大神器之后，将其传给自己的儿子实仁亲王，实仁亲王继任为下一任天皇。后龟山天皇的后代们这才如梦初醒，知道南朝上当了，不过一切已成定局，南北朝轮流执政的承诺成了口头支票，分裂五十六年的日本终于实现了统一。

足利义满37岁那年，将幕府将军之位让给了年幼的儿子足利义持。翌年，足利义满剃度出家。这样做并不代表他舍得放下权力，他只是想效法上皇在幕后遥控政治。经过这么多年的宦海沉浮，他早就把院政政治的那一套玩得驾轻就熟了。出家以后，足利义满依旧把控着幕府的实权，一刻也不曾松手。大权在握时，足利义满从来不肯正眼看天皇，出入皇宫时非常随意。听说他要大驾光临，天皇特地将皇宫内外粉饰了一番，丝毫不敢怠慢。当晚，天皇摆下酒宴款待他，陪他宴饮说笑，天亮才敢离席。

不久，足利义满在京都修建了规模宏大的宫殿，开始沉迷于个人享乐。成为日本最高统治者之后，他虚荣心高涨，为了获得大国的认可，他刻意加强了和中国明王朝的联系。在交涉过程中，他以"日本国王"自诩，表示愿意恢复中日友好关系。发动靖难之役，夺权上位的明成祖朱棣很快做出了回复，同意与日本恢复邦交关系，承认足利义满日本国王的地位。足利义满很高兴，在对外政策上，加强了与中国的联系。足利义满病逝后，后小松天皇赐予其"太上法皇"的名号，等于变相承认他的地位一直凌驾于当今天皇之上。

散落民间的"皇二代"——一休宗纯

在古代，日本皇族非常热衷于出家，但奇怪的是，无论是剃度修行的上皇，还是双手合十、身披袈裟的皇子皇孙，出家之后都眷恋着凡俗，要么继续参与政治斗争，要么躲在幕后遥控朝堂，要么不遵戒律，照旧我行我素，高高兴兴地扮演着凡夫俗子的角色。我们最熟悉最喜爱的一休便是如此。

许多人误以为聪明绝顶、憨厚可掬的一休只是一个杜撰出来的卡通形象，其实不然，历史上确有其人，他的真名叫一休宗纯。"一休"是他的发号，"宗纯"是名讳，古时讲究为尊者讳，一休有名讳，说明他的身份不简单。历史上的一休是南北朝时期的一名皇子，父亲是日本第100代天皇——后小松天皇，母亲是藤原照子。

藤原照子气质卓然，光彩照人，深得天皇喜爱。面对天皇的柔情，美人丝毫不为所动，天天怀揣利剑，日夜谋划着弑君。阴谋败露后，藤原照子逃到嵯峨野，在民间生下了一休。她之所以要处心积虑地刺杀天皇，是因为她的族人为南朝效力，所以心向南朝。还有一种说法是藤原照子并未加害过后小松天皇。她进入北朝皇宫之后，一心一意地侍奉天皇，因为姿容姣好，气质温婉娴静，得到了后小松天皇的垂爱。足利尊氏的孙子足利义满听说南朝权臣之女成了北朝天皇的宠妃，心里非常不舒服，逼迫后小松天皇将藤原照子赶出宫廷。当时藤原照子已经身怀六甲，后来流落到民间，生下了一休。

藤原照子母子被逐出皇宫，足利义满仍然不肯善罢甘休。一休很小的时候，便被安排到安国寺落发出家。足利义满这么做，是为了让他绝嗣，以免其后代登上天皇之位，帮助天皇家族夺回实权。一休是在寺庙中长大的，天天参禅诵经，一辈子没享受过皇子的待遇，也不曾把自己看成尊贵的皇子。他的父皇后小松天皇对他很是挂念，在位时多次宣他入宫觐见，父子俩难得团聚过几次。后小松天皇虽然很爱一休，却没有能力保护他，一休是凭借自己的聪明才智逃脱迫害的。

室町幕府的掌权者足利义持（足利义满之子）曾预谋杀害一休。一天，他不怀好意地邀请一休前往府邸议事。玄关的屏风上画着一只面目狰狞的猛虎，隐藏在竹林中，虎视眈眈地窥视着一休。足利义持笑着说："这只老虎太凶恶了，不知害了多少条性命，我现在命你用绳子将它捆绑起来。"周围的人面面相觑，都为一休捏了把汗，凭借常识人们都知道，要用现实世界里的绳索捆绑画中的老虎是不可能的，一休无论多么聪明，都无法完成幕府将军交给的任务，到头来只能任由对方处置。

面对足利义持的刁难，一休一点都不紧张，他从容地卷起衣袖，煞有介事地裹上头巾，拿着绳子振振有词地说："将军，我准备好捆绑大老虎了，现在请你把它赶出来吧。"足利义持愣住了，张口结舌，不知如何回应，心中暗暗佩服一休机智，只好放弃了谋害一休的计划。一休轻轻松松化解了危难，使所有为他担心的人都舒了一口气。

足利义持40岁那年，把大位传给了儿子足利义量。足利义量是个风流放荡的纨绔子弟，长年沉迷于酒精和女色，刚上位两年就病死了。足利义持不得不重新复出，继续担任大将军之职。足利义持去世后，他的弟弟足利义教成为新的幕府将军。当时足利义教已经剃度出家，为了接任征夷大将军之职，蓄发还俗。同年，一休敬如父亲的师父华叟病逝了。师兄养叟当了寺里的掌门。他以华叟的得意弟子自居，不惜耗费巨资建造殿堂，把佛门净地打造得像宫殿一样富丽堂皇。

一休认为师兄这么做违背了师父的遗志，也违背了清净修行的基本教义，满怀着失望的心情黯然离开了大德寺。自此身穿素衣、脚蹬芒鞋，以天为盖以地为庐，风餐露宿，云游四方。他曾骄傲地宣称，破烂衣衫里满是清风，虽然一贫如洗、两手空空内心却很丰盈。修行途中，他广泛接触下层民众，亲近普通百姓，赢得了人们的尊重和爱戴。据史料记载，一休非常亲民，任由顽童坐在他的膝盖上玩耍，好奇地抚摸他的胡子。他总是那样笑容可掬、平易近人，既不像高不可攀的皇子，也不像得道的世外高人，看起来跟普通的平民没有多大区别。然而在修为上，他的境界要远远高于凡人。他身上没有庸俗的市井之气，没有蝇营狗苟的算计，如赤子一般纯粹坦荡，率真如孩童，又深沉如老者，总是那么悲天悯人。连森林中的野鸟在他面前都毫无戒心，乐于从他手中取食。

一休生活的时代并不太平。幕府将军足利义教喜怒无常、性情暴烈，对臣民刻薄寡恩。播磨守护赤松满佑意图推翻他的统治，悍然起兵，将其杀死，这次事件被称为"嘉吉之乱"。山名持丰奉命征讨赤松满佑，平息了叛乱。赤松满佑在这次起兵失败后愤然切腹自杀。然而持续的动乱并没有结束，社会依旧非常动荡。

在兵荒马乱的年月，一休颠沛流离，辗转飘零各地，时常寄宿在农家，目睹了战乱给老百姓带来的痛苦。嘉吉之乱发生的第二年，一休暂时栖居在一座弃置尸体的寺庙中。部分死者死于战乱，身上的伤痕清晰可见，衣服上沾满血污和泥土；有的死于疫病，皮肤灰白，瘦得形销骨立，面容扭曲，表明生前受尽了病痛的折磨。作为一个能呼吸的活人，白天生活在死人堆里，晚上与尸体同眠，一休丝毫没感到不舒适，在那段日子里，他想了很多关于生与死的事情。

元旦佳节，大街上张灯结彩，到处弥漫着喜庆的气氛。男女老幼笑容满面，个个喜气洋洋，似乎在这一天获得了新生，忘记了昔日的苦难。唯有一休没有过节的心思，他用长长的竹竿挑着一个惨白的骷髅，挨家挨户造访，大声叫嚷道："小心！小心！"商人觉得他很晦气，怒目圆睁地叱骂道："好好的元旦，出门便触了霉头。"一休耐心地解释说："不是这样的。骷髅会给你带来好运的。它的眼睛不翼而飞了，成了空洞，这叫目出，意思是恭贺新禧呀。"在日语的语境里，目出和恭喜同意。一休用自己的方式，向人们阐述着生死无常、祸福难料的朴素哲理。

1449年，足利义教的儿子足利义政继承了幕府将军之位。足利义政不理政务，终日饮酒作乐，作风颓废。他还喜欢附庸风雅，动辄吟风弄月、观摩画作。1460年，日本发生了百年不遇的大饥荒，一时间哀鸿遍野、疫病肆虐，京都每天都有人饿死，附近的鸭川情况更加糟糕，尸体相枕，阻塞了河道，致使河流断流。足利义政和他的妻子日野富子对这些人间惨剧，表现得漠不关心，他们继续修建华美的宫殿，继续通宵达旦地宴饮，照旧夜夜笙歌。对此一休非常愤怒，无比痛心地批判道："大风洪水万民忧，歌舞管弦谁夜游。"后来他写了许多针砭时事的讽刺诗，把足利义政和日野富子比作穷奢极欲的风流天子唐玄宗和倾国美人杨贵妃，批评他们不关心国计民生，只顾个人享乐。

有一天足利义政向一休夸耀祖上的功绩，说闻名遐迩的金阁寺是他的先祖足利义满建造的，以后他要仿效其规格，兴建一座气势恢宏的银阁。随后他又展示了一些价值连城的古董茶器，与一休畅谈茶道。一休不动声色地说："我也有三件世所罕见的宝贝：第一件宝贝是祖上天智天皇观赏月色时使用过的一张草席；第二件宝贝是智者老子用过的拐杖；第三件宝贝是周光坊（名噪京都的工艺美术家）亲手制作的茶碗。"足利义政听后很高兴，立刻掏出三千贯钱，表示要购买这三件宝物。一休接过钱，沿途施舍给了穷苦的百姓。随后吩咐弟子把后院的旧草席、喂猫的破碗拿来，再从篱笆栅栏上抽出一根竹子，一并交给足利义政。

足利义政气得脸色都变了，连忙派人把一休抓来问罪。面对责问，一休神色不改地回敬道："满城饿殍满地、饥民塞道，将来必出大乱，你还有闲情逸致专研茶道，不惜花费万金购买名贵古董，这是为政者该做的事吗？一休向你索要三千贯大钱不为私用，而是为了救济满城百姓，一休散财时已经将这笔钱还给了你，全部用来赈灾了。"足利义政听罢，羞赧万分，马上请一休上座。遗憾的是，他至死不肯改过，照旧花天酒地、骄奢淫逸，不管百姓死活，为政期间，民生始终没有得到改善。

一休富有正义感，关心民间疾苦，不像其他出家人那样只注重灵修，不问凡尘俗世。历史上的一休不太遵守清规戒律，他照常喝酒吃肉，照常谈情说爱，从不克制自己的欲望。据史料记载，开山国师百年大忌那年，僧人们围坐一堂，齐声诵读经书，气氛无比肃穆。一休携一美妇前往，夜里孤男寡女共处一室，无所顾忌地谈笑风生。此举在僧侣界引起了轩然大波，寺僧不约而同地指责他行为放浪、破坏佛门清规。一休不以为然，继续明目张胆地和漂亮的女子谈恋爱。

一休77岁那年，被盲女森动听的嗓音打动，从此坠入爱河不可自拔。盲女森仰慕一休已久，非常欣赏他卓尔不群的风采。两人情投意合、心心相印，开启了一段旷世绝恋。当时盲女森已是一个40岁的老妇，朱颜已改，娇俏不再，但在一休眼里，她依然是个绝色美人，一休为她写了许多唯美动人、缱绻缠绵的情诗。在当时的日本，许多僧人耐不住寂寞，背地里悄悄与女人私通，平时却要装作不近女色，摆出一副道貌岸然的架势。一休觉得他们太虚伪，所以在同门师兄弟正襟危坐充当伪君子的时候，他唱起了反调，公然歌颂爱情，公然与所爱的女人双宿双栖。

　　一休是个真情性的人，敢爱敢恨，敢作敢为，敢于活出真实的自己，他游走于入世与出世之间，留下了许多故事、许多传说，至今为人所津津乐道。

第五章
战国时代

——豪杰并起,群雄逐鹿的乱世

　　南北朝的统一,给日本带来了短暂的安宁与和平,不久日本便迎来了战火纷飞、群雄逐鹿的战国时代。正所谓乱世出豪杰,战国时期,枭雄辈出,谋士云集,涌现出了北条早云、尼子经久、织田信长、丰臣秀吉、德川家康等声名显赫的战将以及诸如斋藤道三之类的阴谋家和野心家。那么究竟是谁结束了纷乱的战国时代,再次统一了日本呢?勇冠三军的再世魔王织田信长,因为部下谋反,功败垂成,含恨而死,他没能完成这一使命,老谋深算的斋藤道三死于家族内讧,未能成就大业,笑到最后的人是出身寒微的丰臣秀吉。但促成日本统一,并非丰臣秀吉一人之功,而是许多人共同努力的结果。丰臣秀吉只是完成了前人未竟的事业而已。

搅乱天下的祸国佳丽

足利氏家族出现了许多深谋远虑的能人，故而室町幕府得以历经七代幕府将军而不衰，可惜家业传到足利义政手里，情形便大不相同了。足利义政不是一个雄才大略的统治者，长年不务正业，执政以来，一直沉迷于诗歌、绘画、文学，还有各色女人，自己治国无方也便罢了，偏偏娶了一个成事不足败事有余的妻子，搅得天下大乱，提前埋葬了祖宗的基业。

足利义政迎娶日野富子不是因为爱情，而是基于政治联姻的需要。日野富子出身名门，身份高贵，与足利氏结合，可谓是强强联合。足利义政虽然是个庸主，却也是个多才多艺、风流倜傥的浪子，喜欢温情脉脉、善解人意的女人，对日野富子这种冷艳孤高的名门闺秀提不起兴致。日野富子过门的时候年仅16岁，正值花样年华，风仪玉立，窈窕可人，足利义政年方20岁，风华正茂，表面看来他们十分登对，如天造地设一般。然而事实并非如此，足利义政在婚前就已经爱上了别的女人，让他动了真情的，并非是什么语笑嫣然的千金小姐，也不是雍容华贵、盛气凌人的金枝玉叶，而是把他养大的乳娘今参局。

今参局只是一个半老徐娘，姿色容貌自然比不上日野富子，却是足利义政最依赖的女人。足利义政在她的关怀和抚育下长大，听惯了她的叮咛，习惯了她的嘘寒问暖，在青春躁动时，第一个幻想的恋爱对象便是她。在足利义政眼里，今参局既是母亲又是情人，是自己生命中不可或缺的一部分。这种情愫是日野富子无法理解的，她不明白丈夫为何喜欢人老珠黄的乳母，一味冷淡如花似玉的自己，她天真地想，怀上孩子以后，也许丈夫将回心转意，移情于自己。事实证明，她想错了。自怀孕以来，足利义政始终对她不冷不热，照旧在外面拈花惹草，时而跟今参局幽会，时而到小妾闺房里缠绵，似乎完全忘记了她这个正妻，对即将出世的孩子也表现得漠不关心。她渐渐心如死灰，慢慢变成了一个怨妇。

挺过了十月怀胎的艰辛岁月，她成功产下一名男婴，脸上终于露出了苍白的微笑。在独守空房的日子里，她一个人哼着歌哄着孩子睡觉。小家伙不知道世事忧愁，只知道吃和睡，偶尔被逗得咯咯笑，大部分时间都在无缘无故地啼哭。有一天他终于不哭了，作为母亲的日野富子却发疯了。她怒火冲天地冲向今参局，蓬着头，衣衫凌乱，一改往日娴雅沉稳的样子，宛若泼妇一般，嘴里不停地发出低吼声和谩骂声，目露凶光，似乎要上前扑咬今参局，将其生吞活剥。

足利义政见状，气得大声喝骂，以为日野富子撒泼，是因为争风吃醋。震慑住了正妻之后，转身柔声安抚乳娘。今参局十分委屈，忍不住训斥了日野富子几句："虽说母凭子贵，但有了儿子，也不该这么嚣张跋扈啊。"足利义政连忙附和说："你是大户人家的女子，理应恪守妇道，好好相夫教子，怎么能因为有了儿子，就撒泼使性、肆意闹事呢？"日野富子不再哭闹了，颓然地宣布说："我们的儿子死了。"足利义政简直不敢相信自己的耳朵，前些日子儿子还很健康，眨着明亮的大眼睛好奇地打量着这个世界，怎么会忽然夭折了呢？日野富子稳了稳心神，把矛头指向了旁边的今参局，指控今参局行巫蛊之术，把孩子咒死了。紧接着，她便派人搜查今参局和小妾们的房间，找出了施咒的道具。

今参局百口莫辩。足利义政愤怒地打了她一个耳光，决定将她和小妾一块流放到琵琶岛。时隔没多久，便传出今参局含恨自杀的消息。有人认为今参局不是自杀，而是他杀。日野富子担心足利义政气消之后，与乳娘旧爱重燃，干脆一不做二不休，将失宠的今参局杀死在流放途中，然后制造自杀的假象。真相究竟如何，我们不得而知。日野富子儿子的死也是一个悬案。史学界大致有两种猜测：一说凶手不是别人，正是孩子的亲生母亲日野富子，日野富子为了上位，不惜杀死襁褓中的儿子，栽赃嫁祸给今参局；另外一种说法是今参局担心日野富子生了儿子以后，母凭子贵，仗着权势迫害自己，出于自保，将毒手伸向了嗷嗷待哺的婴孩。无论真相如何，孩子肯定不是被诅咒死的，而是被其中一个女人害死的，嫌疑人只有两个，即日野富子和今参局。

时光荏苒，眼见结婚十年了，日野富子仍然没有给幕府产下子嗣，只生了个女儿。足利义政担心她永远生不出儿子，开始考虑接班人的问题。他觉得弟弟义视是最佳人选，于是决定提前让位。当时足利义视已经剃度出家，对政务并不热心，不想还俗执政。更何况足利义政年仅28岁，身体健朗、青春正盛，万一自己当了幕府将军，哥哥又有了儿子，该如何是好。足利义视毫不隐晦地说出了内心的忧虑，足利义政信誓旦旦地保证说："假如日后我有了儿子，就让他在婴儿时期出家，绝不会改变你执掌幕府的事实，你大可放心好了，我说到做到。"没有了后顾之忧，足利义视欣然地接受了将军之位。

足利义政没有政治野心，急于摆脱政务，专注于观花赏月、吟诗作赋，过自己想要的生活，他不曾考虑过这个草率的决定，日后将引发多大的骚乱。1465年，室町幕府给足利义视举行了冠礼，正式承认他为下一任幕府将军。不久，日野富子生下一个儿子，取名为足利义尚。足利义尚的出生，改写了日本的历史，为日后的战乱埋下了伏笔。按照约定，婴儿足利义尚应该出家，永久性地退出政坛。日野富子不甘心，于是暗暗拉拢实力最为雄厚的大名山名宗全，企图夺得大位，把儿子扶上幕府将军的宝座。另外一个势力强大的大名细川胜元竭力拥护足利义视。就这样，幕府内部的夺嫡斗争，演变成了大名之间的武装械斗。双方各组织了一批人马，开始火并。武士们经过权衡比较，各自找到了阵营，与两派遥相呼应，战火从京都蔓延到了全国。

日野富子认为，只有广泛发展党羽才能取胜。无论是守护大名也好，普通武士也罢，所求的无非是金钱和利益，绝大多数人都是可以收买的，只要能拿出真金白银，不愁没人替自己卖命。也就是说谁控制了钱袋，谁就控制了军政界。基于这个原因，日野富子千方百计地揽财，以将军夫人的名义在民间放高利贷，通过利滚利的经营模式，赚取了大量不义之财。私下里她收受不少贿赂，高官送来的礼品钱财，她照单全收，统统笑纳。她在京都设置了关卡，擅自征收关税，并故意提高粮食的售价，从中牟取暴利。在山名氏和细川氏两大武士集团火并期间，她竟敌我不分，偷偷给敌方提供军火贷款，以赚取巨额的利息。

在日野富子看来，她那个无德无能，只知道饮酒作诗、跟女人厮混的丈夫，是个不折不扣的草包，一个没用的窝囊废，根本不能保障她和儿子的生活。为了儿子的前程，为了自己富贵显达，她豁出去了，动用了一切可以动用的手段，不惜付出任何代价。山名宗全和细川胜元激战正酣，打得难解难分时，发生了戏剧性的一幕。

日野富子带着儿子投奔了细川胜元，叛离了山名宗全。天皇也参与到了夺嫡斗争之中，认可了足利义尚的继承权。天皇的表态改变了细川胜元的立场，他毅然抛弃了足利义视，成了足利义尚的坚定拥护者。足利义视只好离开了原来的阵营，改投山名宗全。

天皇虽然已经失去了权力，但头衔名号犹在，他的一言一行仍然影响着日本人的观念。日本人作战必须师出有名，谁若能得到天皇的支持，就相当于拥有了一面正义的旗帜；反之，便成了叛乱和不义的一方。天皇站在了足利义尚一边，形势对足利义视是非常不利的。这场规模空前庞大的混战持续了十年，仅在京都，便有二十多万大军被拖向战场，烽火连绵不息，两军阵营都出现了严重的厌战情绪。可笑的是，战争后期，双方的立场发生置换，以细川胜元为首的东军改弦更张，态度鲜明地表示，拥护足利义尚，而以山名宗全为首的西军也改变了原来的立场，宣布支持足利义视，武士们感到莫名其妙，开始怀疑这场战争的意义。显然，大名们斗得你死我活，不是为了成全忠义，而是为了一己私利。为这样的主君卖命，似乎很不值得。

东军和西军士气普遍低落，皆无心恋战，细川胜元和山名宗全意识到，谁都无法消灭对方，继续僵持下去也不会有什么结果。经过审时度势的思量之后，双方开始谈判。最后年仅9岁的足利义尚当上了幕府将军，失势的足利义视被迫流亡。足利义政躲到小川御所，过起了逍遥自在的隐居生活，自此不问政事。日野富子受够了貌合神离、同床异梦的夫妻生活，离开了足利义政，两人正式分居。战乱过后，半个京都化为废墟，繁华的街市沦为焦土，断壁残垣、碎砖瓦砾随处可见，放眼望去满目萧条。京城的衰败预示了室町幕府的衰落，经过这场混战，象征将军权势的府邸变得破败不堪，意味着将军的统治地位发生了动摇，一个新的时代即将到来。这次大混战史称"应仁之乱"。"应仁之乱"拉开了战国时代的序幕，统治阶级攻于算计，都想谋取个人利益最大化，结果阴差阳错毁掉了家业，大一统的局面被打破，引发了更多的混乱，结局超出了所有人的预料，想来着实令人心惊。

养子引发的家庭纷争

"应仁之乱"影响深远，战乱结束后，幕府的公信力和影响力大大下降，地方守护大名实力大为衰落，以往备受压制的诸国武士集团轰然崛起，地位大幅度提升。有的地方武士集团只手遮天，架空了守护大名。下克上的现象屡见不鲜，原有的秩序被打破，日本社会礼崩乐坏，正式进入群雄逐鹿的战国时代。眼光独到、实力尚存的守护大名加强了对家臣和领地的控制，不遗余力地招揽幕僚、拓展地盘，想方设法壮大自己，逐渐转化成了武力强大、盘踞一方的霸主。

1487年，22岁的幕府将军足利义尚不顾实际情况，试图号令全国，重振幕府声威，执意要挥师讨伐江守护六角高赖。起因是六角高赖横行不法，无视幕府颁布的法令，侵夺了近江国寺院的土地。年轻气盛的足利义尚踌躇满志，决定先拿六角高赖开刀，以后再步步为营地征服其他守护大名和武士集团，阻止下克上现象的泛滥。此次出兵，遭到了细川政元和大部分权臣的反对。细川政元是细川胜元的儿子，是幕府中炙手可热的大人物，具有一定的号召力，足利义尚孤注一掷,坚持出征,让细川政元的党羽和拥护者感到非常不满。幕府军在心不甘情不愿的情况下发动了针对六角高赖的战争,由于久攻不克,幕府只好在钩庄安营扎寨。三年后,足利义尚病死军中,他的意外辞世,使幕府陷入群龙无首的状态。

纵观足利义尚一生,短暂如稍纵即逝的流星,出生时引发了全国大动乱,猝然离世,造成了权力的真空,又引起了新的纷争。他只活了25岁,出师未捷身先死,是壮志未酬的典型,没能干出一番轰轰烈烈的大事业,却给日本带来了海啸地震般的动荡。听说儿子病死了,一向对政事漠不关心的足利义政也慌了,连忙找来日野富子商量立储事宜,他建议让足利义视的儿子足利义稙当下届幕府将军。由于足利义稙是日野富子的亲外甥,出于私心的考虑,日野富子欣然采纳了他的意见。

细川政元坚决不同意立足利义视的后人为幕府将军。因为他的父亲细川胜元晚年,站在了足利义视的对立面上,为了成全父亲的忠义之名,他必须表露出对足利义视的敌视态度。经过一番思量,他决定立堀越公方足利政知的儿子足利义澄为继任将军。堀越公方是特殊时期的特殊产物。当年足利义政任命异母弟足利政知到镰仓公方任职,足利政知赴任后发现关中反叛势力强大,自己无法立足,遂在堀越另立御所,这就是堀越公方的由来。堀越公方成立后,关中出现了两个行政机构,出现了二公方遥相对峙的局面。

1490年,足利义政病死。羽翼未丰的足利义稙失去了依靠,担心权力不保,强行抢走了象征至尊权力的甲胄和御剑。此举引起了日野富子的强烈不满。1493年,足利义稙大举发兵攻打河内国,帮助畠山政长镇压畠山义丰。细川政元认为足利义稙可能想任用畠山政长为管领,以此钳制自己,决定先下手为强,于是暗中勾结日野富子、伊势贞宗兵谏京都，拥立足利义澄为幕府将军，这次政变史称"明应之变"。畠山政长兵败自杀，足利义稙交出了足利将军家的甲胄和御剑，举手投降。随即沦为阶下囚，被囚禁在龙安寺。日野富子试图下毒害死他，没能得逞。不久，他听说自己将被流放远地，设法逃出了京都，在越中安顿下来，并在该地建立了越中御所。越中御所只是一个流亡政府，合法性不被承认，足利义稙始终没有实权。

足利义澄当政期间，细川政元充任幕府管领，掌握了军国大权，幕府将军沦为徒有虚名的傀儡。流亡越中的足利义稙不甘偏安一隅，时刻准备着夺回大位，于是在畠山政长之子畠山尚顺的支持下入侵近江。比睿山延历寺也参与了这次军事行动。细川政元闻讯大怒，对延历寺进行了清洗，将寺院、藏经阁全部焚毁，几乎把延历寺夷为平地。畠山尚顺受到幕府军的攻击，仓皇逃往大和国。细川政元紧追不舍，领兵杀入大和国，放火烧毁了大量古刹，并攻占了大和国北部，一系列的军事行动，进一步扩大了细川氏的政治版图。

此后细川政元通过镇压反贼，攻打其他的守护大名等军事行动，夺得了更多的领土，势力范围越扩越大，知名度超过了足利氏，人称"半将军"，人们都说只知道日本有个细川管领，不晓得幕府将军足利义澄为何许人。细川政元如日中天，权势日盛，但光鲜的背后潜藏着鲜为人知的隐忧。不知从什么时候开始，细川政元迷上了修道，自此不近女色，成天琢磨着修行得道，据说功德圆满之后，能像天狗一样在天空纵横驰骋、自由飞行。这显然是一种迷信。不过细川政元却对此深信不疑，他花费了大量时间钻研天狗之术，频繁到全国各地游历，行踪不定。每次出走，幕政都会陷入混乱。足利义澄几次三番地劝说他留守京都，好生处理政务，他听不进去，经常人间蒸发，令幕府大臣们头痛不已。

为了修道，细川政元一辈子都没有结婚，所以一直膝下无子。由于平时洁身自好，连私生子都没有。考虑到家业无人继承，细川政元决定收养一个孩子立为嫡子。细川家族是日本的名门望族，人丁鼎盛，随便过继一个孩子便可收为养子。但细川政元没有看上自家子嗣，偏偏看上了关白九条政基的小儿子聪明丸，把那个跟自己丝毫没有血缘关系的孩子立为嫡子，并为其改名为细川澄之。细川政元这么做，是为了拉拢豪门贵族。起初，细川政元很看好养子，非常高兴地在众人面前宣布，细川澄之就是细川家族未来的家督。

细川政元的家臣认为细川澄之不是武家出身，不该被立为嫡子，京兆细川家督必须另选他人。细川政元觉得家臣说得很有道理，加之自己也并非真心喜欢刚过门的养子，于是决定废掉细川澄之的嫡子之位，然后从同族中过继新的养子，立为继承人。接着他先后收养了细川澄元、细川高国两个养子，一下子有了三个继子。细川家臣分化成两大阵营，一派为细川澄之鸣不平，坚决拥护这位被废黜的嫡子；一派拥护新嫡子细川澄元，认为唯有他是细川家族合法的继承人。双方互不相让，不停地明争暗斗，细川家族陷入分裂。两派之间的斗争渐渐明朗化，后来发展成了武装冲突。细川政元不知道该怎样收拾残局，一味沉迷于修道，结果事态越闹越大，终于酿成大祸。

有一天，讲求养生之道的细川政元进入温泉中沐浴，舒服地享受着蒸腾的热气，闭着眼睛作陶醉状，忽然听到一阵杂乱的脚步声。他定睛一看，竹田孙七、香西元长、药师寺长三个家臣提着大刀凶神恶煞地扑了上来，他避之不及，无处躲闪，当场被乱刀砍死。霎时间喷涌的鲜血染红了温泉水，细川政元横陈的尸体在氤氲的水汽和迷离的血雾中若隐若现，面孔扭曲，双目圆睁，眼神中充溢着恐惧和愤怒。他死不瞑目。主谋香西元长却认为他死有余辜，作为细川澄之的家臣，他不能容忍主君无故被废黜，正所谓皮之不存毛将焉附，细川澄之地位不保，那么家臣必然会失去一切，细川政元出尔反尔，触动了他的根本利益，所以必须以死谢罪。

战国时代，下克上已经成为常态，尊卑有序、效忠主君的思想受到了前所未有的挑战，无论身在哪个阶层，人们都有可能为了维护自己的利益，反叛或弑杀主君。细川政元没有死在血雨腥风的沙场上，没有死在豪门大族的明枪暗箭下，没有死在尔虞我诈的官场斗争中，却死在了养子家臣的手里，足以说明整个形势的变化。

细川政元遇刺后，细川家彻底走向分裂，拥立细川澄之和拥立细川澄元的家臣开始互相残杀。细川澄之在战斗中阵亡，但细川家的纷争并没有平息。拥立细川澄元和拥立细川高国的家臣，各为其主，继续对立，与此同时，足利义澄、足利义稙也展开了争斗，基于错综复杂的利益纠葛，细川家被进一步分化，内斗变得更加复杂化。经过长年的内耗，细川家元气大伤，从此一蹶不振，局面一发不可收拾。

如果说应仁之乱导致幕府权威不再，地方割据势力雄起，明应之变加剧了政局的动荡和混乱，那么细川政元遇刺，澄之派、澄元派互相攻杀的"永正错乱"，则意味着权臣和豪族进一步衰落，日本彻底失序了。下克上的观念已经深入人心，以后的局势只会越来越混乱。

谜一般的旷世枭雄——北条早云

战国时期，天下大乱，豪杰并起，出现了无数的割据政权。室町幕府失去了掌控力，堀越公方和镰仓公方据守关中，各自为政。表面看来，日本政权依然由足利氏保持，事实并非如此。幕府将军已经被权臣架空，堀越公方被一代名将北条早云所灭，关中改天换日，形势大变。

北条早云是谜一样的人物，他身世不明，来历不明，前半生默默无闻，史料中没有详细的记载，给后人带来了无限的闲暇空间。史学界比较一致的看法是，他是京都伊势氏家族中的一员，姐姐嫁给了骏河守护大名今川义忠。早年，他投身于姐夫门下，过着寄食的生活。后来姐夫今川义忠接受幕府的任命出征，得胜归来的途中，被敌方余党杀死。今川氏子弟为了争夺守护大名的继承权，陷入了长久的内斗，家臣们分裂成两派，一派支持今川义忠的儿子今川氏亲，另一派支持今川义忠的堂弟今川新五郎范满，双方争吵不休，某些别有用心的人蠢蠢欲动，企图浑水摸鱼夺得大权，局势一片混乱。

骏河位于关东要冲，战略地位非常重要，外部势力密切关注着该地的局势和今川氏家族的内乱。关东管领上杉定正派太田道灌前往关东，进行武力干涉，足利政知派遣上杉政宪赶赴前线平息纷争。一场大战一触即发。面对错综复杂的形式，北条早云始终镇定自若，他通过政治谈判，帮助今川氏摆脱了外部的武装威胁，然后又凭借三寸不烂之舌，对今川氏两派家臣晓以利害，成功说服他们拥立自己的外甥今川氏亲继承守护大名。他建议先由较为年长的今川新五郎范满摄政，待今川氏亲长到15岁以后，再还政于他。

北条早云凭借出色的外交辞令，以四两拨千斤的姿态，成功化解了危机。今川氏亲对他尤为感激。可惜事情却没有想象中那么顺利。今川氏亲长到亲政的年龄时，摄政大臣今川新五郎范满拒不归还政权。北条早云征得了今川氏亲同意后，带人袭击了骏府今川馆，杀死了背信弃义的今川新五郎范满。今川氏亲顺利地继承了家业。成为家督后，今川氏亲将兴国寺城赏赐给北条早云。北条早云以此为据点，默默拓展基业。

兴国寺城近临伊豆半岛，站在城墙上居高临下地俯瞰，几乎可以将整个伊豆半岛收入眼底，伊豆有任何风吹草动，都逃不过北条早云的眼睛。平时，北条早云经常到修善寺泡温泉，一边惬意地泡澡，一边以闲聊的方式打探伊豆的情报，从不同的人口中，他听到了一个惊人的消息，堀越公方出大乱子了。伊豆半岛是堀越公方的势力范围，由足利政知主政。足利政知膝下有三子，分别是长子茶茶丸、次子润童子、小儿子清晃。茶茶丸为前妻所出，次子和三子为后妻圆满院所出。圆满院想让润童子嗣承大业，为了给亲生儿子扫清道路，大肆迫害茶茶丸，胡乱罗织罪名，将其投入大牢。后来，足利政知病逝，全家上下都忙着操办丧事。茶茶丸趁机越狱。他刚走出大牢，便发动政变，杀死了弟弟润童子和庶母圆满院，然后自立为下任堀越公方。堀越公方对茶茶丸屠弟杀母的残暴行为感到不满，强烈反对他执政。伊豆半岛的各领主趁乱倾巢出动，彼此互相厮杀，局势一度失控。此时堀越兵力空虚，若有外部势力乘虚而入，政权岌岌可危。

北条早云从中看到了机会，准备武力夺取关东。他先是在兴国寺进行了军事演习，然后向今川氏亲和葛山氏借来了一批精兵，趁夜突袭了堀越御所。茶茶丸狼狈逃走，在逃跑途中绝望自杀。北条早云成为伊豆的新主人，以伊豆为新的根据地，虎视眈眈地盯着整个关东地区，整天琢磨着如何把这块肥肉吞下。北条早云虽然很贪心，但从不冒进，他始终保持着清醒的头脑，没有十足的把握绝不轻举妄动。他知道自己刚占领伊豆，立足未稳，不宜发动大规模的征服战争。关东列强骁勇彪悍，武力强大，个个都是狼豺虎豹，眼下最好不要招惹他们为好。

北条早云冷静地分析了当前的形势之后，决定先安定民心，稳住伊豆，再图大业。执政早期，他推行了一系列休养生息的政策，包括改革关税、稳定米价、镇压豪强、救济贫苦等。伊豆大治，北条早云不用再担心后院起火了，于是开始图谋称霸关东。自从堀越公方的统治被推翻后，关东的控制权便落到了山内上杉和扇谷上杉手上。扇谷上杉麾下的名将大森氏赖占据了相模国的领地。相模国的小田原城城池坚固、易守难攻，是外敌侵入关东的第一道壁垒，由大森氏赖亲自把守，可谓是万无一失。北条早云冥思苦想多日，仍然找不到有效的破城之策，只要暂时与大森氏赖结交，麻痹对方的意志，攻城略地的计划以后再缓缓图之。

1494年，在战场上百战百胜的大森氏赖被疾病夺去了生命。临终前，他再三告诫儿子大森藤赖一定要提防北条早云。大森藤赖天真无知，不晓得人世间的险恶，没有听从父亲的警告，对北条早云毫无防备之心，一直把对方视为可靠的盟友，与之签下了攻守同盟的协议。北条早云进献了许多上好的熊皮和新鲜的鹿肉，笼络大森藤赖，并去信说："近日在伊豆打猎，野鹿大规模逃窜到了箱根山，收获甚少,请允许我派人到您的领地,把鹿赶回来。"大森藤赖不知是计,爽快地答应了他的请求。北条早云于是派军队伪装成猎人潜入山区。"猎人"们驱赶着上千头野牛,对小田原城发起了猛烈的袭击。只见野牛的头上绑着火把,受了刺激之后,疯狂地横冲直撞,非人力可抵挡。守军从未见识过这种打法,顿时慌作一团,纷纷弃城逃走。北条早云轻而易举地攻下了小田原。

拿下小田原,便可图谋关东腹地了。1504年,北条早云游说相模守护扇谷上杉家当主上杉朝定和自家外甥今川氏亲联手,将劲敌山内上杉控制在武藏一带,然后共图霸业。稳住了山内上杉后,北条早云又开始打盟友扇谷上杉的主意,鼓动其家臣上田政盛作乱。上田政盛出师不利,遭到山内上杉和扇谷上杉的围攻,背腹受敌,被打得溃不成军,只得低三下四乞和。

山内上杉家和扇谷上杉家都出自上杉氏家族,前者聚居在镰仓的山内,后者聚居在镰仓的扇谷,皆以居住地得名。两大家族合称为"两上杉家"。上田政盛起兵背叛上杉氏家族,为两家所不容,故摒弃前嫌,联手征讨。上田政盛落败,为了求和,供出了北条早云,北条早云阴谋败露,一夜之间得罪了两家上杉。上杉朝定的养子上杉显定能征善战,是一员虎将,他若率军前来讨伐,北条早云必然压力倍增。上杉显定刚刚战死沙场,北条早云可以暂时喘一口气,但情形仍不乐观,扇谷上杉家族麾下的三浦义同、三浦义意父子熟谙兵法,从侧翼拦住了北条早云大军的去路,使其陷入进退维谷的尴尬境地。北条早云意识到必须打垮三浦家族,才能脱困,遂决定先发制人,大举进攻三浦义同所在的冈崎城,经过围城打援的攻坚战,顺利拿下了这座城池。四年后,北条早云兵分两路,从水路和陆路围攻三浦家主城,将三浦家势力连根拔除,随后将整个相模并入自己的版图。关东防线全线瓦解，关东地区沦为北条早云的囊中之物。

北条早云完成称霸关东的政治目标时，已经80多岁了，无法继续骑马作战。1518年，北条早云把大位让给了儿子，至此退隐江湖。三年后，以88岁高龄寿终正寝。关于北条早云的评价历来都比较两极化，有人指责他不讲道义，在师出无名的情况下窃取了伊豆半岛和相模，在开疆拓土的过程中，多次使用阴谋诡计，频频耍诈，非大丈夫所为；也有人称赞他推行仁政，与民休息，将他奉为一代英主；有人认为他是个军事奇才，有人则认为他是个投机分子和阴谋家，能够取得成功凭借的不是个人实力，而是诡诈之术和抵挡不住的好运气。客观来说，北条早云算不上是乱世英雄，他没有坦荡的胸襟，没有家国情怀，只为个人野心而奋斗，为达目的不择手段，种种作为均符合一个枭雄的特质，因此把他归类为枭雄是比较合适的。

云州之狼——尼子经久

战国时代是大分裂大变革的时代，一时间山河破碎，生灵涂炭，日本列岛笼罩在烽火狼烟之下，经历了一次又一次血与火的洗礼。守护大名们忙着用铁骑和战刀瓜分胜利果实，武士们急着建功立业，无论是谋士还是战将都想在乱世之中成就一番事业，没有人留意生命逝去。"一将功成而万骨枯"成为一条铁律，任何一个功成名就的大将，都是踩着森森的白骨和尸山血海走向人生辉煌的顶峰的。在那个弱肉强食的时代，仁慈的将领是没有机会成功的。

在众多武将中，尼子经久是非常特殊的一位，他的功绩足以与北条早云比肩，韬略不输老谋深算的斋藤道三，早年充任云国守护代（守护大名的代理之职），因为不肯服从幕府的命令，遭到罢免和征讨。之后，他又凭借武力夺回了失去的领地，在马背上打下了山阴山阳11国，成为雄霸一方的大名，人送绰号"云州之狼"。如果说北条早云是一只苍鹰，善于等待时机，总能以凌厉迅猛的攻势俘获猎物，那么尼子经久就是一只狡猾贪婪的草原狼，既有聪慧的大脑又有锋利的爪牙，总能出其不意地发起进攻，得到自己想要的一切。

尼子经久出身武家。尼子氏家族与京极氏同宗，皆源于佐佐木氏。京极氏的祖先领有近江、出云、隐岐等国，官拜守护大名。第五代传人京极高久领地位于近江犬上郡尼子乡，遂以地名作为姓氏，更姓为尼子。这就是尼子一族的由来。尼子经久的父亲尼子清贞在应仁之乱中，有效地牵制了西军山名氏，兵不血刃地降服了出云的豪族。尼子氏的地位扶摇直上，迅速取代了京极氏，成为出云实际的统治者，并得到了幕府的认可。

尼子清贞过世后，年仅20岁的尼子经久继承了家督之位。当时尼子经久只是个乳臭未干的黄毛小子，寸功未立，在出云国没有威望，国人心中不服。内部危机四伏，外部也不太平。主家京极氏经常向尼子氏索要贡赋，幕府也频频向尼子氏伸手，没完没了地向尼子经久讨要贡钱。尼子经久不胜其烦，把幕府的追讨令当成了耳旁风，拒不交钱。幕府认为尼子经久已经产生了不臣之心，遂发兵征讨。出云国三大豪族趁机揭竿而起，起兵攻打尼子经久所在月山富田城。

尼子经久战斗经验不足，连连败走，仓皇逃往深山老林，在荒山野岭忍饥挨饿度过了一些时日后，投奔了外公家真木氏。尼子经久流亡在外，京极氏便让盐冶扫部介做了出云国的守护代。由于利益之争，京极氏和六角氏交火不断，把近江变成了一片火海和血海，在生命不断消亡的同时，大量的财富化为乌有。战争的开销巨大，为了支付庞大的军费，盐冶扫部介不得不对出云的老百姓课以重税，搞得怨声载道、民心背离。尼子经久听到了这个消息，欣喜异常，觉得时机已成熟，复国大计在此一举，遂冒雨拜见了隐居深山的勘兵卫，用富有煽动性的语言描述了自己的宏图大志和夺回失地的强烈愿望。

勘兵卫被尼子经久的一腔热忱所感染，答应为他召集旧部，助其一臂之力。尼子经久认为要想实现复国之梦，必须拥有更雄厚的兵力，他把目标瞄准了活跃在月山富田城下的贺麻党。贺麻党能歌善舞，到处巡回表演，平时较少与外界接触，显得神秘莫测。人们对他们所知甚少，只知道他们是歌舞艺人，几乎没有人把他们看成独立的武装力量。尼子经久在贺麻党身上看到了巨大的潜力，遂亲自出马游说贺麻党的领袖，终于取得了贺麻党的支持。

1486年元夜，贺麻党穿着表演服装，头顶乌帽，敲锣打鼓，成群结队地来到了月山富田城下，嘴里振振有词，连声高唱万岁，人们都以为他们是来表演千秋万岁舞的。因为每年的元夜，他们都会进城表演，庆祝良宵佳节。守卫已经对这群艺人十分熟悉了，所以省掉了搜查的例行程序，直接把他们放进城。尼子经久混进了贺麻党人的表演队伍，刚刚入城，他便带人四处放火，袭击守城的士兵。霎时间喊杀声震天，火光冲天，守卫大惊失色，纷纷夺路而逃。盐冶扫部介无力控制乱局，自感辜负了京极氏的信任，遂自杀谢罪。

尼子经久成功夺回了月山富田，时年29岁。多年的卧薪尝胆，多年的隐忍蛰伏，终于有了回报。尼子经久为自己感到自豪，过去的屈辱经历和艰难困苦，不再让他难堪，反而变成了荣耀的勋章。

年轻的尼子经久踌躇满志，一心想要治理好出云国，复兴尼子家族，但出云国的豪族并不愿意服从他的统治。在一次会议上，山中胜重公然挑战尼子经久的权威，大声与之争吵，让尼子经久颜面扫地。在夺取月山富田城时，山中胜重立下过大功，按常理说，尼子经久应该给予他改过的机会。但尼子经久没有那样的度量，仅仅因为几句口角，便动了杀机，随便找了个借口，便给山中胜重定了死罪。山中胜重不敢继续在出云国逗留，连忙逃往山泽氏领地避难。

尼子经久听说山中胜重出逃了，顿时火冒三丈，一气之下，迁怒于山中胜重的家人，将其一家老小全部投入了暗无天日的大牢。走投无路的山中胜重投奔到三泽氏家督三泽为国的门下，至此全心全意地辅佐三泽为国，赢得了主君的好感和信任。时机成熟后，山中胜重向三泽为国倾诉了自己的不幸遭遇，希望主君能借给他一批军队杀回月山富田城，报仇雪恨。三泽为国一直比较讨厌尼子经久，遂毫不犹豫地答应了山中胜重的请求。

山中胜重率领大军风尘仆仆地赶到了月山富田城下。奇怪的是，山中胜重没有下达攻城的命令，反而派人悄悄地潜入城中，向尼子经久汇报此次军事行动。尼子经久果断出击，与山中胜重的军队一同包抄三泽军。三泽军孤立无援，在敌军的夹击下，不断损兵折将，伤亡无比惨重。原来所谓的复仇不过是尼子经久和山中胜重联合炮制的苦肉计。两人事先约好，在会议上大动干戈，然后尼子经久兴师问罪，把山中胜重逼走，山中胜重投奔山泽氏，骗取对方的信任，随后将三泽军引诱到月山富田城下。两人暗暗通风报信，前后夹击山泽军。三泽为国发现自己中计时,已经无力回天。面对兵临城下的大军,三泽为国无计可施,只好出城投降。

征服了三泽氏以后,尼子经久又陆续制服了不服管束的三刀武氏和赤穴氏,其他大小豪族见状,纷纷表示臣服。经过数年南征北战,尼子经久终于平定了出云,成为战国时期赫赫有名的地方大名。1508年,大内家当主大内义兴,欲协助前幕府将军足利义稙夺回权位,力邀尼子经久加入战斗。尼子经久赶赴京都前线,在战场上立下大功,事后却没有得到足够的恩赏。尼子经久为此心怀怨恨,准备趁大内家忙于作战时,在背后偷袭。在此后的多年里,尼子经久一直谋划着蚕食大内家的领土。他大力援助大内家的叛臣古志,并趁着大内义兴驻守京都的机会,大举挥师南下,派弟弟尼子久幸攻打大内领主,不久又带着儿子尼子政久袭击樱井宗的。

樱井宗的驻守的磨石城城池固若金汤,一时无法攻克。尼子经久派兵将该城重重围住,打算等城内粮草断绝时,再发动攻击。尼子政久担心围城的士兵百无聊赖,士气低迷,遂每晚在城下吹笛奏乐,以此振奋军心。悠扬的笛声传到了城内,飘到了樱井宗的耳朵里。经过打听,樱井宗的得知那吹笛人不是别人,正是尼子经久的嫡长子尼子政久,遂心生一计。某夜笛声一起,他便张开事先备好的大弓,循声射去,一箭射中了尼子政久的喉咙。尼子政久应声倒地,当场气绝身亡。噩耗传至军中,尼子经久悲不自胜,亲自率军攻城。磨石城陷落,樱井宗的兵败自杀。尼子经久终于大仇得报,但依旧不能抚慰他的丧子之痛。

经历白发人送黑发人的尼子经久并没有吸取教训,在野心的驱使下,又发动了一系列侵略战争。大内义兴、大内义隆忍无可忍,决定与尼子经久决一死战。归顺尼子经久的叛将毛利元在战事吃紧时再次叛变，又倒向了大内氏。领有山阴、山阳等 11 国的尼子经久，并不会因为失去了一棵墙头草而感到痛心，继续与大内氏交战。双方互有胜负，短期内谁也无法吞并谁。

1528 年，大内义兴去世，其子大内义隆成为新任家督。1532 年，九州内乱，尼子经久加大了对大内氏的攻击力度。战争进行到如火如荼的时刻，尼子家族内部发生了变故。尼子经久的第三个儿子尼子兴久贪得无厌，嫌分封给自己的领地太少，悍然起兵作乱。战败后，投靠了外公家。默默潜伏了一段时间之后，自知没有能力挽回劣势，绝望之中挥刀自杀。尼子经久又失去了一个儿子。

尼子经久 80 岁时才舍得放权，把家督之位传给了孙子尼子晴久。尼子晴久野心勃勃，年少气盛，毕生致力于恢复祖先的基业，花了不少时间收复旧日的版图，早年做事不够沉稳，胡乱用兵，结果被大内义隆和毛利元联手打败。病榻上的尼子经久听到孙子战败的消息，心情无比悲恸，不久便病死了。此后尼子晴久打了无数场漂亮的翻身仗，可惜尼子经久已经入土了，不可能欣赏到孙子在战场上的风采。尼子晴久遗传了祖父尼子经久杀伐决断的作风和生性多疑的特点，结果中了毛利元的反间计，狠心杀死了叔父尼子国久。尼子家族因为互相残杀，迅速败落。尼子晴久病逝六年后，月山富田城沦陷，尼子家族灭亡。

美浓的蝮蛇——斋藤道三

在乱世之中赤手空拳打出一片天地，由籍籍无名之辈摇身一变，成为雄踞一方的霸主，对每一个渴望出人头地的热血男儿来说，都诱惑力十足。在欲望和野心面前，仁义道德轻如鸿毛，没有人会把它看得比功业、名声重要。战国时代无义战，这是个众所周知的事实，全国大动乱的环境，给每一个蠢蠢欲动的军阀提供了翻身的机会，下克上、子克父的剧情不断上演，伦理道德、君臣之道统统被抛到一边，丛林法则大行其道，唯有强者才能胜出。人们只看重成功者头上的光环，不在乎他背后有多少阴影、品行有多么恶劣，故而诡计多端的宵小之辈更容易出人头地，也更容易获得关注和膜拜，斋藤道三的成功就是最好的明证。

斋藤道三是战国时期最负盛名的谋略家之一，在大多数史书中，他都被描绘成一个深藏不露、城府极深的奸雄，一个喜欢暗箭伤人、阴鸷卑鄙的"美浓毒蛇"，在文学作品中，他的形象更加糟糕，几乎看不到任何正面的评价。著名文学家司马辽太郎把斋藤道三塑造成了一个彻头彻尾的恶棍，一个恬不知耻的窃国大盗。斋藤道三的奋斗史在现代人看来，就是一部恶棍不断钻营不断向上爬的发迹史，那么斋藤道三究竟是怎么一步步走向人生巅峰的呢？

斋藤道三出身于武家，父亲松波基宗是一名皇宫护卫。应仁之乱爆发后，松波基宗失去了工作，无以为生，只好到京都的妙觉寺出家当了和尚，年幼的斋藤道三跟随父亲寄居在寺庙里。若干年后，松波基宗还俗，开始尝试着经营油坊。据说他倒油手法纯熟，又非常有经营头脑，每次卖油，都会将一枚铜钱放在油壶上，然后动作潇洒地往铜钱狭窄的方孔里注油，只见油汩汩流入壶中，一滴未洒，人们看得目瞪口呆，全都被他的表演迷住了，竞相上前买油。松波基宗向所有人承诺，他倒油时若有一滴泼洒，则分文不取，把油免费赠送给大家。靠着这种别出心裁的推销方法，他争取到了许多老主顾，成为当地最受欢迎的卖油商人。

斋藤道三长大后，子承父业，当起了卖油郎，他的倒油技术非常精湛，和父亲相比，可谓青出于蓝而胜于蓝，据说他能将油轻而易举地注入一文钱的方孔，一点都不会泼洒。他炉火纯青的技艺和娴熟的手法，引起了美浓国守护代家臣矢野五左卫门的注意。矢野五左卫门认为斋藤道三是个不可多得的奇才，可惜缺乏一展所长的平台，如能把这种出神入化的技能运用到武艺方面，定能成为一位享誉江湖的武士。他对斋藤道三说，卖油技术再纯熟，终归属于奇淫巧技，如若能弃商从武，把武艺也修炼到这般登峰造极的程度，方能成就大业。

斋藤道三不甘心做一辈子卖油商人，非常渴望有朝一日能扬名立万，听到这席话，犹如醍醐灌顶，顿时茅塞顿开，谢过了矢野五左卫门之后，果断放弃了卖油的行当，开始潜心钻研火绳枪的使用方法。在师弟南阳坊的推荐下，得以出仕长井长弘。斋藤道三武艺高超，练得一手好枪法，又腹有韬略，深受长井长弘的赏识。长井长弘把他推荐给了美浓守护大名土岐政房。土岐政房的长子土岐盛赖发现斋藤道三为人狡诈奸猾、心术不正，乃阳奉阴违、绵里藏针的小人，坚决不同意让他侍奉自己的父亲。

长井长弘觉得斋藤道三为人机灵，头脑精明，是个非常优秀的年轻人，如若稍加培养，就能大放异彩。由于土岐赖武的反对，斋藤道三没能进入美浓守护的门庭，长井长弘感到非常遗憾，他只好退而求其次，将斋藤道三推荐给了土岐政房的次子土岐赖艺。按照正常的继位顺序，嫡长子土岐赖武才是家督的合法继承者，但土岐政房偏爱土岐赖艺，废长立幼的可能性非常大。土岐赖武见多识广，一眼看出了斋藤道三奸恶的本性，按照常理推断，斋藤道三是很难在土岐氏家立足的。若不是长井长弘费劲唇舌推荐，斋藤道三的仕途生涯很有可能毁于一旦。

土岐赖艺的个性与长兄截然不同，他缺乏政治眼光，没有主见，很容易被人牵着鼻子走。土岐赖艺对政务不感兴趣，缺乏政治才干，但富有艺术细胞，非常擅长作画，据说他画的老鹰笔法细腻、栩栩如生，艺术价值很高，每一幅画作无不跃然纸上、呼之欲出。对于斋藤道三这样工于心计的人来说，对付土岐赖艺这种天真烂漫的文艺青年，简直是太容易了。他一味地投其所好，曲意逢迎，时常陪着土岐赖艺斗鸡走狗，想方设法讨对方欢心，轻而易举地赢得了新主人的信任。土岐赖艺视其为心腹，为了表达对他的特别关怀，竟将自己的爱妾赏给了他。斋藤道三没有推辞，高高兴兴地把芳菲妩媚的美人娶过了门，生下了长子斋藤义龙。

土岐赖艺对斋藤道三不薄。长井长弘对他更是恩重如山。家臣西村正元去世后，长井长弘竟然让斋藤道三继承了西村家的家业，充任浓州轻海西城城主。斋藤道三不过是个还俗的浪人，一个不名一文的低级武士，因为懂得巴结主子，知道如何左右逢源，居然在短短几年时间内平步青云。有了产业，有了家室，前途一片光明。但斋藤道三不知满足。他不甘心寄人篱下，企图反客为主。土岐赖艺便是他实现政治野心的第一张王牌。

土岐政房晚年对土岐赖艺宠爱尤甚，一度想要立他为继承人，而守护代斋藤利良坚决拥护嫡长子土岐赖武。土岐政房去世后，斋藤道三竭力怂恿土岐赖艺和长兄争夺家督之位，期待着两兄弟鹬蚌相争，自己好渔翁得利。土岐赖艺和土岐赖武反目成仇，双方开始火并，把美浓国拖入了战争泥潭。第一次交锋，英明决断的土岐赖武大获全胜，将弟弟土岐赖艺驱赶到尾张国。第二年，土岐赖艺卷土重来，杀回美浓，利用奸细里应外合，打败了土岐赖武，将其驱逐到越前国。土岐赖武不甘心，在内兄（妻子的哥哥，岳父的儿子）朝仓孝景的支持下重返美浓，兄弟俩再次兵戎相见。

战争陷入胶着状态时，斋藤道三向土岐赖艺献计，出奇兵偷袭革手城，土岐赖武猝不及防，大败，仓皇逃往越前国。土岐赖艺坐稳了美浓守护的宝座。这次战役斋藤道三立下大功，土岐赖艺论功行赏，册封他为美浓本巢郡佑向山城主。斋藤道三在美浓混得风生水起，胃口越来越大，企图吞并出仕恩人长井长弘的领地。当时斋藤道三已经有了身份地位，不再是昔日那个到处贩油的市井之徒，不可能明火执仗地抢劫，遂采用了暗杀的手段。他花钱雇用暴徒，唆使其刺杀长井长弘。他自认为这件事做得干净漂亮，没有留下蛛丝马迹，无论如何别人都不会怀疑到自己，于是在长井长弘遇害后，以同门重臣的身份继承了对方的领地，霸占了稻叶山城。

长井长弘一直十分欣赏斋藤道三，认为他谋略过人、孺子可教，做梦也不会想到他一手提拔起来的亲信，居然会将尖利的毒牙对准自己，结果死得不明不白。对于恩人的横死，斋藤道三一点也不感到愧疚，反而在心里嘲笑长井长弘，笑他有眼无珠、用人不察，引狼入室、自取其祸。不知为何，斋藤道三买凶杀人、霸占恩主家业的消息不胫而走，长井一门气愤难当，发誓要为主君报仇。斋藤道三很害怕，连忙跑到土岐赖艺所在的大桑城。寻求庇护。三年后，斋藤道三迎娶了东美浓豪族明智光继的女儿小见之方，立其为正室，不久小见之方生下一个女儿，取名为斋藤归蝶。

1538年，美浓守护代斋藤利良因病去世，生前未留下子嗣。土岐赖艺让斋藤道三更名为斋藤利政，入继给斋藤利良，继承家业。斋藤道三摇身一变，成为新任守护代。守护代与正牌守护大名仅有一步之遥，在美浓地区，斋藤道三已然成为一人之下万人之上的实权派，但他的贪心仍然没有得到满足。在接下来几年的时间里，他采用毒杀暗杀等卑鄙手段，一步步清除了土岐氏的家族势力。土岐赖艺的儿子和族人陆续死于非命。最后他把矛头直接对准了土岐赖艺，发兵攻下了大桑城。土岐赖艺兵败被俘，惨遭流放。昔日对自己俯首帖耳、百般讨好的家奴，翻身做主以后，立时变得面目狰狞。土岐赖艺有苦说不出，只能怪自己昏庸。

不久，土岐赖艺逃了出来，投奔了尾张大名织田信秀。织田信秀向幕府状告斋藤道三，斥责其窃夺了土岐氏的守护权。幕府马上做出表态，强令斋藤道三将美浓国主之位还给土岐赖艺。斋藤道三不加理会。织田信秀领兵讨伐。尾张和美浓进行了数次大战，双方各有胜负，最后达成和解，结成了儿女亲家。织田信秀的儿子迎娶了斋藤道三的宝贝女儿斋藤归蝶。可怜的土岐赖艺再次被流放，逃跑后投奔了甲斐大名武田信玄，武田氏灭亡后，他孤苦无依，举步维艰，幸亏旧部稻叶一铁不忘他的栽培之恩，护送他回到了美浓。他这才得以落叶归根。当时斋藤家族因为内讧走向败亡，已经不能对他的人身安全构成威胁了。

斋藤家族的灭亡，始于家督继承权的争夺。斋藤道三怀疑长子斋藤义龙为爱妾和土岐赖艺的骨血，并非自己亲生，因此对他多加刁难，总是无缘无故叱骂他。晚年频频召见次子斋藤龙重和三子斋藤喜平次密谈，一度扬言要废黜斋藤义龙的继承资格。斋藤义龙怒不可遏，联合叔叔设下鸿门宴，将两个弟弟灌醉，然后指使家臣把二人杀掉。斋藤道三一夜之间失去两个儿子，悲痛欲绝，对斋藤义龙恨得咬牙切齿。父子反目成仇，兵刀相向。双方会战于长良川。多数家臣都站在了年富力强的新主斋藤义龙一边，纷纷抛弃了老迈的斋藤道三。斋藤道三到处奔走，募集的兵力不足三千，他的儿子斋藤义龙拥有的兵力是他的六倍。战斗打响没多久，斋藤道三便兵败如山倒，本人被武将生擒，随即被斩首削鼻，死无全尸，身首异处。斋藤义龙见到父亲残缺的首级，泪如雨下，自感罪孽深重、不可饶恕，遂弃用了斋藤的姓氏，五年后病故。斋藤道三的女婿织田信长以为岳父复仇的名义，大举攻占美浓，成为美浓新霸主。后来织田信长被部下所杀，美浓再度陷入乱局。

纵观斋藤道三一生的发迹史，他多次恩将仇报、背信弃义，用尽各种诡计，篡夺了美浓国的统治权，不负蝮蛇之名。蝮蛇俗称五步蛇，脖子细长，头呈三角形，在草丛中穿行快如闪电健步如飞，所喷射的毒液可致人于死命。斋藤道三正如盘踞在美浓的蝮蛇，用毒计害死了无数人，自己也没有好下场，可谓是多行不义必自毙。

第六天魔王——织田信长

斋藤道三的女婿织田信长的名气要比他岳父的名气大，曾与丰臣秀吉、德川家康齐名，被评为战国三杰之一。织田信长性情乖张，不按常理出牌，向来我行我素，放纵不羁，极其蔑视传统，且嗜杀成性，人称"第六天魔王"。

"第六天魔王"是日本神话中的角色，并非人高马大、心狠手辣的男性恶魔，而是一个娇娇弱弱的蛇蝎美妇，曾经以侍妾的身份侍奉源经基，为了争宠用妖法诅咒正妻，阴谋败露后，遭到流放，随即露出邪魔本性，率领妖魔鬼怪到处烧杀，后来被天神的降魔剑杀死。织田信长纵横沙场，取人首级，手到擒来，令敌人闻风丧胆，憎恨他的人说他是"第六天魔王转世"，对此他欣然领受。

织田信长幼年时期便显得与众不同。他不像其他孩子那样天真幼稚，总是把时间浪费在游戏玩耍上。由于出身武家，小小年纪便对马术、兵法产生了浓厚的兴趣，尤其喜欢火绳枪。因为家庭环境的熏陶，尚武精神成为他基因中根深蒂固的一部分。他虽好勇斗狠，却也讲求风雅，热衷于茶道、舞蹈，很有艺术天分。他本应该被培养成一个文武双全、才华横溢的青年才俊，但不知为什么，他并没有像人们所期望的那样，长成人人敬慕的大才子，而是变成了一个离经叛道、放浪形骸的怪人。

据史书记载，织田信长喜欢穿奇装异服，经常袒胸露背，不衫不履、邋邋遢遢，头发像野草一样蓬乱，满头乱发用一根草绳系住，十足的武夫打扮，腰间不扎皮带，而用草绳代替，绳子上歪挂着一堆葫芦和裹着红色剑鞘的佩剑，走起路来叮当作响，浑身散发着一股邪魅的痞气。有时呼朋引伴到街市上玩，上半身赤裸，浑身上下只有一条松松垮垮的皮裤子，看起来吊儿郎当，没有一点世家子弟的样子。更糟糕的是，他招摇过市的时候，习惯边走边吃东西，经常不尊礼俗，看到略有殊色的妇女便出言调戏，满口轻薄之言。种种怪异行为实在令人难以理解，因此得了一个绰号——尾张的大傻瓜。

织田的家臣对少主非常不满，私下里时常慨叹子不孝父。织田信长的父亲织田信秀是一个精明强干的厉害角色，早年效力于尾张守护斯波氏，斯波氏势力衰微后，织田信秀迅速抓住机会，上演了"下克上"的戏码，得以鸠占鹊巢，成为尾张的实际统治者。创业初期，织田信秀地盘有限，势力范围仅限于尾张的下四郡，他的东邻今川义元领有三国，实力强大，北面是"美浓蝮蛇"斋藤道三。织田信秀在强敌之间周旋，勉强能保住基业，家臣们担心主君去世后，辛苦打下的家业会断送在玩世不恭的织田信长的手上。大家普遍看好织田家三男织田信行，都希望由织田信行继承家督之位。尽管如此，织田信秀还是一如既往地支持长子织田信长，不曾萌生过废长立幼的想法。

后来织田家多次出兵攻打美浓，久攻不克，被迫妥协，与斋藤道三结为同盟。斋藤道三把14岁的女儿斋藤归蝶嫁给了织田信长，以巩固两家的同盟关系。此前，斋藤道三早已听说了种种流言，担心自己所托非人。于是便在婚前赠给女儿一把匕首，与女儿约定，如果织田信长真像人们所说的那样，是个冥顽不灵的大傻瓜，就当场杀了他。交代完之后，斋藤道三仍然不放心，悄悄躲在暗处观察未来女婿。织田信长现身时，依旧衣冠不整，发型不改，拖着脏乱的马尾辫，穿着打扮十分随意，上身为清凉的短袖麻衣，下身是充满野性气息的虎豹皮裤，腰间挂着葫芦、佩刀和打火袋。骑马的时候横在马背上狂奔，很像打家劫舍的土匪。奇怪的是随行军提着弓弩、长矛、步枪，军容严整、训练有素，令斋藤道三大惑不解。当日，随行的火枪手足有500名之多。登堂入室时，织田信长换上了正式礼服，头发打理得油光可鉴，梳成了漂亮的髻子，整个人面目一新，与之前判若两人。席间，谈吐优雅，就茶道侃侃而谈，显露出了极好的修养和深厚的文化底蕴，斋藤道三听得津津有味，不禁对人们口中的傻瓜女婿刮目相看。会面结束后，感叹说这小子必成大事，我的儿子只配给他牵马。

织田信长成家时年仅15岁，活脱脱是一个叛逆青涩的少年，但已经学会治军。18岁那年，他的父亲织田信秀抱病去世了。他还没有准备好接管家业，依旧是那副不拘小节、吊儿郎当的样子。葬礼上，他姗姗来迟，众人皆披麻戴孝，唯有他穿着不入流的服装，到场后径直走到父亲的灵位前，随手抓了一把香炉灰，纷纷扬扬地倾撒而下，面无表情地说："父亲，你走得太早了。"然后扬长而去。他没有按照传统的礼法为父亲主持葬礼，接下来的仪式由他的弟弟织田信行完成。家臣见状，纷纷出言指责，唯有一个僧人替织田信长辩解，说他看破了生死，所以才如此特立独行。但这种说法并没有平息家臣的愤怒，有个叫平手政秀的家臣，以死相谏。织田信长十分震惊，终于有所悔悟。

织田信长继承家督之位，家臣们大为不满，柴田胜家等人企图将他拉下马，拥立织田信行上位。家臣们趁织田信长外出之际，聚在一起密谋造反。织田信长惊闻家中有变，立刻率领火枪队赶回居城平叛，途中遭到了柴田胜家的围追堵截。织田信长下令开火，霎时间黑洞洞的枪口喷射出灼热的火焰，呼啸着扑向柴田胜家的军队。士兵们冒着枪林弹雨挥舞着大刀拼杀，一次又一次地被强大的火力击退。柴田胜家不敢相信，自己的精锐部队就这样被打败了。与此同时，织田信长的爱将如丹羽长秀成功攻克了织田信行所在的城池，擒获了织田信行和参与谋逆的家臣。叛乱很快平息了。沦为阶下囚的柴田胜家，准备受死。所有谋反的家臣都做好了引颈就戮的准备。令人出乎意料的是，平时喜怒无常、脾气暴烈如火的织田信长这次表现得格外宽容和大度，没有追究任何人的责任，无条件地赦免了所有人。家臣们莫不感激涕零，从此死心塌地地追随织田信长，再也没有产生过异心。

1552年，尾张下四郡的副守护清州城城主织田信友率军攻打织田信长。织田信长因为事先得到了可靠的军事情报，得以先发制人，闪电般地攻下了清州城。织田信友切腹自杀。织田信长年少时，父亲织田信秀一度对清州织田家俯首称臣。织田信长很不服气，带了几个随从大摇大摆地闯进清州城纵火，险些酿成大祸。织田信长向来天不怕地不怕，当了家督之后，自然不肯屈居人下。织田信友发兵征讨，反受其祸，结果成全了织田信长。织田信长夺取了清州城之后，成为尾张最有势力的人物。翌年，斋藤道三被长子斋藤义龙所弑。织田信长从中看到了机会，于是打着为岳父大人报仇雪恨的旗号，堂而皇之地出兵美浓，战争进行得并不顺利，前后花了十多年的时间，才成功平定美浓。

织田信长在平定尾张和美浓的过程中，他的弟弟织田信行不断地给他制造麻烦，三番五次地起兵造反。织田信长焦头烂额，因为顾念手足之情，一次又一次地原谅了弟弟。1557年，织田信长收到柴田胜家密报，织田信行暗中招兵买马，再度策划叛乱。他痛心极了，辗转反侧了一夜，纠结了一个晚上，最后决定把弟弟杀掉。因为他已经意识到无论他赦免弟弟多少次，都会遭到无情的背叛，仁慈是没有意义的，既然弟弟不讲信义，那就休怪他翻脸无情了。痛定思痛后，织田信长制订了一个诱杀弟弟的计划。他佯装生病，诱使织田信行前来探望，然后将其斩杀于卧室中。

弑杀亲弟的经历，使织田信长性格大变，他渐渐蜕变成了一个嗜杀无度的人，一个冷血无情的人，成了人们眼中的嗜血狂魔。在桶狭间战役中，他采用奇谋大败号称"东海道第一弓取"的今川义元，自此威震全国。弓取在日语里，是实力强大的大名的意思。从今川义元的绰号来看，他应该是时人公认的东海道第一霸主。战国时代，日本全境陷入分裂，东海道境内邦国林立，包括三河、尾张、骏河、远江、相模、甲斐、武藏等许多国家。在诸国之中，最有威望的雄主便是今川义元。人们听说今川义元死在了尾张大傻瓜织田信长的手里，举国震惊。织田信长一夜之间声名鹊起。但他的目标不在于扬名立万，也不在于称霸东海道，他的野心比一般的大名都要大，志在统一整个日本。经过多年的东征西讨、南征北战，他逐一击败了各地区的劲敌，平定了大半个日本，如果不出意外的话，他将成为统一日本的第一人。

织田信长踌躇满志，准备挞伐天下，将事业推向辉煌的顶点的时候，他的部下明智光秀发动了骇人听闻的"本能寺之变"，改变了历史的走向，也改变了织田信长的人生结局。据说明智光秀在招待盟友德川家康时，提供的食材不新鲜，餐盘中的鱼颜色味道有异，织田信长勃然大怒，严厉斥责他怠慢客人。明智光秀为此怀恨在心。不久，在外作战的丰臣秀吉遇到了麻烦，请求织田信长发兵支援。织田信长吩咐明智光秀领兵援救，熟料明智光秀竟调转马头，率众包围了织田信长下榻的本能寺。

叛军乱哄哄地冲向寺庙。织田信长听到急促的脚步声和吵吵嚷嚷的喧哗声，误以为是醉酒的士兵在外面吵架，向亲信打探之后，才知道明智光秀谋反了。织田信长连忙取来弓箭迎战，弓弦断裂后，又操起火枪继续杀敌。因手臂负伤，被迫退回寺内，紧接着驱散了女眷，放火烧寺，混乱中独自提刀入室，切腹自杀。一代枭雄就此陨落，他平定日本称霸天下的梦想，终归未能实现。

丰臣秀吉从布衣到权臣的逆袭人生

织田信长是最有希望结束战国纷乱，统一日本的人，他的意外身亡给历史增加了更多的变数。但古代的日本始终遵循着合久必分、分久必合的规律，并不会因为某个关键人物的死亡而改变，因为没有任何人是不可替代的。织田信长倒下了，他的老部下丰臣秀吉继承了他的遗志，完成了他未竟的事业，用武力手段促成了日本的统一。

战国三杰织田信长、德川家康、丰臣秀吉都不同程度地对日本的统一做出了贡献，然而三人的为人和行事风格完全不同，关于他们处事方式的差异，民间流传着这样一个小故事：鸟儿不叫，织田信长的第一反应是快刀斩杀；德川家康会耐心地等待鸟儿啼叫；丰臣秀吉则会想方设法诱使鸟儿发出叫声。这说明织田信长尚武好杀，德川家康克制隐忍，丰臣秀吉思维灵活、多谋善断。

与其他守护大名不同的是，丰臣秀吉出身于社会底层，因为身份卑微、形貌丑陋，时常受到世人的嘲笑。织田信长管他叫"秃鼠"，笑话他过早谢顶，身体消瘦干瘪。更多的人称呼他为"猴子"，主要是因为他营养不良，长得瘦瘦小小，尖嘴猴腮，形容猥琐。历史上的丰臣秀吉确实不是什么美男子，但未必丑到惊世骇俗的地步，时人一再贬低丰臣秀吉，有两点原因：一是他生于草莽，起于寒微，不像豪门大户的贵族子弟那样受人尊敬；二是在白手起家奋斗的过程中，丰臣秀吉做了一些不太光彩的事情。换言之，丰臣秀吉并不是一个外表丑陋内心美好的人，他同其他战国枭雄一样，是一个有着多重色彩、个性非常复杂的人。

丰臣秀吉的童年是非常不幸的。他的父亲是一个老实巴交的贫苦农民，一辈子勤勤恳恳劳动，却没有过上一天好日子，年纪轻轻就在贫病交加中去世了。父亲意外病逝时，丰臣秀吉还是一个不谙世事的孩童。不久母亲改嫁了，丰臣秀吉随着母亲来到了继父家，过着寄人篱下的生活。继父心胸狭隘，不愿抚养跟自己没有血缘关系的孩子，经常为难丰臣秀吉。丰臣秀吉为了维护自尊，毅然离家出走。他漫无目的地流浪了一段时间，最后在寺院找到了栖身之地。长大后，他成了一名落魄的江湖浪人，专门为豪强、军阀服务。因为面目丑陋，饱受冷落，频频遭到排挤，屡次被解雇，山穷水尽之时，被迫投靠了脾气乖戾、刻薄寡恩的织田信长。

日本历史传记作家司马辽太郎对丰臣秀吉早年坎坷的经历寄予了深刻的同情，在《新史太阁记》中描述了这样一个故事：少年丰臣秀吉在离家出走前夜，整晚都在打鱼，一共捕捞了两百多条鱼，他把所有的鱼全部宰杀好了，平整地晾晒在自家门口，为母亲储存了足够的食物，才肯依依不舍地离开。他早年投奔的对象是远江国的军阀头目，为了谋到差事，他使出了浑身解数，一有空就为军阀的家属表演逗乐，最拿手的剧目是模仿猴子，他会用一双胳膊肘笨拙地夹取毛栗子，再用手掌捧住，最后用两颗大门牙将栗子费力地拨开。观众被逗得捧腹大笑，都认为这是自己有生以来看到的最滑稽最有趣的表演。丰臣秀吉非常懂得察言观色，能根据人们丰富细腻的表情探知对方的心理，随之投其所好，博取掌声和笑声。

丰臣秀吉成名前，饱尝人间疾苦和世事艰辛，比同龄人要早熟。出仕织田信长时，他从最低级的仆役做起，平时勤恳能干，又懂得讨主上欢心，很快获得了织田信长的赏识。虽然织田信长从骨子里看不起丰臣秀吉，但却非常欣赏他的办事能力和军事才干，于是放下了偏见，一步一步地培养和提拔他。丰臣秀吉不负所望，每次大战前夕都会潜心钻研阵法，到处搜集情报，形势危急时，主动断后，把危险留给自己，帮助主力部队逃脱。

织田信长十分信任丰臣秀吉，一手把他扶到了第一主将的位置，将其视为左膀右臂，一度以主宾之礼相待。后来织田信长在本能寺之变中，被叛将明智光秀逼死，丰臣秀吉第一个挺身而出，火速出兵山崎，讨伐明智光秀。明智光秀狼狈败走，抄小路潜逃，逃跑途中遭到刺杀，伤重不治。明智光秀自知大限已到，于是让家臣作了介错人，凄然切腹自杀。丰臣秀吉征讨明智光秀，不只是为了给主君报仇，动机中包藏了私心。他既想赢得名声，又想接管织田信长打下的所有地盘。织田家的家臣柴田胜家也是这样想的，本能寺之变爆发时，他正在越前作战，不得脱身，结果被眼疾手快的丰臣秀吉捷足先登抢占了先机。

为了争夺织田家的领土，丰臣秀吉和柴田胜家冲突日益激烈，最终鱼死网破，开始互相攻伐。丰臣秀吉步步紧逼，接连获胜，柴田胜家退守北之庄城。丰臣秀吉闻风而至，把柴田胜家逼向了死地。柴田胜家殉城之前，大设酒宴，款待了誓死追随自己的家臣，然后令三个女儿出城投降，自己携妻子登上天守阁，慷慨激昂地吟咏完一首绝句之后，朝攻城大军高喊：“你们瞪大眼睛，好生看着柴田胜家是怎么死的吧。”说完杀死妻子，不停地挥砍侍女和家臣，把天守阁变成一片血海，最后拔刀切腹，倒地而死。幸存的家臣点燃了火药，将天守阁炸成废墟，没让丰臣秀吉得到主君的首级。

消灭了织田家的竞争对手以后，丰臣秀吉继承了织田信长的地位，经过数年的对外战争，终于降服了各路军阀，在形式上统一了日本。据说丰臣秀吉作战方式非常保守，攻城略地时只围不攻，迫使对方出城投降，以达到不战而屈人之兵的目的。这种打法有效减轻了战争带来的破坏，值得推崇。丰臣秀吉很少屠城，只要敌人缴械投降，就能得到赦免。他这么做是为了收服人心，并非是因为天生仁慈。丰臣秀吉骨子里也有狠毒嗜杀的一面，据说有个叫石川伍右卫门的江洋大盗，斗胆包天，入室盗取了丰臣秀吉的名贵茶器。丰臣秀吉大怒，下令将他扔进滚沸的油锅里活活煮死。

丰臣秀吉夺取了天下，却因为不是贵族出身，不能开设幕府，这令他非常头痛。万般无奈之下，他只好借助朝廷的威力巩固自己的统治。他曾经官拜关白和太阁，称得上是位极人臣。问题在于，朝廷早已大权旁落，实权操控在幕府手里，不能开府始终是丰臣秀吉的一块心病。织田信长在世时，已经灭亡了室町幕府，现在谁能开府，充任征夷大将军，谁就能成为日本合法的统治者。

日本初步统一之后，地方的割据势力仍然拥有强大的武装，政局并不稳定。在统一战争中，丰臣秀吉与诸国的大名签订了协议，允许对方保留原有的领地和私人武装，行使地方自治权。为了稳定局面，丰臣秀吉急于拓展领土，分封给亲信，遂决定发兵侵略朝鲜。1592年，丰臣秀吉派遣20万日军远征朝鲜。战争初期，日军一路凯歌，以暴风骤雨般的凌厉攻势攻下了王京汉城和陪都平壤，把战线拉到了明朝的边境。朝鲜王惶恐万状，连忙向明朝求援。明朝万历皇帝果断出兵，中日之间开启了长达七年的战争。刚刚完成统一大业的丰臣秀吉志得意满，变得好大喜功，不切实际，竟然妄图征服明朝。在他的设想中，日军将长驱直入占领北京，把明朝并入自己的版图。到时他会把天皇安置在北京，自己迁居到大明的宁波府生活，这样不仅可以饱览异国海景的秀色，还能通过水路窥视南亚的印度半岛。

事实证明，丰臣秀吉打错算盘了。大明的国力虽不及唐宋，但实力尚在，绝不是日本这样的弹丸小国可以轻易吞下的。丰臣秀吉胃口太大，结果没有吃到肥肉，反而闪了舌头。当日军在朝鲜半岛战败的消息传回本土时，丰臣秀吉受到无数口诛笔伐。丰臣秀吉花费大半生辛苦建立起来的权威瞬间毁于一旦，一夜之间沦为人人唾骂指责的过街老鼠。丰臣秀吉受不了这么沉重的打击，不久即忧愤成疾，最后在一片声讨声中离开了人世。日军随之撤出朝鲜半岛。

丰臣秀吉为了摆脱贫贱屈辱的身份，一生都在追求霸业，经过苦苦奋斗，终于功成名就，可惜由于不懂得见好就收，悍然发动朝鲜战争，导致自己身败名裂而死。丰臣秀吉没有败给对手，却败给了自己的贪心和狂妄，最终竹篮打水一场空，颇为令人唏嘘喟叹。

第六章
德川幕府时期

——武家的辉煌与没落

  德川幕府是日本历史上最后一个幕府，由德川家康开创，历经15代征夷大将军，是统治日本最长的武家政治组织。它有过自己的辉煌时代，曾经强盛一时，最后在内忧外患双重冲击下，不可避免地走向了没落。德川幕府执政时期，一度推行闭关锁国的政策，直到被船坚炮利的美国打开国门，才被迫走向开放。面对外侮，德川幕府表现得软弱无能，暴露出了虚弱的本质，为它的垮台埋下了伏笔。在倒幕人士和明治天皇的共同努力下，历时265年的德川幕府走向了穷途末路，政权又回到了天皇手里，众望所归的明治天皇临危就任，给日本带来了崭新的希望。

日本简史

德川家康的忍功和霸王之道

1603年,战国大名德川家康在江户开设幕府,自立为征夷大将军,把日本带入了江户幕府时代。德川家康的成功是建立在前人基础上的。丰臣秀吉何尝不是这样。如果没有织田信长横扫天下,丰臣秀吉不知何年何月才能统一日本。如果不是丰臣秀吉费尽心力统一日本,德川家康不知何时才有机会开府执政。基于各种原因,织田信长和丰臣秀吉均为他人做了嫁衣,阴差阳错地成全了德川家康,给了他开创一个新时代的机会。

德川家康成为笑到最后的胜利者,却没有成就不朽的英名,这是为什么呢?多数划时代的先驱都能流芳百世,德川家康何以成为一个例外呢?日本人不喜欢德川家康原因有很多。有人认为他太过残忍,为了斩断丰臣秀吉的血脉,连8岁的孩子都不放过,且滥杀战俘,作恶多端;有人认为他脾气古怪,有严重的被迫害妄想症,总是怀疑有刺客躲在床榻之下,竟让人把卧榻下面用木条封死,如此疑神疑鬼,想必做了许多亏心事;有人认为他太过狂妄自大,居然大言不惭地把自己比作东照大神,企图与天皇家族平起平坐,是可忍孰不可忍。

无论如何,作为乱世枭雄,德川家康身上有许多不讨喜的特点。但正所谓环境造就人,每个人降临到世界上时,都是纤尘不染的,是社会的大染缸把不同的人塑造成了不同的颜色。战国时代是血与火的时代,不产纯洁如羔羊般的仁厚君子,专产杀人如麻的铁血战士和纵横捭阖、将天下玩弄于股掌中的谋略家。德川家康正是那个时代的产物，所具备的正是典型环境中的典型性格，他的过人之处在于，不仅能游刃有余地周旋于军政两届，还拥有常人所不具备的忍功。

德川家康能忍常人所不能忍，与他早年做人质的经历有很大关系。德川家康第一次做人质，年仅5岁，还是一个懵懂无知的孩子，被扣押在骏河国守护今川义元那里，像一只可怜的小动物一样不知所措。更倒霉的是，后来他又被骏河国的宿敌织田信秀（织田信长之父）劫走了，转而成了尾张的人质，被迫侍奉乖戾骄纵、性情反复无常的织田信长。有一次，他从马背上不慎摔了下来，织田信长问他有没有摔痛，他轻描淡写地说："没什么。"在此后一个月的时间里都是跛着脚走路的。

织田信长比他大9岁，自然比他孔武有力。烈日炎炎的夏日，织田信长要求他跟自己进行相扑比赛。他不敢回绝，只有硬着头皮对战，结果被一次次地摔倒在地，样子既滑稽又狼狈，满身大汗淋漓。但织田信长问他热不热的时候，他十分平静地回答："没什么。"后来他空腹练剑，织田信长问他饿不饿，他的回答依旧千篇一律："没什么。"严寒酷暑、忍饥挨饿、肉体的疼痛，对他来说都没什么，因为作为一个阶下囚，一个身不由己的人质，不能太过多愁善感，不能表露出脆弱的一面，不能让任何人察觉出自己的恐惧和痛苦，必须用冷漠和礼貌作铠甲，将自己严严实实包裹起来，只有这样才是安全的。

有一次德川家康陪织田信长骑马，织田信长抡起鞭子狠狠地抽打了德川家康的坐骑，马儿吃痛狂奔，疯了一样朝河堤方向跑去。德川家康在马背上剧烈颠簸着，双手紧紧抓着缰绳，脸色苍白如纸。

到了目的地，织田信长用不可置疑的口吻，命令德川家康从马上跳下来。德川家康惊魂未定，不敢从事这么危险的活动，遂顺着马鞍缓缓地滑了下来。好在织田信长没有追究，还貌似关切地问他是不是累了。德川家康勉强挤出了一丝苍白的微笑。

过了几年，德川家康作为筹码，被送还到骏河国继续当人质。天真美好的童年时光、少年时代的青葱岁月，德川家康都在给别人当人质，没有按自己的意志活过一天，虽然屡遭不幸，但他没有自暴自弃，一直渴望恢复自由身。13岁那年，他做了上门女婿，迎娶了今川义元的外甥女筑山殿。新娘比他整整大10岁，据说之所以迟迟未嫁是因为名声不佳。相传，筑山殿和今川义元的儿子今川氏真有私情，结婚前夕还在跟旧情人偷偷幽会。筑山殿和德川家康结婚不久，筑山殿生下了一个漂亮可爱的女儿，眉眼一点都不像德川家康，倒是与今川氏真有几分神似。对此德川家康毫不介意，当时他只想用婚姻换取自由，希望早日摆脱今川义元对他的人身控制，即使让他娶一个风骚的老妪，他也会毫不犹豫地答应，更何况是风流娇俏的小媳妇呢。

后来称霸东海道的今川义元败给了后起之秀织田信长，死在了桶狭间的战场上，今川家自此一蹶不振。德川家康终于获得了自由，回到了自家的领地冈崎城。他不甘心只做一城的领主，渴望占据更多的土地和财富，控制更多的人口，像今川义元那样雄霸一方，当然更想像织田信长那样威震天下。经过审时度势的考量，他决定与织田信长结盟。

在长达六年的时间里，织田德川联盟牢不可破，两人在战场上配合得天衣无缝。但自始至终，德川家康都没有获得与织田信长平起平坐的地位。桀骜不驯、锋芒逼人的织田信长永远都是主君，而恬退隐忍、逆来顺受的德川家康永远都是仆人。有一次，织田信长讨伐朝仓氏出师不利，大败而还，在撤退的过程中，德川家康主动要求和丰臣秀吉留下来为大军断后。他带领三河军团奋勇阻击敌军，不惜以自杀式的方式死战，这才使织田信长化险为夷、逃出生天。事后每每想起这场战事，丰臣秀吉都会感慨地说，德川家康真的像忠犬一样全心全意地侍奉着织田信长。德川家康向来唯织田信长马首是瞻，无论他身在何地，只要接到织田信长的命令，都会火速赶来护驾，几乎有求必应、随叫随到，比猎犬还要忠心护主。

　　长期以来，织田信长一直把德川家康当作鹰犬来使唤，为了让德川家康永远死心塌地地为自己卖命，把自己的女儿嫁给了德川家康的长子德川信康，与之结成了儿女亲家。织田信长素知德川家康善于用兵且心机深沉，担心德川家康羽翼丰满以后，会背叛自己，为了测试其忠心，下了一道非常无情的命令，让德川家康处死正妻筑山殿和儿子德川信康，给出的理由是母子二人犯下通敌大罪，暗中联络武田家。这分明是无中生有的污蔑。德川家康知道妻儿是冤枉的，可是主君有令，他敢违抗吗？多年来他早已习惯对织田信长言听计从，只要织田信长一声令下，哪怕前面是刀山火海，他也会毫不犹豫地冲过去。可这次织田信长竟让人到中年的他残忍地杀死妻子和儿子，亲手制造家破人亡的惨剧，他能照办吗？

　　在织田信长看来，臣下应该无条件地服从和效忠主君，忠义二字是凌驾于亲情之上的。倘若德川家康做不到，他就会一脚将其踢开，选一只更听话的猎犬供自己驱驰。经过一番思想争斗之后，德川家康决定遵从织田信长的旨意，不久即逼迫嫡长子德川信康切腹自杀，然后流放了妻子筑山殿，雇用家臣将其刺死在半途中。一手炮制完杀妻灭子的悲剧之后，德川家康最后一丝残存的人性泯灭了，

他变成了一个连自己都不认识的人，蜕变成了一头阴郁的孤狼。除了霸业之外，他不再关心任何事情。

织田信长在本能寺遇害后，丰臣秀吉率先打出了讨逆的旗帜，抢占了先机，一夜爬上了权力的巅峰。德川家康不服。两人同为织田信长的部下，论能力和战功，德川家康一点都不在丰臣秀吉之下。为了争夺霸权，德川家康发动了针对丰臣秀吉的战争，出兵20万攻打大阪城。大阪城的城墙是用加厚的巨石垒砌的，外有护城河、壕沟拱卫，内有充足的粮草和军火，短时间内是很难攻克的。德川家康意识到强行攻城必然会造成大量的伤亡，于是先将城池包围起来，然后静观其变、伺机而动。双方对峙了一段时间，德川家康从外国买来了先进的大炮，对着大阪城的厚石墙猛轰。炮弹射程非常远，能穿越高墙射向城中心。据说天守阁的柱子被震倒了一根，险些伤到丰臣秀吉的夫人。丰臣秀吉的儿子丰臣秀赖被迫求和。

眼看快到冬天了，外面天寒地冻，德川家康的军队粮草不济，于是同意议和，条件是对方必须拆除城池外围的壕沟和围墙等防御设施。丰臣秀吉同意了，双方休兵罢战。城墙壕沟被强拆后，大阪城赤裸裸地暴露在光天化日之下，随时都可能遭受致命的打击。但德川家康并没有马上采取军事行动，他在等待时机。有一次丰臣秀吉和德川家康饮酒，酒过三巡之后，略有醉意的丰臣秀吉得意地炫耀大阪城的坚固，并糊里糊涂地透漏出了攻城的窍门：先切断护城河的水源，然后再发兵攻城。德川家康默默地记在了心里。等到丰臣秀吉一死，他便运用此法攻下了大阪，杀死了丰臣秀赖，并诛其全族，斩杀了丰臣秀吉的后代。丰臣秀吉的孙子丰臣国松年仅8岁，也被拖出去砍了头。大阪城的官兵遭到残忍处决，14000多名官兵身首异处。这笔血债大阪人深深地记在了心里，每年都会定期聚在一起咒骂德川家康。时至今日，日本人仍然不喜欢德川家康。

其实德川家康、丰臣秀吉本是一丘之貉，当年，丰臣秀吉为了让亲生儿子丰臣秀赖继承家督之位，逼迫养子丰臣秀次切腹，并将丰臣秀次全家杀了个鸡犬不留、老幼无存。若干年后，德川家康血洗大阪城，将丰臣秀赖家赶尽杀绝。论狠毒，两人不相上下。从功利角度看，德川家康无疑是成功的，他开创了一个属于自己的时代，为日本历史翻开了新篇章，故而实用主义者会为他"卧薪尝胆"的忍功大为感动，可是抛开功利色彩来看，德川家康确实是个阴鸷凶残的角色，他的所作所为，充分说明了一个道理：不叫的家犬比咆哮的豺狼还要可怕，能忍到极限的人往往有着惊人的破坏力和强烈的报复欲，这样的人一旦得势，天下皆遭殃。可笑的是，这位日本第一忍者到了晚年没能忍住，忽然放纵起来，饮食不加节制，因为吃了太多高热量的炸鱼，最终死于急性肠癌。

大久保长安倒台悬案

德川家康在世时，为江户幕府设立了基本构架，创建了幕藩制度。幕指的是幕府，藩指的是守护大名的藩国，从字面上解释，就是藩国依附于幕府的政治制度。也就是说幕府为日本最高权力机构，统管全国，守护大名皆为臣下，在幕府的授权下，享有司法、行政和财政大权。该政策对防范下克上现象出现有一定的作用。

为了进一步稳固德川家的基业，德川家康开启了大御所和将军幕府的两头政治。大御所设在骏府城，掌管关西事务，将军幕府设在江户，负责关东事务。前者由大名世家和德川家康的家臣掌权，后者由功勋卓著的大名和炙手可热的权臣掌控。其中本多正信和大久保长安最有权势。本多正信精通文墨有谋略，是江户幕府最受器重的文臣，大久保忠邻家族世代侍奉德川家，立下赫赫战功，对主上忠心耿耿，算是满门忠将。其本人11岁便披挂上阵，追随德川家南征北战，参加了无数大大小小的战役，一步一步地成长为首席武将，如今所得的俸禄已经超过本多正信。

德川家康把征夷大将军之位让给儿子德川秀忠以后，仍然牢牢抓着权柄不放，自己担任骏府大御所最高长官，不停地发号施令，与德川秀忠所在的江户幕府分庭抗礼。德川家的家臣分裂成两大集团，一派拥护父亲，一派拥护儿子。家康派事事都要向大御所禀报。秀忠派竭心尽力地辅佐幕府的下一班接班人，希望老迈羸弱的德川家康能早点退休。在他们眼里，德川秀忠就好比喷薄而出的旭日，代表着新生力量，值得大家拥戴，而德川家康则是一轮即将落山的夕阳，应该退出历史舞台了。可事实并不像人们想象得那么简单，德川秀忠只是初升的旭日，根本敌不过德川家康这轮死活不肯下山的残阳，在父子相争的过程中，发生了大久保长安事件、冈本大八事件两大疑案，这两起事件皆由德川家康主导，表明实权仍然掌握在德川家康手里。

德川家康最想扳倒的人是大久保忠邻，只要大久保忠邻失势，儿子德川秀忠便失去了左膀右臂，无法继续跟自己抗衡了。大久保忠邻品行无可指摘，德川家康抓不到把柄，只好向他的同族大久保长安下手了。经过分析，德川家康认为打击大久保氏，最关键的一枚棋子便是本多正信。本多正信与大久保氏积怨已久。在关原之战中，二人在战场上发生了争执，当时大军在信浓国上田城遭到阻截，本多正信主张绕道而行开赴关原主战场，大久保忠邻主张攻打上田城。德川秀忠采纳了后者的建议，结果错过了关原之战。后来德川家康在挑选接班人时，本多正信和大久保忠邻又发生了不愉快，大久保忠邻拥护德川家三男德川秀忠，本多正信和儿子本多正纯力挺德川家次子结城秀康。双方斗得不可开交。基于过去的恩恩怨怨，本多正信无比痛恨大久保忠邻，自然会迁怒于大久保长安。德川信康正是想利用双方的矛盾，坐山观虎斗。

1609年，葡萄牙人在长崎附近进行海上贸易，有一次醉酒之后，与领主有马晴信的手下发生了肢体冲突，杀死了60人，并抢走了日本人的货物。有马晴信咽不下这口恶气，于是向幕府请示，击沉葡萄牙船只，好好教训一下这些挑衅滋事的外国人，以维护日本国威。幕府批准，派本多正纯的家臣冈本大八前去监督。有马晴信领命而去，将近在咫尺的葡萄牙船只打沉了。冈本大八得知后很高兴，认为此举有力地维护了日本的根本利益，于是上报给德川家康。德川家康重重赏赐了有马晴信。

事后，冈本大八夸口说他家的主人可以说服幕府，将有马氏旧有的三郡物归原主。有马晴信闻言大喜，慷慨奉上六千两白银，希望冈本大八能牵线搭桥，帮自己办成此事。冈本大八满口答应，当即拿出伪造的朱印状（盖有朱印的文书）供对方随意使用。孰料冈本大八收下财物之后，迟迟不肯行动。有马晴信等得不耐烦了，气冲冲地闯进本多正纯府上评理。本多正纯听得一脸迷茫，连忙叫来冈本大八对质。行贿受贿的丑闻就此曝光了。有马晴信还供出了伪造的朱印状、为夺回领地密谋杀害长崎奉行长的阴谋。此案关系重大，本多正纯不愿接这块烫手的山芋，于是上报给了幕府。幕府指派大久保长安主审理此案。

德川家康派遣大久保长安主处理此事，旨在激化大久保氏和本多家的矛盾。冈本大八是本多家的家臣。正所谓打狗还要看主人，大久保长安若严加查办，就是不给本多正信父子面子，必然会引起对方的憎恨。大久保长安当时没想那么多，他依法判处了冈本大八火刑，流放了有马晴信，后改判其切腹自杀。有马晴信因为深受西方文化的熏陶，拒绝切腹，由家臣斩首。本多父子听说了判决结果之后，对大久保长安恨得牙痒，决定找机会报复。

1613年，大久保长安中风去世。由于他名下的银矿山开采量逐年下滑，不能像从前那样给幕府提供财力支持，他本人渐渐失宠了。人们开始落井下石，到处传播流言。有人说大久保长安生前富可敌国，不知聚敛了多少财富，下葬的棺椁是用纯金打造的，说不出有多气派多豪华。德川家康听说后，马上派人调查此事，紧接着以贪赃枉法之罪将大久保长安的心腹全部投入了大牢。

本多正信、本多正纯父子见状，非常高兴，决定推波助澜，把案子搞大，很快便编织了一大堆罪名，最严重的罪状包括三条：一是暗中勾结伊达政宗，密谋造反；二是有意庇护武田信玄的后人，欲报效旧主；三是与大名勾结，企图颠覆幕府的统治。这三条罪名都是不可饶恕的大罪，幕府若是追究下来，不但死去的大久保长安要遭到清算，他的族人也会跟着遭殃。本多父子不在乎有多少无辜的人受牵连，只想报当年的一箭之仇。

调查结果很快出来了，有人在大久保长安的房间里发现了一大笔窝藏的金银和数封里通朝鲜的文书，以此作为如山的铁证。大久保长安生前开矿，自然会有不小的积蓄，他经常处理外贸事务，桌案上摆放着朝鲜文书并不奇怪。德川家康不考虑这些因素，马上给大久保长安扣上了中饱私囊、徇私舞弊、勾结外敌、叛国等罪名，将大久保长安的七个儿子及两名亲信判处极刑,然后下令把大久保长安的遗体从坟墓里掘出,碎尸万段。同大久保长安关系密切的大名要么被流放,要么被押入大牢,只有少数人得到了赦免。

大久保忠邻不可避免地受到了牵连,考虑到他过去的功绩,德川家康不好给他定罪,主要是担心其他功臣产生兔死狐悲的心理。本多父子却咬住不肯松口,竟然唆使浪人诬告大久保忠邻通敌,说他在攻打大阪城时与丰臣秀吉定下了密约。由于大阪城固若金汤,大久保忠邻认为攻克不了,所以不同意攻城。其中的是非曲直德川家康并非不知道,但他仍然给大久保忠邻定下了内通之罪,不由分说地削夺了他的领地,并将其流放近江国,还下令摧毁了大久保家的小田原城。大久保家自此江河日下,再也无力给德川秀忠提供支持了。

消灭大久保家是德川家康蓄谋已久的行动。很久很久以前,德川家康便已经萌生了除掉大久保长安的想法。大久保长安因为长年从事矿业,坐拥巨额财富,带动了当地的经济,在民间有一定的影响力。他不清楚民心向背如何,起初不敢轻举妄动。有一天,他招本多正信入府打探情况,开门见山地问:"你认为大久保长安这个人怎么样?"本多正信不假思索地回答道:"此人野心甚大,将来必反。"德川家康问:"何以见得?"本多正信说:"他现在上下打点、结党营私,说明已经有了异心,而且还暗中里通朝鲜,这不是明摆着要谋反吗?"

德川家康担心以谋反罪处置大久保长安,会引起民心震荡。本多正信说:"将军多虑了。大久保长安虽然富有经营头脑,带动了当地的经济发展,但没有实惠于民。财富都被他和亲信们瓜分了。老百姓并不感激他。将军若能扶危济困,收揽民心,就算斩杀十个大

久保长安这样的奸佞，百姓也会照旧拥护幕府的。大久保长安里通外国，把搜刮来的民脂民膏都给了高丽人，实在是罪大恶极，理应伏法。"德川家康表示同意，孰料还没来得及动手，大久保长安便病死了。正所谓死无对证，大久保长安无法为自己辩解了。德川家康趁机窜通本多正信、本多正纯父子屠灭了他的后代，铲除了大久保氏的势力。父子之间的权位之争，离奇地演化成了君臣之争和权臣之间的火并，这种奇怪的现象反映了封建社会政治的黑暗。只有高度集权和专制的社会，才会出现这种匪夷所思的现象。

把天皇拉下马的风流小生

自武家上台以来，日本世俗政权的更迭非常频繁，幕府将军和地方的守护大名不知换了多少届，但天皇家族始终屹立不倒。无论经历多少风云变幻，从来没有人提出过推翻天皇。这是为什么呢？既然实权已经被幕府掌控，为何还要保留天皇制呢？

根本原因在于，日本的天皇和封建国家的皇帝是不同的，在其他国家，皇帝是执掌天下生杀大权的独裁君主，他的神圣性是权力赋予的，一旦丧失了世俗权力，就变得一文不值了。所以改朝换代以后，前朝皇帝的下场大多极为悲惨。在日本人的心目中，天皇不仅仅是一国国君，还是信仰所在，是民族灵魂所在，是精神领袖，即便没有了权杖，仍然备受尊敬和推崇。谁也不敢冒天下之大不韪，提出废除天皇的想法，天皇制就这样世代传承了下来。

到了德川幕府时期，天皇不仅成为一个抽象的文化符号，连行动都受到限制，即便如此，幕府仍然不敢伤天皇分毫，唯一能做的就是控制天皇和逼迫不听话的天皇退位。幕府曾经出台过一部名为《禁中并公家诸法度》的法令，法令规定了天皇和公卿们的基本权利和义务。第一条内容非常耐人寻味，其文曰天皇最重要的职责便是读书做学问，意思是国家大事皆由幕府将军处理，天皇只要躲进小楼成一统，天天摇头晃脑读书便可以了，不必为国事劳心。法律还规定，幕府有权力任免公卿，干涉天皇的婚姻，规范天皇的活动范围，安排皇族出家事宜，等等。

从《禁中并公家诸法度》的法律条文来看，幕府态度盛气凌人，公然对天皇指手画脚，违背了传统的君臣之道，颇具讽刺意味的是，名义上，历代幕府将军的职位都是由天皇册封的，皆为天皇的臣子，可作为人臣，居然明目张胆地管束起天皇来，天皇无论做什么事都必须经过幕府的批准，这不是自相矛盾吗？有人曾把《禁中并公家诸法度》的颁布和英国《大宪章》的签署相提并论，其实两者并没有可比性。后者是宪政的产物，是民主进程的里程碑，而出台《禁中并公家诸法度》是独裁政权，而且它诞生的过程也不像《大宪章》那样光彩。

《禁中并公家诸法度》的诞生，是德川幕府和朝廷博弈的结果，源于一桩丑闻，即轰动全国的猪熊事件。猪熊事件的主人公叫猪熊教利。猪熊教利虽然名字不雅，但才貌双全，是个远近驰名的美男子。据说他蝉首膏发、眉目如画、美姿容、妙音律，纤妍白皙，生得比娇花照水的妇人还要美，宛若璧人一般，见者莫不啧啧称奇。猪熊教利年轻俊逸、风流潇洒、气度翩翩，每次外出都会引起一阵骚动。他的发型和服饰堪为时尚的风向标，上至达官显贵，下至平民百姓，皆竞相效仿。

猪熊教利是后阳成天皇身边的大红人，以近侍的身份长期陪伴天皇左右，位列公卿，他的一举一动直接影响到皇家的名誉，但猪熊教利从未想过洁身自好、约束自己。在自然界中，花开太艳，必然招蜂引蝶。在人类社会亦是如此，无论男人还是女人，长得太美，自然会艳闻不断。女人天生丽质难自弃，往往追求者众。男人鹤立鸡群，往往会有一大群女人爱慕。像猪熊教利这样的极品美男子，只需一个漫不经心的眼神，便足以令万千女人沦陷，倘若有意暗送秋波，心如撞鹿的女人更是把持不住了。猪熊教利拥有迷人的外表，又很会调情，且生性风流，免不了会有一些露水情缘和风流韵事。

作为天皇的近侍，猪熊教利很容易接触到年轻的女官。女官有一定的文化素养，见到熟谙琴棋书画的玉面郎君，自然心生仰慕之情。猪熊教利无须献媚讨好、百般殷勤，便轻而易举地把女官发展成情人，可以随时随地与之行风月之事。有一天，猪熊教利和女官在皇宫里偷欢，恰巧被后阳成天皇看见了。后阳成天皇大怒，万万没有想到近侍和女官如此不尊礼法，竟然敢在神圣的皇宫行苟且之事，差点气晕过去。

冷静下来以后，后阳成天皇决定将此事冷处理，为了保住皇家声誉，没有把家丑传扬出去，随便找了个借口，把猪熊教利打发到了大阪，原本以为只要把当事人调离京畿，风波便会自然平息。孰料猪熊教利没有意识到问题的严重性，风头一过，自行折回了京都。回到京都以后，行为丝毫不见收敛，照旧猎艳不断，宫闱秽闻不断传出。公卿中的浪荡子弟都觉得他艳福不浅，羡慕之余，竞相效法。有个叫花山院的公子哥，看上一个叫广桥局的女官。广桥局是大纳言的女儿，乃名门闺秀，有花容月貌之姿，已被天皇立为侧室。花山院不管这些，自从被广桥局的美貌吸引，便对她念念不忘，为了以解相思之苦，不惜冒险与之偷情。

其他年轻的公卿子弟在猪熊教利和花山院的带动下，都对宫廷里的女官产生了浓厚的兴趣，时常趁夜翻墙入宫，与情人秘密幽会。有一次众人翻墙时，被侍卫发现了，丑闻不胫而走。结果事情闹大了。有个出自松下家的女官，把事情禀报给后阳城天皇，猪熊教利和那些一起寻欢作乐的朋友全都牵扯了进去。

松下家的女官告发他们不是为了清正风气，而是出于私怨。德川幕府时代的公卿薪俸都是幕府发放的，收入低微，为了谋生，每家都练就了超凡的技艺。幕府鼓励公卿凭借家传技艺自力更生，给优胜者颁发了免状。松下家和飞鸟井家擅长蹴鞠，起初松下家技高一筹，幕府给它颁发了蹴鞠免状，飞鸟井家不服，竭力向幕府争取，结果也获得了幕府的认可，两家自此结怨。同猪熊教利厮混的朋友里，恰好有飞鸟井家的公子雅贤。松下家的女儿听说了公子雅贤的丑事，认为报仇的机会来了，遂毫不犹豫地把传闻转告给后阳成天皇。

后阳成天皇龙颜大怒，下令将所有与宫廷女官私通的浪荡公卿全部处死。猪熊教利听说后，慌忙逃到九州，他原本打算漂洋过海逃到朝鲜半岛，但转念一想，天皇手上没有实权，不能擅自处决公卿，案子必须交到幕府那里裁决，心情放松下来，遂放弃了越境逃跑的计划。

关于公卿子弟种种放浪形骸的丑行，德川家康早有耳闻，因为天皇的一举一动和整个皇宫都处在幕府的严密监视之下。德川家康没有及早干预，是在等待时机，等到传闻甚嚣尘上，事情闹得一发不可收拾的时候再出手。天皇家族的家丑传得沸沸扬扬，闹得满城风雨时，幕府介入调查，能起到火上浇油的效果。德川家康的如意算盘打得不错，不仅搞臭了公卿，而且还让天皇颜面扫地。后阳成天皇确实为此感到无地自容。

调查结束后，板仓胜重依照德川家康的指示入宫面圣，添油加醋地汇报了新鲜出炉的调查结果，公卿们羞得面红耳赤，全场愕然。坐在御座上的后阳成天皇如芒在背，一时不知如何是好。板仓胜重趁机向天皇施压。后阳成天皇瞬间领会了幕府的意思，臣子如此咄咄逼人，无非是想逼迫自己退位。他受够了仰人鼻息的日子，不想再给幕府当摆设了，索性遂了对方的愿，立刻下诏宣布传位于皇三子政仁亲王。

后阳成天皇本来想册立智仁亲王为储君，由于智仁亲王早年给丰臣秀吉当过养子，为德川家康所憎恨，他只好把天皇之位传给幕府授意的人选——政仁亲王。政仁亲王年纪轻，目前尚无子嗣，德川家康打算把自己的女儿送入后宫，为天皇家族延续血脉，如此一来，未来的天皇就变成了德川家族的人，皇室就完全处在幕府的掌控之下了。后阳成天皇早就看透了德川家康的阴谋，怎奈自己既无权杖也无兵马，无法阻止德川家康，只好顺水推舟，退位了事，把烂摊子留给下一代。

德川幕府把后阳城天皇赶下御座后，很快对猪熊事件的案子做出了判决。猪熊教利锒铛入狱，不久被判处死刑。雅贤被流放隐岐岛，其余作案的公卿坐牢的坐牢，杀头的杀头，流放的流放，都不同程度地受到了惩罚。涉案的女官均被发配到伊豆群岛的新岛，若干年后，集体平安返回了京都，没有再受到额外的责罚。政仁亲王（即后水尾天皇）在位期间，幕府以约束天皇和公卿的行为为由，颁布了《禁中并公家诸法度》，天皇和公卿的权力受到进一步限制，彻彻底底地沦为幕府的附庸。

将军府上的连环暗杀案

德川幕府第八代将军德川吉宗，被世人誉为"米将军"。日本人这么称呼他不是因为他喜食米饭，而是夸奖他是个善于治国的得道民君。在位期间，他提倡节俭，大力发展农业生产，鼓励开垦良田，运用宏观调控手段有效稳定了全国的米价，使得百姓安居乐业、丰衣足食，大家不愁没米吃。为了表达对德川吉宗的尊敬和热爱，老百姓给他取了一个形象贴切的外号——米将军。

德川吉宗爱民如子、政绩斐然，是一个非常杰出的政治家，他能上台执政，确实是日本人民的福气。不过在步入政坛以前，他从来没有想过要充任征夷大将军，甚至没有想过子承父业，继承纪伊藩主（江户时代，大名被称为藩主）的家督之位。他在家中排行老四，前面有三个哥哥，母亲净圆院出自地方豪族，血统并不尊贵，过门后被立为侧室。从各方面条件看，他那身为嫡长子的哥哥德川纲教更有资格继承家业。德川纲教熟谙政务，才干出众，做过左近卫权中将、参议、权中纳言，是个非常理想的接班人。奇怪的是正当盛年的他，莫名其妙地感染上了怪病，没过多久就死了。父亲德川光贞听到噩耗，悲痛欲绝，因为伤心过度大病一场，三个月后也跟着撒手人寰了。

德川吉宗在非常短的时间内痛失两位至亲，心情可想而知。因为二哥死得早，按照正常的继承顺序，德川吉宗的三哥德川赖职成为新任纪伊藩主。令人匪夷所思的是，老藩主德川光贞去世一个月后，新藩主德川赖职也跟着病死了。由于他生前没有留下子嗣，排行靠后的德川吉宗便成了唯一的合法继承人。哥哥们接二连三地死去，使得本来没有希望即位的德川吉宗得以脱颖而出。糊里糊涂地当上纪伊藩主之后，德川吉宗并不知道一连串的变故对自己意味着什么。

根据第一代幕府将军德川家康和第二代幕府将军德川秀忠立下的规矩，将军家若膝下无子或没有合适的接班人，下任征夷大将军从"御三家"中的纪伊德川家和尾张德川家中挑选，水户德川家负责评定候选人。幕府将军德川家宣府上人丁凋零，儿子们纷纷夭折，只有德川家继侥幸存活下来。德川家继年幼，且体弱多病，无论是德川家宣还是地方藩主都认为他不适合当继承人。德川家宣弥留之际，把顾命大臣叫到床榻前，留下遗命说，下届幕府将军由尾张德川家的德川吉通出任。

德川吉通年仅25岁，风华正茂，一表人才，在候选人当中呼声最高，且被德川家宣看中，可谓是众望所归，可悲的是他没来得及继任将军之位，便离奇暴毙了。时隔两个月之后，他的儿子德川五郎无故猝死。尾张的两位藩主莫名其妙地相继离世，伤了元气，再也没有能力问鼎幕府将军之位了。最后由年幼的德川家继继承了征夷大将军之位。德川家继身体羸弱，在位三年便病逝了，死时年仅8岁。大将军的宝座虚席以待，这下总算轮到纪伊藩主德川吉宗了。

德川吉宗入主幕府的背后，总是伴随着一连串的怪事和一系列的非正常死亡，这些事件不可能是巧合，种种迹象表明，米将军的继位不是顺理成章的过程，而是人为操纵的结果，它是和接二连三的谋杀相关联的，凶手不是别人，正是德川吉宗的母亲净圆院。净圆院是豪族巨势利清的女儿。巨势一族以贩药起家，最初活跃于奈良一带，后来迁居到了纪伊，这个家族有着雄厚的财力，并拥有私人武装，培养了一大批忍者。第一代纪伊藩主德川赖宣为了拉拢巨势家，撮合了嫡长子德川光贞和净圆院的婚事，后来的事实证明，德川家的灾难正是由这桩不明智的婚事引起的。

净圆院是一名女忍者。忍者是一门神秘而又特殊的职业，性质类似于间谍、杀手。同武士一样，大多数忍者身怀绝技，嗜杀成性，以为主君献身为荣，是一流的杀戮机器。忍者的工作包括追踪、侦查、搜集情报、暗杀等。他们善于使用各种兵器，个个身轻如燕，练就了飞檐走壁的轻功，能不声不响地在沙地上急速奔跑，让人察觉不出行踪。有的忍者可以在水下憋气五分钟，有的能躲在船底下偷听上面的人讲话。

忍术的训练是从幼年时开始的，对性别没有要求，男女皆可被培养成忍者。忍者要学的技巧多种多样，包括剑术、马术、柔术、使用毒镖等暗器，还有隐术。所谓的隐术就是隐藏自己、迅速消失的能力。这项技能对忍者的要求很高，忍者必须反应灵敏、奔跑迅速、来去如飞，这样才能给人以一种来无影去无踪的错觉，避免暴露自己。

为了更好地隐身，忍者通常会选择夜晚行动，他们不会像蒙面大盗那样，以一袭黑衣的面貌现身，因为在月朗星稀的夜晚，黑色的装束会使得身体的轮廓更加清晰。忍者夜间活动时，身上穿的是深蓝色或深紫色的外衣，这两种颜色与茫茫夜色极为接近，容易与环境融为一体。真实的忍者都比较低调，不穿黑衣也不蒙面，他们会混迹于各个行业中，化妆成歌舞艺人、江湖浪人、小商小贩或者路边的乞丐，乍看起来跟普通人没什么两样。

迎娶净圆院时，德川光贞并不知晓她的身份。谁也不会想到一个豪族的千金，从小便开始接受忍术训练，掌握了下毒、杀人、谍报的技巧。净圆院外表甜美温柔，符合人们对贤妻良母的想象。她过门不久，即给德川光贞增添了子嗣，生下了德川吉宗。由于儿子排行靠后，继承不了家督之位，净圆院动用了非常手段，暗中联络了娘家的忍者，先后将德川纲教和德川赖职毒杀了，然后又用相似的方法害死了德川吉通和德川五郎太，最后把魔爪伸向了年仅8岁的德川家继，把他也毒死了。

  日本历史学家指出，五位继承人在极短的时间内，前赴后继地自然死亡，概率小到微乎其微，最为合理的解释便是，他们全都死于谋杀。尾张藩主德川吉通和儿子德川五郎太死后，家臣对外宣称主君死于食物中毒，王府在极短的时期内连续两次出现食物中毒事件，几乎是不可能的，除非有人在食物里做了手脚，往饭食里投下了致命毒药。家臣们不敢声张，却冒死记录下种种诡异的迹象，这些文字记录完好地保存下来，成为可靠的史料和控诉净圆院的有力证据。

  其他继承人的死因，官方给出的解释是死于急性病发作。这显然也是解释不通的。德川纲教和德川赖职身体健朗，之前未有疾病隐患，不可能在继承家督之位前后忽然暴病身亡。幕府方面可能早就察觉了事情的蹊跷之处，怎奈凶手的儿子已经坐稳了将军的宝座，再抖出旧事不利于政权的稳固，对于净圆院投毒一事只好睁一只眼闭一只眼，全当什么都没有发生。净圆院为了让儿子当上征夷大将军，导演了一系列连环杀人案件，还间接害死了自己的丈夫，心肠是何其歹毒。德川吉宗很有可能知道母亲的阴谋，他是否与母亲合谋，是否参与了暗杀事件，我们不得而知。我们唯一知道的是，他没有阻止母亲的行动，有生之年，没有将真相大白于天下。五位继承人死得不明不白,他不曾做出任何公正合理的解释。

米将军并不是一个十全十美的人,他继位的历史涉及了太多的谋杀案件,令人欣慰的是,他不是一个暴君,即位后一改幕府将军的劣政,做了许多利国利民的好事,为国民缔造了一个太平盛世。

当权者的功绩和人品往往是不一致的,许多雄才大略、政绩突出的君主,都存在严重的道德瑕疵,他们可能即位不正,可能谋害过家人,但能把国家治理得井井有条,造福天下苍生。有的君主心地善良、宽厚仁慈,是无可挑剔的正人君子,但没有能力把控住大局,不是被权臣架空,就是被自家兄弟残害,长期处在自身不保的尴尬境地,难有大的作为,更不要说给百姓施加恩德了。一个好人可能不是一个好的当权者,一个好的当权者可能不是一个好人,能将两种角色合二为一的人,在人类历史上少到凤毛麟角,因此功过和是非不能混为一谈,我们需要辩证地看待历史人物和历史事件。

闭关锁国状态下的日本

在我们的固有印象中,日本是一个非常善于学习的民族,对外来文明始终保持着开放的心态,乐于吸收和借鉴人类社会所有先进的文明成果。很少人知道,日本在江户时代实行过闭关锁国政策。日本突然走向封闭,与当时的政治经济文化环境密切相关。德川幕府虽然已经建立了幕藩制度,迫使各藩臣服于自己,但对诸国的控制力仍然十分有限,幕府将军担心各藩通过海外贸易壮大经济实力,拥有同中央抗衡的能力,开始推行闭关锁国政策,严禁外国与日本进行商业贸易。从文化角度分析，欧洲商人和传教士频繁在日本活动，不断传播西方思想和信仰，对日本的本土文化和精神信仰造成了冲击。在当时的历史时期，幕府统治者并不认可西方世界的文化理念，为了有效防止异邦文化向本土渗透，德川幕府数次颁布"锁国令"，严禁日本人与外国进行交流和贸易。

在锁国令执行极为严厉的时期，日本只保留了长崎一个通商口岸，其他港口全线封闭。外国的商人大部分都遭到了驱逐。为了切断与外界的联系，幕府严令禁止日本人出国，把所有国民牢牢地束缚在国内，且不允许海外的日本人回到祖国，甚至不允许造船商制造远洋船只。在闭关锁国期间，日本先后与西班牙、葡萄牙等西方国家断交，仅仅与荷兰保持着往来。日本人对荷兰宽容，并不是因为认可荷兰，而是因为荷兰人再三保证，绝不在日本从事传教活动。即便如此，日本对荷兰商人仍有戒心，把他们经商的范围限制在长崎，且不允许他们与当地民众接触交谈。荷兰人出入境都要接受严格检查。幕府不允许任何荷兰人与日本女子恋爱结婚，假如荷兰人不尊禁令，与日本人生下混血子女，孩子将被处死。

在锁国令颁布以后，中日之间的交流大幅度减少，但并没有严重到断绝的地步。由于在漫长的历史时期，日本一直积极地向中国学习，所以在对外界十分不信任的情况下，仍然对中国网开一面，允许中国人在长崎一带进行贸易。初次来到日本的中国人用好奇的眼光观察着当地的风土人情。他们发现日本人的服饰和穿着打扮颇有特色，官员的装扮很讲究，皆宽衣大袖，着锦裤，腰间悬挂着佩刀。女性长衣及地，下身着裙，梳着漂亮的发髻，束发的绸带色彩鲜艳，十分耐看。日本人的房子鳞次栉比地紧挨着，房屋内部彼此相通，结构如同迷宫一般，不了解内情的人常常搞不清状况，有时在门口碰到一个日本人，进入其他房间又撞见同一个人，会误以为自己产生了幻觉，说不出有多诡异。

当时日本人不养猪，养鸡，牲畜家禽的种类非常少，多数人家都没有烹鸡宰鸭的习惯，母鸡公鸡豢养了数年也不宰杀，大多数都是自然死亡。在外国人眼里，日本是一个民风古朴的民族，但婚恋观念却很开放，比较崇尚淳朴自然的两性关系，没有男女大防、男女授受不亲的思想。男子在大庭广众之下衣冠不整极为常见，女子看书观画没有禁忌，可以肆无忌惮地欣赏情爱内容，孤男寡女共处一室不避讳，一般不会引来流言蜚语。更令人惊异的是，日本房屋的门窗都是用纸糊的，很容易戳破，即便如此，鸡鸣狗盗的事情依然较少发生，入室抢劫的事情更加少见。日本社会的治安非常良好，不用官方加大力度管理，就能实现"夜不闭户路不拾遗"的目标。

德川幕府时期，虽然统治者内部斗得很激烈，官场上黑幕重重，但执政者的诡诈、狡猾、阴毒等恶劣的品性并没有影响普通民众的信仰和追求。百姓照常安居乐业，勤勤恳恳地劳动，踏踏实实做人。幕府阻止国民与外界交流，对普通老百姓的影响是十分有限的，最受打击的是从事对外贸易的商人和广大知识分子。商人损失的是金钱，知识分子则被切断了精神食粮的供应。

闭关锁国政策虽然有效抑制了各藩国的崛起，控制了外部势力对本国的文化渗透，但副作用非常明显。日本是一个四面环水的岛国，在航海业不发达的情况下，与外界的交流十分有限，闭关之后，无法与世界接轨，与西方世界的差距越拉越大。闭关锁国之初，幕府禁止一切外来书籍传播，后来政策渐渐放宽，除宗教类图书被禁止外，其他文化图书都相继解除了禁令。西方世界的天文、地理、历史、医学、自然科学等方面的图书大量涌入日本，受到日本人的热捧。锁国令不那么严厉的时期，日本的有识之士开始大批量地翻译西方科技文化，"兰学"兴起。所谓的"兰学"又称"洋学"，指的是西洋世界的学问。在"兰学"大热的时期，幕府曾派遣一大批留学生到欧洲国家学习自然科学。随着研究"兰学"的人不断增多，日本人对西方文明的研究范围也在不断拓宽，为了更好地传播异国的先进文化，专门建立了一个叫"尚齿会"的组织。

在明治维新前，日本如雨后春笋般地涌现出30多所传播"兰学"的私塾，培养出上万名通晓西方科学的莘莘学子和无数重量级的"兰学"专家。不少守护大名醉心于"兰学"，有的也成为学富五车的专家。也就是说，德川幕府在推行闭关锁国的政策时，日本仍然没完全走向封闭保守，日本人依然可以通过各种途径了解外部世界的信息。幕府培养了大量翻译，专门翻译外国商人述说的见闻。外国商船一旦进驻长崎，便有人在专心致志地整理他们的故事了。日本人通过这种方式搜集各国的情报，外面一旦有什么风吹草动，国内马上知晓。

德川幕府实行的"闭关锁国"，主要是针对海外贸易和西方宗教，其他方面都比较宽容，并不是真正意义上的"闭关"和"锁国"，在政策相对宽松时期，西方的先进技术、自然科学和优秀文化能照常传到日本本土，德川幕府并没有人为地设置各种障碍。长期以来，日本都在密切关注着外部形势，一直都在放眼看世界。日本在"闭关锁国"时期，还在向其他国家学习，根本原因在于，日本人的心态与大国的国民心态是不同的。

地大物博、物产富饶、人才辈出的国度，往往认为自己已经集中了一切优良资源，各方面领先于世界，不需要再向任何国家取经了，不耻下问的态度有损于大国风范，伤害民族自豪感，故而抱残守缺，一味地故步自封，停止了前进和发展，最终被其他后起之秀赶超。日本国土狭小，除了盛产白银之外，没有其他物产，资源十分匮乏，它是一片贫瘠而又多灾多难的土地，日本人很早以前就已经产生了强烈的危机意识，不像大国那样自我感觉良好。日本人意识到必须不断地向比自己优秀的国家、民族学习，才能不断进步，才能平安度过各种危机，才能长久地屹立于世界民族之林。

日本人认为向他国学习，并不意味着承认自己国家文化落后，恰恰从另一个角度证明了，本国是一个开放的有包容性的积极向上的国度，国人为此感到自豪，并不会引以为耻。正是因为长久保持着这种心态，"锁国令"的颁布并没有彻底斩断日本与外界的联系，好学不倦的日本人仍然在想方设法地从外部世界汲取营养。在被西方的炮火打开国门之前，日本对外界并非一无所知，他们对西方世界的了解，令侵略者都感到惊讶。

踢开日本国门的"黑船事件"

日本推行闭关锁国政策，让西方国家大为不满。由于受到《马可·波罗游记》的影响，西方殖民者误以为东方国家遍地都是黄金，比流淌着奶与蜜的应许之地要美好上百倍，总想着到亚洲探险，可是由于各种各样的原因，亚洲国家纷纷走上了闭关锁国的道路，连一向开放的日本也把国门关起来。日本不允许欧美国家的商船在本国港口停靠，禁止外国人从事商业活动，拒绝给来往的外国船只提供补给，一系列政策令西方国家大为光火。西方列强觉得是时候该

教训教训日本人了。

1853年,美国海军将领马修·佩里率领四艘战船抵达江户湾海岸。大船通体为黑色,体积巨大,乍一看去就像一只漂浮在海面上的钢铁怪兽。它轰隆隆地驶来,不断地冒着黑漆漆的浓烟,令日本人震惊不已。岸上的日本人眼睁睁地看着"黑船"急速向自己海岸驶进,茫然不知所措。马修·佩里此行是带着目的而来,主要是想逼迫日本答应下列要求:一、为途径日本的美国船员和渔民提供必要的帮助;二、为美国远洋捕鲸船提供足够的补给;三、开放通商口岸。为了让日本人乖乖就范,美国军舰将大炮瞄准了沿岸的炮台,随时准备对日本的军事设施进行精准打击。

在实施武力威胁之前,美方曾与德川幕府进行过交涉,要求日本与西方国家缔结通商条约,遭到德川幕府的严词拒绝。美国人意识到政治谈判解决不了问题,于是改变了策略,决定采用武力威慑的方法,迫使日本人屈服。在黑船事件发生一年前,长崎荷兰商馆馆长库修斯便已经提醒过德川幕府,美国将出动军舰恐吓日方,奉劝日方重新回到谈判桌,同意美国提出的一切条件。幕府将信将疑,毫无头绪,没有做出任何回应。马修·佩里带领的黑船潜入日本海域时,江户一片骚动。武士们将美方的挑衅视为侵略的前兆,马上穿上护甲拿起武器准备战斗。一时间战马嘶鸣,铠甲窸窣作响,全城进入备战状态。家财万贯的富豪连忙携带细软逃到了乡下,孩子吓得哇哇大哭,妇女也跟着流泪,更多的人则在默默祈祷,祈求上苍降下"神风",摧毁美国人的黑船。

事发当晚,江户人把美国军舰抵日的信息写在纸条上,让信鸽将这可怕的信息送往京都。孝明天皇看到后,脸色大变,多年前,他便预见了西方列强有朝一日会来叩关,如今多年的梦魇变成了现实,一切都在他预料之中,但仍然感到无比吃惊。面对西洋的不速之客,他没有任何对策,只能督促幕府竭尽全力保护日本。他知道以幕府的军事实力是无法对抗船坚炮利的美国的,以目前的形势,他唯一能做的就是虔诚地祈祷,祈求神明保佑日本免受战火蹂躏,成功度过这次危机。

在祈祷不奏效的情况下,日本人必须直面现实,冷静地分析当前的形势。西洋人的蒸汽船行使迅速,船体坚固,船上安装着大口径的火炮,只需几发炮弹就能把江户变成一片火海。这场战争日本输不起。开战是不明智的。德川幕府纠结了一段时间之后,终于服软了,答应了美方提出的三点要求,但对于细节内容仍持保留意见,需要等到来年才能做出明确答复。马修·佩里基本达成了目的,因为还有急事处理,暂时同意了这个协商结果。返航前,为了给日本一个下马威,美国军舰打着测量水道的名义堂而皇之地闯入了江户湾。日本官员气愤难当,连忙责问美方为何要入侵日本海域。马修·佩里不耐烦地做出了解释,扬言说来年春天美国还会出动更大规模的舰队来日,美国海军现在正在物色更大的停泊地。接着他又用威胁的口吻说,德川幕府最好在明年春天给美方做出满意的答复,如若不然,美国不排除诉诸武力的可能。

幕府将军德川家庆正在家中养病,收到美国递交的国书后,非常恼火,病情骤然加重,仅仅过了10天就病死了。幕府失去了首脑,更加慌乱了。幕府高官不知所措,只好向各藩藩主广泛征求意见。此前,幕府一直独断专行,从来不跟藩主讨论国事,这次破天荒地向各藩征集对敌策略,实乃迫不得已。幕府的强权、庄严和高不可攀的神秘感,在西方炮火的攻击下,瞬间化为乌有。一切迹象表明,幕府已经病入膏肓了,再也无法继续维系腐朽没落的统治了,任何一点外力，都有可能起到摧枯拉朽的作用。美国的入侵，给它带来的打击将是致命的。

第二年春天，马修·佩里果真带着更庞大的舰队、更多的火炮前来叩关，逼迫日本人迅速做出答复。德川幕府诚惶诚恐，企图以"国主新丧"为借口延迟答复。当时德川家庆已经死了好几个月了，马修·佩里自然不会接受这种蹩脚的理由。在美国人的威逼下，日本人先后签订了丧权辱国的《日美神奈川条约》和《下田条约》。日本之所以沦落到被动挨打的地步，是因为当时西方世界正处在蓬勃发展时期，经历了工业革命、交通革命，科学技术日新月异，设备精良、武器先进，非日本所能比。日本武士虽然宁死不屈，德川政府一贯以强硬的态度示人，但在美国人的战舰和大炮面前，不得不示弱，因为美国有能力征服日本，也有能力推翻幕府的统治。

习惯展露肌肉的日本人，忽然变得软弱可欺，让西方列强从中看到了机会，他们纷纷效法美国，逼迫日本人开户通商，签订不平等条约。在短短几个月内，日本接连受到来自俄国、英国、荷兰等国的压力，被迫与诸国签订了"和亲条约"。1858年，幕府与美国、俄国、英国、荷兰、法国签订了《安政五国条约》，内容包括开港通商、赋予各国领事裁判权等。日本的国门被彻底打开了。

黑船事件对日本历史影响深远，它结束了德川幕府推行的闭关锁国政策，使封闭沉睡的日本嗅到了外界的清新气息，渐渐从萎靡不振的状态中苏醒，同时促成了幕藩制度的瓦解，加速了德川幕府的覆灭，为日本走向变法图强的道路，发展资本主义，奠定了基础。日本能从一个积贫积弱、黑暗专制的封建国家蜕变成富强民主的世界强国，与美国人的粗暴叩关有着密切联系。

在德川幕府统治时期，幕府将军的言论和指令代表着最高权威，天皇和各藩国的藩主是不允许发表任何意见的，黑船事件发生后，幕府无法凭一己之力应对，被迫让天皇、朝臣和藩主参与进来，原有的规则被打破，政局日益混乱，为幕府的灭亡做了铺垫。对幕府统治者来说，黑船事件是丧钟，是一切混乱的根源，是挥之不去的噩梦，对日本平民来说，它却是结束旧制度，使日本浴火重生的催化剂。正是因为如此，日本人一点也不憎恨美国侵略者，反而把马修·佩里当成了拯救日本的英雄。日本人专门建造了佩里公园，并在黑船事件发生的地点造了一座醒目的纪念碑，几乎将昔日的敌人当成了成就自己的恩人。

当年美国人武力叩关时，是为了维护美国的根本利益，根本没有想过要帮助日本，但在客观上确实促进了日本的开放，逼迫日本救亡图存、富国强兵。日本感谢美国是合情合理的。

幕府的垮台和强权的陷落

1866年，风雨飘摇中的德川幕府完成了权力交接，29岁的德川庆喜继承了征夷大将军之位。他接手的不是一个蒸蒸日上、井然有序的国家，而是一个难以收拾的烂摊子。经过黑船事件后，德川幕府和西方列强签订了一系列丧权辱国的不平等条约，日本人深以为耻，声讨幕府的声音一浪高过一浪，人们都把独揽大权的幕府将军当成了卖国贼，恨不能将他赶下台。一夜之间，幕府和幕府将军被贴上了反动的标签，受到全国人民的唾弃和鄙视。日本各界达成了一致的共识，日本的国家主权之所以不断受到侵犯，是因为幕府腐

败无能、虚弱不堪，这样的政权已经没有继续存在的必要了，倒幕运动轰轰烈烈地开展起来。

德川庆喜为了维持幕府的统治，提出了"公武合体"的改革方案，即朝廷和幕府摒弃前嫌，联起手来推进改革，共同度过这次政治危机，以此堵住倒幕派的悠悠之口。这个提议得到了孝明天皇的支持。德川庆喜很高兴，似乎看到了一线曙光。可惜好景不长，不久孝明天皇去世了，公武合体的构想无法得到贯彻实施，幕府的公信力一落千丈。到了统治晚期，政局更加动荡，国内起义不断，农民暴动此起彼伏，城镇居民也纷纷揭竿而起。统治阶级内部矛盾重重。日本国门被打开后，国内的资产阶级要求发展资本主义，提出了反封建的进步思想。地方实力强大的藩主竖起"抵御外侮""还政天皇"两杆大旗，与幕府爆发了激烈的冲突。倒幕武装势力不断壮大，后来在长州建立了根据地，谋划着推翻德川幕府的统治。

不久，长州、萨摩的诸侯聚首谈判，建立了萨长同盟，共商倒幕大计。紧接着，萨摩和土佐也签订了同盟协定。倒幕志士认为，天皇虽然无兵马无粮草无实权，但毕竟拥有国家元首的头衔，在错综复杂的争斗中，谁能控制天皇，谁就能号令天下。委婉地说，地方诸侯不约而同地产生了"奉天子以令不臣"的想法，透过现象看本质，所谓的"奉天子以令不臣"其实就是"挟天子以令诸侯"。天皇只是一面旗帜，一张王牌，一个名义上的君主，并不享有实际权力。

当时明治天皇年纪太轻，缺乏政治判断力，不可能在幕府和倒幕派之间迅速做出选择，但他身边的大臣岩仓具视等人都主张倒幕，这些人皆为可拉拢的对象。地方倒幕势力想方设法联络上岩仓具视等人，制订了切实可行的倒幕计划：萨摩、长州的武士军团负责控制皇宫和京城，然后让明治天皇下诏，逼迫幕府将军德川庆喜下野，拱手交出国家政权。德川庆喜要是不尊诏令，就鼓动诸国的藩主、武士发动大起义，以武力手段推翻幕府。

1867年，名古屋出现了奇怪的谶语，人们纷纷奔走相告，说天上降下了象征祥瑞的神符，接着全都跑到大街上狂奔，一边载歌载舞地庆祝，一边重复地高喊"可好啦！可好啦！"男人穿着妇人的彩色衣裳，打扮得花枝招展，女人纷纷换上了男装，个个英姿飒爽，全境的老百姓瞬间成了异装癖，陷入了前所未有的迷乱和癫狂。男男女女舞累了唱倦了，便闯进富有的高利贷主、地主和商人家里，要求这些社会蠹虫捧出酒食招待所有人。众人酒足饭饱，美餐一顿之后，又回到大街上继续唱歌跳舞。官吏们见状，全都傻眼了，只能任由百姓胡作非为，不敢出面阻拦。这场运动持续了数月，从名古屋蔓延到了各地，演变成日本人民反抗幕府统治的一种方式。在那段时间里，群众天天闹事，幕府焦头烂额，行政机构濒临瘫痪。

趁着群众运动高涨，倒幕志士展开了紧锣密鼓的行动。由于反幕府武装军事力量孱弱，与幕府军直接交锋，完全没有胜算。土佐诸侯认为，最好不要贸然采取军事行动，可以先通过谈判的方式说服德川庆喜还政给天皇，遭到拒绝后，再考虑动武。同年10月，德川幕府收到了来自土佐诸侯的建议书。德川庆喜忌惮倒幕力量的强大，不敢直接回绝，遂假装同意了对方提出的条件。倒幕志士并没有被他惺惺作态的表演迷惑，同日，唆使明治天皇发布了一道声讨幕府的密旨，斥责德川幕府滥施淫威、祸国殃民、藐视天皇、迫害忠良，并得出结论说幕府一日不灭，日本国将不国，号召全国人民团结起来，征讨德川庆喜，推翻反动幕府。岩仓具视和萨摩、长州的诸侯协同作战，纠集军队进逼京师。

同年12月，倒幕大军控制住了宫门，明治天皇宣布恢复古制，正式废除统治日本600多年的幕府制度，成立以天皇为核心的新政府。当夜，明治天皇主持召开了会议，勒令德川庆喜交出权力和领地，离开政坛。德川庆喜不甘心，拒不执行天皇的命令，决定武力对抗天皇。他先是把幕府军队调到了大阪，然后挥师京都，悍然发动战争。双方于戊辰年展开了会战，史称"戊辰战争"。

第一场战斗是在海上打响的。幕府军率先朝倒幕军舰发动了猛烈的袭击，次日双方在烟波浩渺的阿波海域进行了大规模的战斗。由于幕府军海军战斗力较强，倒幕军暂时落于下风。陆战打得更加激烈。幕府军兵分两路进驻京都，兵力是倒幕军队的3倍。德川庆喜信心倍增，在大战前夕，给京都的内应写了一封密信，吩咐他们好生监视明治天皇，千万不要让他被倒幕军队劫走。

几日后，德川幕府面向外国公使发布了一则措辞严厉的通告，严禁各国给倒幕军队提供武器装备和枪支弹药。当天下午，幕府军和倒幕军队再次交火，倒幕大军一连发射了数枚炮弹，战斗持续了一整夜，双方激战到次日清晨，胜负才见分晓。装备落后的幕府军抵挡不住倒幕大军的攻势，最终败走淀城，经过一段时间的休整后又卷土重来，趁着天降大雾，杀向京都。

明治天皇为了鼓舞士气，赠给京城守军一面锦旗。守军把这面象征荣誉的锦旗插在了脚下的土地上，任由它漫卷飞扬。士兵们看到旗帜，备受鼓励，顿时军心大振。幕府军因此作战失利，士气非常低落，与倒幕军队较量了几个回合之后，再次退守淀城。淀城的诸侯眼见幕府大势已去，马上改弦更张，宣布效忠天皇，把坚请入城的幕府军挡在了门外。幕府军被迫退到关口桥本。倒幕大军兵分三路远征，双方打得难解难分时，幕府军的友军临阵倒戈，从侧翼发动了袭击。幕府军大败，狼狈逃回了大阪。

面对无法挽回的败局，德川庆喜仍然不服输，又募集了一批将士，叫嚣着要杀回京都。当夜，他率领少量随从乔装改扮成巡逻士兵，悄悄离开大阪城，乘船去了江户。幕府军发现将军不见了，军心大乱，开始四处逃散。由于没有军饷，生活无以为继，官兵瞬间变劫匪，到处烧杀掠抢，大阪城乱成一团。次日，明治天皇下令征讨德川庆喜。德川庆喜逃回江户老巢后，本打算游说皇亲国戚，帮自己求情。明治天皇没有给他四处活动的机会，不久即御驾亲征，讨伐江户。

当时，诸国的藩主都做出了明确的表态，宣誓效忠天皇。德川庆喜孤掌难鸣，这才意识到自己没有能力力挽狂澜，挽救幕府的统治，遂顺应潮流，交出了权力和武器，正式退出了历史的舞台。明治天皇夺回权力以后，面向公卿大臣和各藩藩主，宣读了《五条誓文》，宣布要除旧布新，废除幕府时期的种种恶政恶法，摒弃陋规陋习，大力发展工商业，积极向世界各国学习新技术、新知识和新思想。

新成立的明治政府，本着宽大为怀的原则，赦免了末代将军德川庆喜。为了让新政府放心，德川庆喜卸任后，主动离开了江户，此后一直隐居在静冈县，和家人一同过着简单素朴的平民生活。德川庆喜自幼家境优越，没有吃过苦头，不知如何谋生，他唯一擅长的就是骑马打猎，没想到这项技能日后竟然成了家人的衣食来源。狩猎之余，他常常抚琴弹唱，感怀伤逝。当人们将要把他彻底遗忘的时候，明治天皇突然提出要召见他，君臣相谈甚欢，事后明治天皇给了他一个公爵的头衔。那是他唯一一次见到明治天皇真容，以前数次交锋，他从来没有机会见到天颜，此次相会终生难忘。1913年，明治天皇因病去世，第二年，德川庆喜病逝。两人皆已作古，日本却已今非昔比，经过维新变法运动，成为富强繁荣的资本主义国家，历史翻开了崭新的篇章。

第七章
百年维新

——变法图强，实现现代强国之梦

在西方武力威逼和资本主义文明的双重侵袭下，日本为了生存发展，走上了变法图强的道路，史称明治维新。经过百年维新，日本在保留自己民族特色的同时，实现了全盘西化，接受了西方的先进技术和优秀文化，在全国各领域进行了大刀阔斧的改革，从根本上改变了贫穷、落后、愚昧的面貌，得以与世界接轨。日本能取得如此了不起的成就，明治天皇功不可没，维新人士也付出了常人难以想象的艰辛和努力。令人遗憾的是，日本成为强国后，没有肩负起更多的国际责任，反而走上了扩张侵略的道路，成了法西斯的一员，给人类社会带来了难以抚平的伤痛。第二次世界大战结束以后，日本付出了巨大的代价，终于走上了和平发展的道路，迎来了新生。

明治天皇的维新之路

明治维新是日本历史上的重大事件，也是日本脱胎换骨走向转型的关键。在短短半个世纪的时间里，日本发生了翻天覆地的变化，由一个贫穷落后、资源极度贫乏的偏远岛国，一跃变成了经济强国和军事强国。这种可喜的变化，是明治天皇带来的。

在日本人眼里，明治天皇绝对是一个励精图治的明君，他不仅有兴国安邦之才，还具有高瞻远瞩的战略目光，为日本规划出了一个美好的蓝图，通过一系列大刀阔斧的改革，促使日本走上了工业化道路，并全方位改变了日本的精神面貌，在他的领导下，日本的经济高速增长，军事实力倍增，免于被列强欺侮和瓜分。除此之外，他还非常重视教育，在教育领域推行了一系列改革措施，提升了国民素质。明治天皇被描述成神一般的人物，那么历史上的他与人们想象中的形象是否一致呢？想要弄清这个问题，我们需要先了解一下明治天皇的人生履历。

明治天皇原名叫睦仁，为天皇家族里的二皇子，母亲是一个毫不起眼的嫔妃。他不是嫡长子，母亲在后宫中的地位又不高，继承天皇之位的可能性并不高。如果日本没有发生保幕和倒幕之争，他也许永远都不会由幕后走到前台。德川幕府执政后期，国内接连发生大规模的起义和暴动，倒幕呼声越来越高，皇宫内也不得安宁。在幕府失势的那段时间里，作为傀儡的天皇家族日子很不好过，孝明天皇的五位皇子由于没有得到妥善的照料，陆续夭折了。看似赢弱的明治天皇躲过了所有的灾难、疾病，顽强地活了下来。

孝明天皇政见保守，在全国都在声讨幕府的时候，他毅然站出来，支持幕府改革。倒幕人士对他失望至极，把希望放在了下一任天皇身上。由于天皇家族子嗣凋零，明治天皇成了继承大位的不二人选。倒幕志士花费了不少心血培养小天皇，让学贯中西的著名学者给他当老师，授课内容多种多样，有中国的史籍经典、日本的史记，还有专门介绍西方世界的各类图书。明治天皇天资聪颖，自幼博览群书，还学会了德语，思想比较开明，既重视东方传统，又向往西学，最崇拜的人是横扫欧洲大陆的荒野雄狮拿破仑。

据说明治天皇的生活方式是比较西化的，他率先效仿西洋人喝牛奶、吃牛肉，平时喜欢品酌葡萄酒，执政以后，和皇后一块穿着西装示人，倡导将西装作为日本国服。明治天皇是日本历史上非常有作为的君主，也是一位很有个性很有品位的君主，但他的人生道路并不平坦，少年时代历经坎坷，正是这些负面的经历，把他磨砺成了一个睿智、果敢、刚强的人。

幕府倒台之前，天皇家族的成员是没有自由的。当时的明治天皇虽然贵为皇子，处境却和囚徒没什么两样。他在险恶的环境下默默成长，人前内敛低调，温柔腼腆，内心却坚若磐石，骨子里始终奔腾着荡气回肠的热血。他不甘心永远做一只困兽，一直在等待机会，盼望有朝一日能咸鱼翻身。时机未到之前，他唯一能做的事就是养精蓄锐，耐心等待。

他无数次幻想过一飞冲天、一鸣惊人的场景，幻想着自己扬眉吐气、君临天下。梦醒之后，虽然很扫兴，但并不绝望。因为他生活在一个变革的时代，什么事情都有可能发生，昔日如日中天的大人物很有可能被拉下马，沦为阶下囚，那么他这个阶下囚，当然也

有可能成为座上宾，甚至成为国家的主人。

倒幕运动取得胜利后，明治天皇结束了囚徒生涯，获得了自由，过上了自己梦想中的生活。所有的忧患都成为过去，化作了随风而逝的烟云。但明治天皇并没有忘记发生在自己身上的事情，这么多年，风风雨雨，他一路摸爬滚打走来，经历了许多不为人知的苦楚，受过许多伤害，敏感时期，自尊心被人像麻布一样践踏，他都咬着牙忍下了。因为过早地明白了权力斗争的法则，过早地洞悉了世事炎凉，他小小年纪便已哀慕如成人，不曾天真幼稚过就长大了，不曾享受过青春就猝然老去。

随着幕府统治的土崩瓦解，明治天皇身上的枷锁随之灰飞烟灭。他终于可以按照自己的意志安排生活了。当然，作为天皇家族的一员，他不会满足于做一个普通的自由人，他志在统御天下，成为名副其实的国君。他非常清楚，自己只是倒幕派手中的一颗棋子，倒幕派并不想还政给他，只想借助他的头衔和声威，实现自身的政治主张。在漫长的历史时期，天皇都是一个神话的符号，天皇执政是很久远的事情了。起初，明治天皇并没有十足的把握夺回实权。不过他乐观地想，倒幕派内部意见无法达成一致，要想实现权力的制约与平衡，一定会把国政大权归还给他，至少会让他做一个名义上的国家领袖。他不可能头顶桂冠，做一辈子有名无实的精神领袖，早晚他要夺回实权，向天下人宣布，他才是日本的合法国君和实际的统治者。

入住东京（旧名为江户）新皇宫后，他一直在争分夺秒地学习，如饥似渴地阅读各国的书籍。为了避免分心，他把后宫里娇娇媚媚的女官全都辞退了，后来索性迁居到外殿生活，半年不回后宫。他废寝忘食地研究治国之道和军事理论知识。亲自训练士兵，主持骑马比赛，让官兵们上阵一较高下。他有一个金戈铁马的梦，渴望指点江山、挥斥方遒，在有生之年开创出一番惊天动地的伟业。可是当人群散去，他一个人孤零零地回到大殿时，心里忽然感到一阵阵苦闷和空虚。他不得不承认，他的国家太贫穷太落后了，强烈的自卑感袭上心头，令他无所适从。

日本只是一个孤悬海外的小岛，四面都是水，陆地上什么都没有，物产稀缺，养活少量的人口尚且困难，将来靠什么养活过剩的人口？明治天皇徘徊了一阵，脑海里忽然响起一个声音：对内变法图强，对外开疆拓土，日本不能停滞不前，也不能困守孤岛，而要踩着万里波涛，向大洋彼岸进发。

1878 年，土方久元等保皇派联合发起了"天皇亲政运动"。明治天皇正式从幕后走到了前台，得以亲政。掌握大权后，他推行了一系列的改革。政治方面，他大力推行"版籍奉还"和"废藩置县"的行政法令，有效加强了中央集权，将幕藩的权力全部转移到了自己手中。紧接着，明治天皇废除了传统的士农工商等级制度，颁布了《华族令》，给予公卿大臣、地方大名、维新派人士华族身份，册封其为公、侯、伯、子、男五个等级的爵位，允许他们的后代子孙世袭官爵头衔和财产。

随后明治政府颁布了《废刀令》，将地方大名以下的武士提升为"士族"，禁止他们带刀出行。众所周知，刀是武士的标配，只有随身携带佩刀，武士才能英勇地战死或者挥刀自杀，为荣誉和职责献出生命。没有了刀，既不能杀敌也不能捐躯，甚至不能切腹，武士便不能称其为武士了。明治天皇禁刀，是为了干净彻底地铲除武家政治，让死忠残暴的武士变得文明起来。

在社会文化方面，明治政府废除了传统的历法，改用西方的太阳历纪年。培养翻译人才，翻译了大量的西方著作。号召国民改变封建落后的风俗习惯，积极向西方社会看齐。经济方面，针对土地所有权和地税制度进行了改革，允许土地买卖，认可农民土地私有权，税款按照地价缴纳。撤销各藩国的关卡，促进商品流通和贸易，统一国币，兴办工厂、邮局、银行，修建铁路，大力发展工商业，扶植民办企业。在教育方面，普及义务制教学，推行现代化教育，派遣留学生到欧洲发达国家学习。同时派考察团到西洋考察，积极引进西方文化和西学。在军事方面，仿效西方国家的军事制度编制军队，颁布征兵令，规定20岁以上的男子必须参军入伍，服兵役。司法方面，仿照欧美颁布刑法、民事法和商法。政体方面，设立国会，确立君主立宪制。

维新变法推行期间，日本确立了"脱亚入欧"的基本国策，努力学习西方发达国家的发展模式，大力发展资本主义经济，逐渐走上了现代化道路。明治维新的成功之处在于，除了天皇制，封建元素保留甚少，日本在经济、政治、法律、军事、人文等多方面，都已经与西方社会接轨，实现了真正意义上的脱胎换骨。有些国家变法维新，没能取得成功，根本原因在于，当权者只想学习西方的先进技术，不想动摇自身的统治根基，一味排斥现代司法理念和民主政治制度，变革局限在表层，永远换汤不换药，无法给国民带来真正的福音。明治天皇敢于动自己的奶酪，敢于向腐朽没落的封建制度发出挑战，敢于从根本上变革，这才是他的伟大之处和非同凡响之处。

慷慨悲歌的没落武士——西乡隆盛

变法维新是功在当代、利在千秋的事情，绝非一人能完成，日本能在短时期内改头换面，焕发出新的精神面貌，实现经济的腾飞，明治天皇功不可没，但这不是他一人的功劳，许多维新人士也做出了巨大贡献，比如被称为"维新三杰"的西乡隆盛、木户孝允、大久保利通。

西乡隆盛是维新派当中最为特殊的一位，他从来都不是一个深谋远虑的政客，缺乏从政的欲望，对改革的态度也十分矛盾，在倒幕运动和维新变法中起过重要作用。但是在功成名就之时，为了维护武家的利益，公然走到维新政府的对立面，甚至不惜发动叛乱，以致沦为毁誉参半的矛盾人物。今天，他的塑像依旧屹立在日本的上野公园，供世人瞻仰，人们对他抵制现代文明、煽动叛乱的事情只字不提，只记住了他誓死恪守的武士信条，将其视为忠诚、坚定的精神象征。那么，历史上的西乡隆盛究竟是怎样一个人物呢？

西乡隆盛一生的谜团和人生悲剧，都与他的武士身份有关。像许多维新派人士一样，他出生在九州的鹿儿岛。鹿儿岛离长崎很近，骑马一日可达。小岛三面环水，位于海港中央。在锁国令颁布以前，这里只是一个名不见经传的偏僻之地，道路泥泞不堪，道路两侧散落着一排排简陋的茅屋和低矮的院落，下级武士皆聚居于此。西乡隆盛从小在这片破败不堪的住宅区中长大。

在闭关锁国最严重的时期，日本断绝了与外界的交往，几乎与世隔绝，长崎是唯一与世界保持联系的门户。随着对外贸易的展开，西方的先进技术和文化理念不断渗入长崎，又从长崎传到了附近的鹿儿岛。当时繁华的京都和人口鼎盛的大城市都处在落后保守的状态，而原本贫瘠荒凉的鹿儿岛却成了引领时代潮流的前哨站。少年时代的西乡隆盛长得高大魁梧，反应异常敏锐，非常适合习武。很小的时候，他便接受了严格的武士训练，稍加培养，便有可能成为出类拔萃的一流武士。可惜生活的困顿改变了他的人生轨迹，由于父亲欠下了高利贷，他从12岁开始便走向了社会，用辛苦赚来的钱帮助父亲偿还巨额债务。

28岁那年，西乡隆盛投奔于萨摩藩主岛津齐彬门下。萨摩藩是西南外藩之一，地处偏远，幕府鞭长莫及，锁国令执行不严格，得以引入西方的技术和现代工业设备。和九州一样，萨摩藩是走在时代前沿的藩主，在万马齐喑的大环境中，越发显得鹤立鸡群。由于岛津齐彬支持"公武合体"改革，西乡隆盛紧随其后，到处奔走呼号，希望幕府与天皇合作，还政于天皇。岛津齐彬没能实现自己的政治理想，便抱病身亡了。主君的死，令西乡隆盛悲痛欲绝，他一度想轻声殉主。但是为了完成主君未竟的事业，他最终决定暂且保留有用之身，继续从事政治活动。接下来的日子里，他频繁往返于京都和江户之间，谋划暗杀幕府最高行政长官，结果行动不利，遭到残酷镇压，被迫出逃。逃跑途中，他心灰意冷，愤然投水自尽，奄奄一息时，被一个好心的船夫救起。萨摩藩主的实际掌权者岛津久光把他流放到了日本最南端的奄美大岛。

1862年，西乡隆盛离开了流放地，重返萨摩藩。岛津久光主动向他抛出橄榄枝，想和他一起继续推行"公武合体"的计划。西乡隆盛严词拒绝了，理由是岛津久光缺乏威望和领袖魅力，不适合领导政治运动。岛津久光听后十分恼火,一气之下,将他流放到德之岛,不久又把他发配到重刑犯云集的冲永良部岛。西乡隆盛被关押在一栋竹制牢笼中,饱受风吹日晒雨淋之苦,里面闷热难当,不断有蚊虫飞入。西乡隆盛被折磨得生不如死。好在藩士们一再为他求情,岛津久光怒气稍解,不久即把他召回了萨摩。

西乡隆盛获得自由后,被任命为萨摩陆海军的高级统帅,跟维新派同仁大久保利通一起致力于藩政改革。1867年,两人跟公卿大臣联手,发起了"王政复古"运动,废除了幕府制度,把权力交还给明治天皇,为日后的明治维新提供了政治条件。衣锦还乡以后,西乡隆盛主动放弃高位,屈尊担当藩政顾问,忠心侍奉藩主,以成全"忠臣"的名节。大久保利通竭力说服他继续为明治政府效力,推进变法改革。西乡隆盛同意了,义无反顾地回到京都,着手创建了一支训练有素的近代化军队,并主持了废藩置县的改革。

日本政府打出"脱亚入欧"的口号后,派出一大批精英人才到欧洲国家考察,大久保利通在英国大开眼界,回国后积极推动现代化改革,提议兴建铁路、创办工业。西乡隆盛对于远在天边的西洋世界不感兴趣,他更关心下级武士的生活。随着改革的深入,武士的佩刀特权和年金统统被削夺了,沦为不受欢迎的边缘人。为此,武士出身的西乡隆盛感到痛心疾首。1872年之后,他变成了一个两面派,一边拥护支持改革,一边千方百计地抵制各项社会改革。因为在实业上投入了大量的资金,政府财政日益紧张,西乡隆盛主张入侵朝鲜,通过发动掠夺式的战争缓解财政危机。此言一出,内阁议论纷纷,维新派陷入了长久的争吵。鼓吹战争的西乡隆盛受到严厉的斥责,在一片批评声中,他只好黯然离开了政坛。

回到家乡鹿儿岛以后,西乡隆盛创办了一所私立学校,打着培养军事人才的幌子,擅自招兵买马,组建叛军,悍然起兵作乱。在政府军的两面夹击下,叛军连连败退,西乡隆盛带着残兵败将躲到山洞里。很快,消息灵通的政府军便发现了他们的踪迹。最后的决战开始了。武士们挥舞着大刀冲向枪林弹雨,纷纷中弹身亡,有的人选择了切腹自杀。西乡隆盛两处负伤,站立不稳,用一只手费力地支撑着庞大的身躯,急促地喘息着,自知必死无疑,于是吩咐旁边的武士当介错人,完成了一系列的切腹仪式后,任由对方将自己的头颅斩下。誓死追随他的武士见状,不禁泪洒西风,纷纷引刀自戕。

西乡隆盛顺应历史潮流,投身于倒幕运动和明治维新改革,为推动日本社会的进步,付出了大量的心血和精力。后来他之所以会变得反动,孤注一掷地反抗政府,是因为不忍看到武士阶层没落。他生是一名武士,死也是一名武士,一辈子无法抛开武士的身份。所有的悲剧皆源于此。

东洋的俾斯麦——大久保利通

维新派骨干大久保利通既是一名挑灯看剑的武士,也是一名富有远见卓识的政治家,他的个性和思想与西乡隆盛完全不同。在明治维新时期,他把勇往直前、不惧生不畏死的武士道精神转化成了变革社会的壮志豪情,不遗余力地推进改革,甚至不惜采用铁血手腕镇压政敌,故而被称为东洋的俾斯麦。

大久保利通出身于九州鹿儿岛的下层武士家庭,起于寒微,备尝人世艰苦，他是凭借自己的聪明才智出人头地的。17岁那年，他在藩记录所里任职，自此步入仕途。两年后，藩主的家臣因为选立继承人意见不统一发生内讧，大久保利通鼎力支持的岛津齐彬在竞争中落败，相关人员不同程度地受到了处罚。大久保利通失去了官职和人身自由，惨遭囚禁。后来岛津齐彬东山再起，几经周折后，终于继承了家督之位，成为新任萨摩藩主。大久保利通时来运转，得以官复原职。

黑船事件爆发后，各藩藩主的话语权增强，岛津齐彬不甘人后，时常活跃在政治舞台上，参与救亡图存的运动。大久保利通倾心竭力辅佐岛津齐彬，凭借卓越的政治才干步步高升。不久，时任幕府大老井伊直弼刚愎自用、食古不化，大肆迫害爱国志士，搞得全国人心惶惶。思想较为开明的岛津齐彬不幸病逝，他的侄儿岛津忠义继任为萨摩新藩主。岛津忠义没有实权，权力掌握在其父岛津久光手上。岛津久光听信顽固守旧派的主张，藩国内的旧势力沉渣泛起。在大久保利通的耐心劝说下，岛津久光终于疏远了顽固派，开始亲近重用维新派人士。

美国军舰叩关，给日本带来了沉重的打击，国内涌现出各种思潮，分化出不同的组织。激进派人士马新七等人高举"尊王攘夷"的大旗，准备趁岛津久光入京商谈国事之机，袭击为幕府效力的公卿大臣。大久保利通认为他们这么做会破坏公武合体大计，急忙派人前去劝说，希望对方以大局为重，取消暗杀计划。激进派断然拒绝。在沟通无效的情况下，大久保利通出兵杀死了马新七等人。

1864年，公武合体运动取得了一定成果，天皇主持召开了雄藩会议，幕府将军德川庆喜和藩国统治者岛津久光等人列席参加了该会议。当时各藩当权者都想为自己谋取私利，对国家前途民族振兴漠不关心，个个心怀鬼胎，在会场上吵吵嚷嚷讨论不出结果。几场口水仗打完之后，六位参议心灰意懒，陆续辞去了职务，公武合体的尝试告一段落。

倒幕胜利后，明治政府开始支持变法维新，大久保利通成为中坚力量。他以副使的身份陪伴岩仓具视出访西方国家，带着修改不平等条约和考察欧美各国的双重使命，踏上了漫漫征程。由于日本疆域小国力弱，不被大国所认可，各国代表不肯同日本使者进行谈判。大久保利通只好把工作的重点放在考察各国实况上。在游历期间，德国宰相俾斯麦刚柔兼济的政治手腕和不可一世的强硬态度，给大久保利通留下了极为深刻的印象。正是在这位政治强人的带领下，松散疲弱的德国变成了一个统一富强的国家。大久保利通打算借鉴德国的经验，实现复国强兵的梦想。

长期以来，大久保利通一直和西乡隆盛并肩作战，两人既是同乡又是好友，曾经惺惺相惜、志同道合，发展出了亲密无间的友谊。但因为在"征韩"问题上存在严重分歧，双方分道扬镳、不欢而散。西乡隆盛主张发动朝鲜战争，大久保利通坚决反对，他认为改革初期，国内政局不稳，新推行的政策受阻，在这种情形下，政府应该优先解决迫在眉睫的问题，贸然发动战争是愚蠢的。更何况打仗需要庞大的军费支持，国家财政吃紧，发不出军饷，冒险出兵只会无功而返。脾气火爆的西乡隆盛听不进反对意见，忍不住对大久保利通破口大骂，口口声声说他是"萨摩最大的懦夫"，还说他自从考察归来以后就丧失了武士的风采，成为武士阶层的耻辱。大久保利通反唇相讥，严肃批评了西乡隆盛的过激言论。由于岩仓具视的支持，明治天皇采纳了大久保利通的意见，西乡隆盛等主张"征韩"的高官集体引咎辞职。

在推进改革的过程中，大久保利通把大部分时间和精力都花在了兴办实业上。他认为要改变日本贫穷落后的面貌，必须大力发展资本主义工商业。国家垄断、与民争利的经营模式，不被他看好。因为官办企业有政府保驾护航，财大气粗，没有危机意识和竞争意识，普遍效率低下，对推动国民经济增长毫无益处，而且还损害了民众的根本利益。但是马上把官办企业全部改为民办也是不现实的。民营企业资金短缺、实力薄弱、缺乏经营经验，是很难在短时间内发展壮大起来的。经过漫长的探索，大久保利通选择了一条切实可行的发展道路：先创建官督商办的企业，再慢慢放宽政策，将实业的性质转为民办。

为了促进官办企业改民办企业的进程，大久保利通拿多个国有企业以极其低廉的价格卖给了私人，为此受到许多人的怀疑和指责，有的人甚至揣测他暗中收受了贿赂，从一笔笔大单中牟取暴利。大久保利通的女婿坚持说，这些交易不存在任何腐败的行为，大久保利通没有拿过一分黑钱，他生前分文未取，死后家中余资仅有50日元，算得上是两袖清风了。

从大化改新到明治维新，日本一直处于封建社会，文明进程缓慢，为了让国民摆脱封建残余思想，尽快开化，大久保利通做出了许多努力。他本人不会跳舞，却频频参加舞会，以此表示对现代文明方式的向往。在别人都梳着高高发髻的时候，他率先剪短了头发，以干练清爽的新面目示人。大臣们都对他惊世骇俗的举动感到震惊。明治天皇潜移默化受到他的影响，也开始留短发。权臣在惊骇之余，接受了这个时髦的新发型，纷纷剪掉发髻，留起了短发。有些思想保守的人，指责他全盘西化，破坏传统，行为太过偏激了。大久保利通认为矫枉必须过正，如果自己在某些方面确实做过了头，那就让后世修正好了。无论如何，日本要实现文明开化，必须迈开脚步，不能瞻前顾后、畏首畏尾。

随着维新变法的顺利推行，日本国力日益上升，在国际上的地位也有所提高。大久保利通志得意满，决定进一步深化改革，却没有意识到一场杀身之祸正悄然而至。1878年，他乘车前去办公，在半途中遭到六名征韩派的刺杀。他虽然身负重伤，依然面不改色，从容地将随身携带的文件用绸巾包裹好，而后倒地身亡。他遇害后，伊藤博文等人继续推行他倡导的政策，经过坚持不懈的努力，终于使日本转变成了一个现代化强国。日本国力大增，在国际上有了话语权，于1911年废除了与西方列强签订的所有不平等条约。

救亡图存的志士——木户孝允

日本学者对维新三杰之一的木户孝允的评价普遍很高，因为他是一个有血有肉的性情中人，天性浪漫又不乏理性，怀有一腔热血，同时保持着难得的冷静，时机不利时懂得蛰伏，是厚积薄发的典型，故常能一鸣惊人。他非常关注国家的现代化建设，为了日本的腾飞几乎耗尽了心血和精力。由于日理万机、操劳过度，年仅45岁便患病离开了人世。去世前夕，仍然关心着明治政府的改革大业，真可谓是"鞠躬尽瘁死而后已"。

作为维新派的领袖人物，木户孝允一直被想象成顶天立地、威武不屈的大英雄，个性宁折不弯，一脸的大义凛然，完全是一副高大全的形象。然而事实并非如此。木户孝允降生在长州藩的一户家境殷实的人家，父亲是当地的藩医，长年悬壶济世，致力于救死扶伤，俸米为20石，足以让一家人衣食无忧。木户孝允在父母的关爱下茁壮成长，从小无忧无虑。少年时期的他个性顽劣，盛夏时节常常跳到水里嬉戏，动辄戏弄小伙伴，还常常戏弄不会游泳的大人。看到别人一身湿淋淋的样子，总忍不住哈哈大笑。

精力过剩的木户孝允把心思都浪费在了搞恶作剧上，学习剑道多年毫无长进，在其他方面均学无所成。他的成长进步与家乡得天独厚的地理位置和人文气息浓郁的环境是分不开的。长州藩临海而建，地处关东要冲，较早接触了西方文化。藩内人才济济、藏龙卧虎，为木户孝允长成栋梁之材提供了必要条件。在一些进步人士中，吉田松阴对木户孝允影响最大。吉田松阴有思想有见地，支持维新变法，以言传身教的方式为国家培养出了一大批有志青年。基于种种原因，他并没有正式开办私塾，但收下了不少弟子。木户孝允也曾经拜师于他的门下。在吉田松阴那里，木户孝允学到了不少东西。他原本贫瘠的大脑变得丰盈起来，智慧与日俱增，逐渐改变了顽劣轻浮的性情，变成了一个专注、沉稳、睿智、理性的青年，从此有了追求，有了目标，不再浑浑噩噩度日。

后来，木户孝允进入明伦馆潜心学习。目睹了江户名道场宗主之子斋藤新太郎和浪人宫部藤十郎的比武，斋藤新太郎以精湛的武艺博得了全场喝彩，并轰动了整个长州藩。事后藩国决定挑选最优秀的武士到江户深造。木户孝允参加了甄选比赛，因为剑术不精落选了。但他并未灰心。失去公费学习机会的他，主动提出要自费到江户游学。藩府见他如此勤奋好学，大为感动，爽快地答应了他的请求。

江户是日本的国都，历史文化悠久，政治氛围浓厚，云集了各行各业的人才。木户孝允赴京以后，开阔了眼界，增长了知识，剑术也得到了突风猛进的提升。黑船事件发生后，他的内心世界受到了巨大的冲击。他终于意识到现在已经过了冷兵器的时代，高超的剑术终抵不过猛烈的炮火，遂放弃了对剑术的专研，转而学习炮术。

时隔多年以后，学有所成的木户孝允荣归故里，这次发现家乡已然成为幕府军和倒幕派开展拉锯战的阵地。深知黑船事件内幕的木户孝允，在危机四伏、暗流涌动的紧张情势下，站在了"尊王攘夷"的队伍里，开始着手藩政改革。

当时倒幕的维新志士，大部分都是身背大刀的武士和喊打喊杀的浪人，他们痛恨德川幕府与欧美列强签订丧权辱国条约，对反动政府屡兴大狱，迫害异己的暴行极为不满，在谈判无果的情况下，走上了以暴制暴的道路，动辄策划暗杀，让幕府大臣身首异处。木户孝允拥护的"尊王攘夷"派，不仅暗杀了幕府高官，还把胆量较小的公卿当成了刺杀的目标。有一次激进的同伴要暗杀一个重要官员，木户孝允费尽唇舌劝阻，说此人日后可能加入维新派，推动维新变法。后来这个侥幸活下来的官员真的成了明治维新的重要人物，人们莫不佩服木户孝允识人辨人的能力。

为了对付维新志士，幕府组建了"新撰组"杀手团，组长为近藤勇，该组织自成立以后，每天都携带着武器穿梭于大街小巷，到处搜捕维新党人。1864年，新撰组抓捕了古高俊太郎，在古高俊太郎的住宅里找到了大量机密文件，从中得知了维新派的动向，原来他们打算纵火焚烧宫殿，趁人们扑火救火乱作一团之时，把天皇救出并转移到长州藩，另外一个计划与暗杀有关，目标是中川宫朝彦亲王和负责维护治安的松平容保。古高俊太郎的被捕打乱了维新派的计划，事情败露了，大家必须随机应变、从长计议。

不久,二十多名维新人士齐聚池田屋,商量应对之策。木户孝允应邀参加了聚会,他比同伴提前到达,为了打发无聊的时间,跑到对面的因州官邸下起棋来。当晚,新撰组破门而入,凶神恶煞地闯进了池田屋,操起兵刃对着维新志士一通打杀,有好几个人血溅当场,被活活打死,其余的人在负伤的情况下,被粗暴地押走了。木户孝允因为凑巧在别处下棋,躲过了一劫。

池田屋事件刺激了长州藩的志士,他们决定提前与反动的幕府决一死战,准备攻打皇宫,先夺回天皇,再占领整个京城。双方在京城展开了恶战,维新派架起火炮,对着皇宫狂轰滥炸,其中一发炮弹落到了东宫前面的空地上,时年12岁的明治天皇被巨大的冲击力和震耳欲聋的爆炸声震得昏倒在地,好在没有受伤。这次疯狂的轰炸没有达到目的,维新派成员被迫自杀,行动的策划者久坂玄端绝望自杀。木户孝允见大事不妙,乔装成僧侣逃出了京城。这次事件史称"禁门之变"。

紧接着,幕府对长州藩展开了报复行动,率领三十多个藩国出兵讨伐长州,并严令禁止长州藩的武士入京,一时间风声鹤唳。木户孝允密切关注着局势的发展,为了探听虚实,不惜铤而走险,在风声正紧的时候只身潜入京都,结果一露面就被逮捕了。在押解途中,木户孝允谎称要去如厕,趁官兵不注意逃之夭夭。

木户孝允慌不择路,躲到了一间茶屋里,孰料正碰上新撰组的组长近藤勇在此喝茶,旁边坐着色艺出众、艳名远播的艺妓君尾。近期风流好色的近藤勇经常让君尾陪侍。木户孝允和君尾也是认识的。此刻真是冤家路窄。近藤勇觉得木户孝允很可疑,走上前去严厉地盘问了一番。尾君担心木户孝允暴露身份,马上把脸一沉,对着木户孝允劈头盖脸地叱骂了一顿,然后转向近藤勇,娇滴滴地解释说，这个男人是给他提箱子的杂役。为了证实自己的说法，她随手给了木户孝允一个耳光，喝令他赶紧回去干活。凭借真实生动的表演，尾君成功骗过近藤勇的眼睛，掩护木户孝允逃脱了。

在武装倒幕的过程中，木户孝允起到了关键性的作用。明治政府掌权以后，他以开国功臣的身份位居要职，主持起草了《五条誓文》，并积极参与奉还版籍、废藩置县等改革活动，大力引进西方的先进文化和教育理念，主张普及小学教育和义务教育，为国家培养了大批优秀人才。在政治方面，他反对对外用兵，认为当务之急是先把国家治理好。因为政治理念不合，受到政敌的排挤，黯然离开了政坛。45岁那年积劳成疾患病去世。

远东的仇恨：日俄两国交恶的内幕

日本通过明治维新，走上了富国强兵的道路，从不起眼的偏远岛国一跃变成了令全世界刮目相看的亚洲强国。日本发生惊天蜕变时，东欧的俄国也强势崛起了。长期以来，俄国一直落后于西欧国家，在漫长的历史时期，都处在蛮荒、愚昧、贫弱的状态，后来彼得大帝横空出世，挥舞着皮鞭赶着俄国飞速前进，把那片莽莽苍苍的大陆改换了面貌。在近代历史上，日本和俄国确实有许多相似之处，比如两国都是后起之秀，社会变革都是由国家元首自上而下发起的。强大以后，都走上了对外扩张的道路。那么两国的关系如何呢？答案是很不友好。

1891年，俄国皇太子尼古拉到日本进行友好访问，明治天皇亲自接见了他。整个会晤的过程中,明治天皇的态度一直很友善。为了让酷爱吸烟的尼古拉感到舒服自在,平时从不碰香烟的天皇一反常态,拱手递烟相敬。为了拉近彼此的距离,给尼古拉留下良好的印象,一向不苟言笑的明治天皇破例开怀大笑。当时日本以最高的规格接待了尼古拉。尼古拉很高兴。结束了礼节性的访问之后,尼古拉和希腊王子格奥尔基结伴而行,乘坐人力车四处观光游览。行至大津时,一名神经兮兮的日本警察忽然窜出来,举起军刀朝车上的尼古拉狠狠地劈砍,尼古拉避之不及,耳朵和脸被割伤了,顿时鲜血淋漓。警卫迅速制服了行凶的警察,并派人把受伤的尼古拉送到医院抢救。

尼古拉伤势不重,没有生命危险,但脸上的伤口太深,日后必然会留下丑陋的疤痕,基本上算是毁容了,这对于年轻帅气的尼古拉来说,无疑是一个沉重的打击。此事非同小可。尼古拉十分愤怒,日方不敢怠慢,抓紧时间调查案件。真相很快就水落石出了。凶手名叫津田三藏,当天被安排保卫人力车上的贵宾。谁也没想到这位警卫会磨刀霍霍,刺向自己本该誓死护卫的异国王子。那么他为什么要这么做呢?他给出的理由十分简单,因为他是一名激进的爱国者,认为尼古拉此次访问日本,目的在于刺探情报,为接下来的侵略作准备。

津田三藏的怀疑不无道理,俄国强大以后,到处开疆拓土,但尼古拉此次来日确实没有政治目的,他只想到日本旅游,顺便进行一次友好访问,增进日俄友谊。这次的"大津行刺案"给他的心理蒙上了一层巨大的阴影。明治天皇闻讯,连忙派出御医给尼古拉王子诊治,并就此事向俄国官方表达了诚挚的歉意。可惜日方的斡旋,并没有成功化解这次外交危机。三年后尼古拉加冕成为新任沙皇,戴上沉甸甸的王冠时，旧伤隐隐作痛，他不由得想起了那次惊险的遇刺事件，仇日情绪陡然上升。

俄日关系日益紧张，一场世纪大战一触即发。俄国人信心十足，普遍认为日本陆军不堪一击，连欧洲最孱弱的军队都不如。远东总督阿列克塞耶夫好大喜功、盲目自信，草率得出结论，俄国只要付出微小的代价就能让日本筋骨大伤。陆军总指挥库罗帕特金更加乐观，他声称俄国兵能以一敌三，只要出动大军，俄国就能毫不费力地拿下东京。尼古拉信以为真，决定伺机发动对日战争。

比起俄国，事实上日本的优势更加明显。日本不仅拥有强大的武装、先进的装备，还不乏军事人才，海军司令东乡平八郎擅长打突袭战，常能克敌制胜，素有"海军军神"的美誉；陆军上将大山岩善于用炮，作战经验丰富，威名赫赫。日方认为，对俄战争不可避免，遂决定先发制人。1904年2月4日，明治天皇召见了内阁总理大臣伊藤博文，商讨对俄作战事宜，召开了御前会议。两日后，尼古拉也召开了御前军事会议，与大臣们商讨应敌策略。他认为最好不要贸然行动，以免打草惊蛇，先让日本人采取军事行动，俄国再以牙还牙、猛烈回击。他的想法正中日本人的下怀，擅长突袭的日本人抢先一步发动了袭击。

2月8日夜，俄国太平洋舰队毫无防备地停留在旅顺海港，遭到了日本人的偷袭。日本仅损失六名士兵，便赢得了战争的主动权，成功压制住了俄国在远东的海军力量。战报传到司令部的时候，俄国军官正在大口喝着伏特加，一边惬意地品尝美酒，一边和旁边的美女谈笑风生，听到舰队遭袭的噩耗，脸上的笑容瞬间凝固，眉宇间笼上一层愁云惨雾。等候已久的尼古拉并不吃惊，第二天他便发表了对日宣战的讲话，号召俄国人民为祖国而战。2月10日，明治天皇对俄宣战。日俄战争全线爆发，但战场既不在日本列岛，也不在俄国大陆，双方不约而同地把作战的场地选在了大清帝国境内。腐败无能的清政府连抗议的勇气都没有，只能眼睁睁地看着战火在华夏九州的土地上蔓延。

战争初期，俄国水军便明显处于劣势，接连损兵折将，高级军官不是被日本投放的手雷炸死，就是死于日本舰队密集的火力之下。俄国陆军计划将日军主力引诱到哈尔滨，而后和援军左右夹击，将日军一网打尽。日军偏偏不上当，渡过鸭绿江后，一连攻下了好几座城市，把战线推向了旅顺。俄军四散溃逃，在逃跑的半路上迎头碰上了一支来路不明的军队，慌乱之中二话不说便开火，厮杀了很久才惊奇地发现，原来对方是自己的同胞。

在旅顺口大会战中，大山岩派遣日本第一猛将乃木希典对付俄军。乃木希典带着两个儿子亲临前线指挥战斗，身后抬着三口大棺材，父子三人一起宣誓要为国捐躯，以死报效天皇陛下。这一仗打得非常惨烈。战场上伏尸百万、流血千里。乃木希典的两个儿子全部阵亡。俄军被日本人这种不要命的打法吓怕了，被迫举旗投降。尼古拉把最后的希望压在了海战上，出动了太平洋第二舰队。领导舰队的海军上将罗日杰特温斯基是一个冷酷无情的狠角色，经常歇斯底里，发怒时非常阴沉可怕，动辄殴打老婆和身边的勤务兵，对待敌人更加凶狠。尼古拉很信任他，但仍然不放心让他单独作战，于是又出动了老旧的第三舰队，紧密配合其行动。

战斗尚未打响，俄军便阵脚大乱，士兵由于精神太过紧张，胡乱开炮，误伤了英、法、德等国的船只，还昏头昏脑地把炮弹发向了自己国家的舰队。随着闹剧接连不断地发生，水军更加无心作战了。船上的卫生条件非常恶劣，随处都能看到成群结队的老鼠、蟑螂。士兵们置身在污秽的环境中，吃着发霉变质的食物，很快就染上了疫病，几乎丧失了战斗力。只要有机会上岸，全都像脱缰的野马一样兴奋，不是到酒吧买醉，就是到赌场挥霍，动辄打架斗殴。他们用各种方式排解压力，一夜之间蜕变成了粗鲁庸俗的暴乱分子，这样的军队是不可能打胜仗的。俄日舰队交锋没多久，俄军败局已定，水军几乎全军覆没。罗日杰特温斯基受伤被俘，日军大获全胜。

俄国战事吃紧的时候，国内又爆发了动乱，工人齐聚东宫请愿，农民起义不断，水兵哗变。面对内忧外患，尼古拉一筹莫展，被迫同意实行君主立宪制，以安抚民众，紧接着在美国的斡旋下，与日本鉴定了停战协定，承认朝鲜是日本的势力范围，把在辽东半岛享有的权益让渡给了日本，并将南库页岛的部分领土割让给了日本。日俄战争结束。

伊藤博文的智慧和野心

明治维新的前期和中期，维新三杰是新政府的三驾马车，有力地推动了日本社会的全面改革，改革大业进入后期，起关键作用的是伊藤博文。他不仅帮助日本摆脱了不平等条约的束缚，还确立了君主立宪制，被日本人视为国父级别的人物。但在备受奴役的朝鲜人民心目中，伊藤博文始终是一个狼子野心的负面角色，他虎视眈眈地觊觎着朝鲜半岛，贪婪地瞭望着广袤无垠的太平洋，恨不能吞下整个东亚。正是基于这种认识，朝鲜爱国人士刺杀了伊藤博文。那么历史上的伊藤博文究竟是一个什么类型的人物呢？是居功至伟的立宪之父，还是一个不折不扣的战争贩子，他的死又给日朝关系带来了哪些影响呢？

毫无疑问，伊藤博文在日本具有很高的声望和地位，大名如雷贯耳，似乎他天生就是一个领袖人物，但真实的他和人们想象中的完全不一样。伊藤博文出身贫寒，父亲是个贫苦的农民，在生活困顿时期，给别人当了养子，被迫改名换姓。父亲的养父生活条件也不好，为了打破阶层壁垒，更上一层楼，又给一个下级武士当了养子。伊藤博文在年龄很小时经历了两次改名换姓，身世非常凄楚。

13岁那年，伊藤博文为了讨生活，长期寄居于寺庙，大部分时间都在给富家子弟当侍童。在陪读的那段时光里，他学会了识文断字。18岁那年，他先后结识了木户孝允、高杉晋作、久坂玄瑞等热血青年。他们很快变成了无话不谈的好朋友，经常三三两两聚在一起畅谈时事，商讨抗击英美等西方列强侵略的办法，满脑子都是灭洋攘夷的想法。最后大家一起商定，把尚未落成的英国公使馆一把火烧了。

月黑风高夜，伊藤博文探头探脑地来到了英国公使馆，轻轻地掏出事先准备好的简陋工具，小心翼翼地锯断了使馆外的木栅栏。第一次作案，他既害怕又兴奋，双手不由自主地颤抖。好在木栅栏并不结实，很容易就锯开了。同伴们低头俯身，从缺口处鱼贯而入，将燃烧瓶等可燃物用力掷向使馆，然后拔腿便跑。回到寓所后，大家心潮澎湃，激动得彻夜未眠，频频举杯相庆，都认为自己做了一件惊天动地的大事。几个年轻人喝得酩酊大醉，在梦呓中还在发表爱国宣言。

酒醒以后，伊藤博文感到分外满足，觉得自己已经为国家做得足够多了，渐渐安于现状，若不是好友井上闻多鼓励他留学，他很有可能变成一个默默无闻之辈，一辈子在底层社会挣扎，平平凡凡度过一生。起初他对这个提议感到无比诧异，因为他刚刚放火烧了英国公使馆，已经表明了自己的立场，永远与英国佬势不两立，现在跑到敌人的地盘学习深造，不是卖国吗？井上闻多说长州藩官有意为国家培养人才，被选中的青年才俊可以公费留学。抱着"师夷长技以制夷"的想法，伊藤博文决定到英国走一遭。

当时锁国令并未松动，幕府不准日本人出国，违令者都要定罪。长州藩素与幕府不睦，故而自行其是。伊藤博文此行是冒着一定的政治风险的。为了安全起见，他化装成水手，由中国的上海偷渡到了遥远的英国。他的留学生涯只有短短半年，但收获颇丰。在英国，他看到了一个与日本截然不同的世界，一切都显得那么新鲜。林立的工厂、轰鸣作响的机器、热闹忙碌的氛围、日新月异的科技，无一不令他惊叹。在大开眼界的同时，他不由得感叹自己是井底之蛙。敌国的文明如此先进，怪不得日本处处吃亏。正当他慨叹连连的时候，惊闻萨摩藩和英国人打起来了。听到消息，他马上和好友井上闻多回到了祖国，积极从中斡旋，奉劝藩主不要意气用事，以日本现在的实力是不可能战胜蒸蒸日上的大英帝国的。藩主不听，结果被英国人打得一败涂地，事后非常后悔。

后来伊藤博文因为熟悉洋务受到了重用。随着改革先驱西乡隆盛、木户孝允、大久保利通的相继离世，主张开国的伊藤博文成为日本政界最受瞩目的人物。第一次组阁，他发现依靠官僚机构和世俗力量，筹措资金非常困难，为了筹集到足够的军费，实现海军扩张计划，他巧妙地利用天皇的权威，步步为营地达成了自己的目的。明治天皇非常配合，从宫廷开销中节省出 30 万元，投放到海军建设上，全国的富人为之震动，纷纷慷慨解囊。在短短半年时间内，明治政府便募集到了203万日元。

在起草《大日本帝国宪法》时，伊藤博文再次把天皇推到了前台，赋予其统管海陆军，处理一切外交事务的权力，以此向反对派施压。由于天皇在日本人民的心目中，威望高于世俗权力，当议会会员吵吵嚷嚷，无法达成统一意见，谈判陷入僵局时，所有的问题都将迎刃而解。英明的天皇会比较注意自己的言行，节制使用权力，以免影响自己神圣光辉的形象，所以在做决策时通常比较谨慎。倘若天皇是个庸主，滥用权力，经常发表不负责的言论，草率地做出糟糕透顶的决策，那么他就会被从神坛上拉下来，世俗的力量将占据主导。伊藤博文正是利用这种微妙的关系，达成君主立宪的目的。

伊藤博文在英国学习过海军事务，又研究过德国的宪法，结合本国的国情，在推进海军建设的同时，制定出了一整套具有日本特色的宪法。根据新建立起来的君主立宪制，日本有了内阁和首相，向近代化又迈出了非常关键的一步。由于政绩卓著，伊藤博文先后四次出任首相，在日本的政坛上发挥了重要作用。

在对外关系上，伊藤博文积极推行扩张政策，显露出令人不安的野心。不过他不急于吞并哪个国家，试图以缓慢而隐蔽的方式达成政治目的，榨取更多的收益。他本来很想出兵朝鲜，但镇压了东学党起义后，一时找不到征讨朝鲜的理由，只好以督促朝鲜改革为借口，干涉其内政，以增强对朝鲜半岛的控制。假如朝鲜拒绝接受日本的改革方案，那么日本就可以以此为由，对朝鲜半岛动用武力。他的高压政策引起了朝鲜爱国志士的愤恨。

有个叫安重根的爱国青年西装革履，装扮成日本人，怀揣着勃朗宁手枪，心情忐忑地来到了哈尔滨火车站，准备刺杀伊藤博文。俄国官兵误以为他是日本人，没有进行任何检查，就让他进了站台。

上午，伊藤博文走出专列，向夹道欢迎的日本侨胞挥手致意，接着和俄国高官一同检阅了俄国仪仗队。现场气氛非常热烈，伊藤博文前呼后拥，在热情高涨的人群中艰难穿梭，始终是人们关注的焦点。摄影机亦步亦趋地捕捉着他的一举一动。欢迎仪式将要结束时，从列队欢迎的日本侨民队伍里，忽然传出一声尖锐的枪响。一个身着西装、头戴鸭舌帽的男人以敏捷的速度扑向了满脸惊愕的伊藤博文，举起黑洞洞的枪口，又接连开了两枪。这个男青年就是安重根，他早年当过校长，做过义兵参谋中将，后来为了挽救国家危亡，毅然化身为刺客。其枪法极其精准，弹无虚发，枪枪要人命，伊藤博文的胸、肋、腹三处要害部位都中了枪，完全没有存活的希望。命中目标以后，安重根扔掉了手枪，慷慨激昂地高喊了三声："韩国万岁！"之后不再反抗，站在原地束手就擒。

整个行刺的过程被摄影机分毫不落地拍摄了下来。画面显示，身中数弹后，伊藤博文瘫软地跪了下来，随行的医生慌忙把他抬到车厢里紧急抢救。失去意识前，伊藤博文向旁边的人询问了凶手的来历，当得知刺杀他的是朝鲜人时，不由得火冒三丈，从牙齿里愤愤地挤出了一句骂人的脏话"混蛋"。他骂骂咧咧地合上了眼睛，很快陷入了昏迷，不久因伤重不治死亡。

伊藤博文之所以在临终前痛骂朝鲜人，是因为他只想殖民朝鲜，一直强烈地反对吞并朝鲜半岛。可在安重根等爱国人士看来，无论自己的国家是被吞并还是被殖民，都是不能容忍的。可惜伊藤博文的死，并没有阻止日本人的侵略步伐，反而在客观上加速了朝鲜的沦陷。伊藤博文遇害的第二年，日本武力吞并了朝鲜，对朝政策更加蛮横残暴。假如伊藤博文在世，朝鲜不至于那么快并入日本的版图，朝鲜人民也不至于那么快成为亡国奴。

伊藤博文的一生是日本历史的缩影。他起于寒微，靠自己的努力和奋斗，一步步地走上了人生的巅峰，一度在政坛上大放异彩。他被一时的成功和荣耀冲昏了头脑，欲望不断膨胀，野心越来越大，总想征服外部世界，结果死在了自己的野心上。日本的发展历程亦是如此。长期以来，日本一直积贫积弱，是一个不被重视的荒远岛国，明治政府掌权后，致力于变法图强，终于改变了日本贫穷落后的面貌。羽翼丰满的日本，胃口越来越大，一度想侵吞朝鲜，称霸太平洋，在错误的道路上越走越远。第二次世界大战期间，日本加入了法西斯阵营，犯下了反人类的罪行，不仅给世界人民带来了深重的苦难，也深深伤害了广大日本平民。

日本走过很多弯路，好在它是一个善于总结经验教训的民族，不会在同一个地方跌倒两次。在和平年代，日本努力发展经济，积极学习西方的民主制度，在短短几十年时间内再次实现了经济腾飞，一跃晋升于发达国家之列，成为亚洲的奇迹。

第八章 现代文明时期

——大和民族独特的人文文化

日本虽然犯过错误，有过军国主义传统，犯下过骇人听闻的可怕暴行，但这并不能抹杀日本文化的优秀之处。日本的茶道不仅沉淀了茶文化的精华，还蕴含着平民信仰，值得细细品酌；日本的美食精致、简约、淡雅，令人回味无穷；日本品牌驰名全球，以无懈可击的工艺征服了亿万消费者；工匠精神作为一种工作态度和文化理念，广泛受到各界人士的认可；日本民族身上的隐忍凝聚着巨大的爆发力，适度的克制又使他们显得斯文有礼、讲求秩序规则……总之日本文化中有许多的可取之处，一茶一器、一粥一饭皆体现出独特的美学意识和人文关怀，一只简单的木椅、一件看似平凡的家具，皆蕴藏着工艺大师的一片匠心。日本人对细节的关注，令人感动。他们精益求精的做事态度，值得我们学习和借鉴。

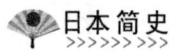

茶道中蕴含的平民信仰

日本的茶文化和中国的茶文化是一脉相承的关系，但前者并不完全等同于后者。在中国，品茶是一种雅事，也是一种艺术；既讲求实实在在的口感享受，又追求诗意一般的美妙境界。茶和诗是分不开的，精致的茶具、袅袅的香气、流溢于唇齿之间的淡淡清香，无一不给人以一种心旷神怡的感受。日本人对茶文化的理解与中国不同，他们并不喜欢过于精巧或装饰性太强的茶具，而是偏好古朴粗制的陶器，因为质感粗糙的器具象征着谦卑，细腻华美的盛器显得狂妄和招摇，不符合日本人的国民特征。日本茶并不都是香气扑鼻的，日本的抹茶刚入口时很苦，但后味比较清新，有一股微甜幽香的味道，适合慢品。

日本的茶文化源于中国，迄今已经有八百多年的历史了。日本人将茶文化和道家思想结合在一起，形成了茶道。那么什么是茶道呢？茶道是传统茶艺和人文精神的完美融合，追求的是一种天人合一、道法自然的境界，这就好比人类以赤子之身生活于草木之间，沐浴着朝晖夕阴，呼吸着泥土的清香，在天地和自然之间进行一次心灵旅行，以此达到净化身心、陶冶性情。日本茶道看中的不是形式，而是内容和境界，讲求的是"和""敬""清""寂"四个字。

"和"指的是和谐，要求茶碗无论外形如何，手感都要温润舒适，不能让客人感觉冰凉，茶室的味道不能太浓，以清香淡雅为宜，光线要柔和。置身室内，清风从叶间穿过的声音，最好与茶釜煮水的声音相应和。人与人之间以和为本，不分尊卑贵贱，主人要以茶会友、以诚待人。简言之，就是主人和客人的关系要和谐，要消除隔膜，让彼此感到舒适愉悦。

"敬"指的是人与人之间要互敬互爱，摒除一切偏见，放下自以为是的优越感，与他人共享一个茶室氛围。日本的茶室只有一个小入口，所有的客人无论身份高低、财力多寡，一律从同一个入口进入，谁也没有特权。大家三五成群聚在一张半榻榻米大小的茶室内，皆促膝而坐，茶友之间的距离近在咫尺，能听到彼此的呼吸，近距离地观察到对方的表情，一个人是否足够虔诚，是否发自内心地尊敬别人，全都写在脸上，是伪装不来的。

"清"有两层含义，第一层含义是清爽整洁，第二层含义是荡涤心灵、洗濯灵魂。客人到来前，主人要把茶室打扫得一尘不染，连煮水的炭都要提前拭去表面的浮尘。人们置身于清幽无垢的茅舍茶室中，方能排解掉内心的污浊，以达到静以修身的目的。

"寂"是茶道中的终极境界，要求品茗者忘却一切，达到"无"的境界。"无"并不是空无所有、虚无缥缈的意思，而是指心灵上的涅槃和寂灭。有一首小诗最契合它的意境："菩提本无树，明镜亦非台，本来无一物，何处惹尘埃。"

"和敬清寂"的哲学理念是日本茶道大师千利休提出的。在此之前，村田珠光倡导的"谨敬清寂"广受爱茶人士的追捧。两者仅有一字之差，境界大不相同。在"和敬清寂"成为日本茶道基本精神之前，日本的茶风非常奢靡浮华。权贵参加茶会，只是为了向世人高调炫耀财富和权力，所使用的茶具无比精美昂贵，茶盏茶碗莹润剔透、做工细致，个个价值不菲，已经沦为争奇斗艳的工具。千利休实在看不下去了，决定改革茶道，于是故意把茶室的入口改造得很低矮狭小，如此一来，所有参加茶会的人，必须弯腰低头才能进入茶室，昂首挺胸、趾高气扬的贵族必须改变姿态，方能进入。千利休此举是为了倡导平等谦卑的精神，反映了平民的心声，这种新的茶道理念很快传遍了大江南北，渐渐在日本文化界占据了主导地位。从此茶道不再是曲高和寡的阳春白雪，不再是特权阶层彰显财力和品位的道具，而是变成了促进人与人之间平等交流的一种文化平台，也是增进感情的纽带。

日本虽然经历过漫长的封建时代，一度等级秩序森严，且深受纲常文化的影响，但因为茶道兴盛的缘故，平等观念得以深入人心。日本的茶道师非常平实，无论有多大名气，都不会用颐指气使的态度对待任何人。他们对传统的茶道普遍怀有深深的敬畏之心，在从事茶道表演的过程中，格外专注，不受喧嚣世界的打扰。平时比较注意修养身心，为了追寻纯粹的茶道，严格要求自己，花了不少心思抵制外界的诱惑。

日本有个年轻的茶艺师，因为技艺精湛声名鹊起，有幸使用千利休的茶具表演茶艺，为此感到非常骄傲和自豪，一度陶醉在美妙的幻觉里，迷失了自我。事后他进行了反思，为自己一时的忘乎所以感到羞愧。他不停地逼问自己，就算可以使用千利休用过的茶具又能怎样，难道因为享有这样的荣耀就放弃真正的茶道精神吗？经过一番心理对话之后，他毅然决然地放弃了所有茶艺师梦寐以求的茶具，只使用质朴简单的茶碗茶盏表演，心无旁骛地体悟茶道精神，终于找回了自己。他认为虚荣和贪心会影响一个人对茶道的追求，人的贪念是无止境的，今天渴望得到千利休的茶具，明天奢望得到中国宋朝官窑出品的茶碗，以后就会把时间和精力浪费在无关紧要的道具上，很难脱离低级趣味了，将离真正的茶道越来越远。

日本茶道要求人们在品茶或进行茶艺表演时，心无杂念，摆脱一切世俗观念的束缚，要以平和的心态看待茶道本身，以平等的心态面对每一个人。人之所以爱慕向荣，热衷于攀比，追名逐利，贪得无厌，皆因太过功利太过世俗，喜欢差异性给自己带来的优越感，用别人的窘迫反衬自己的光鲜，用别人的贫寒反衬自己的富有，用别人的卑微反衬自己的高贵，用别人的渺小反衬自己的。千利休发现了人性的弱点，将清修、平等的理念融入传统茶道，使之成为日本国民精神的一部分，非常值得我们敬佩。

蕴藏在美食中的大和文化

每个国家都有属于自己特色的饮食文化，一个民族的饮食习惯、烹饪技法，对食材食具、营养搭配的讲究，能从多个角度反映出这个民族的审美情趣和人文素养。美食不仅是用来果腹的，还是用来品鉴的。品尝风味美食，不只是为了大饱口福，更是为了品读不同地域不同国家的文化特色。日本的食物大多比较清淡，采用的都是天然食材，讲求原汁原味的口感，佐料甚少，整体看起来非常清雅简单，但是每一道看似平凡无奇的餐点，都能给你带来赏心悦目的新鲜感和意想不到的惊喜。这是为什么呢？

因为日本人懂得挖掘食材的特点，能让不同的食材贡献出最大的价值，在工序上又比较讲究，致力于用最俭省的工序，制作出最原生态的食物。很多国家在烹饪食物时追求味蕾上的刺激，调料种类繁多、应有尽有，技法复杂，工序烦琐，食物厚味比较重，调料的味道掩盖了食材原本的味道。虽然口感不错，经过煎炒烹炸的处理，有外酥里嫩、入口即化的特点，但这种烹饪手法破坏了食材原来的营养成分，而且失掉了原味。相对而言，日本的食物比较精致细腻，既美味又有营养，这是因为日本人不追求食材的广泛性，喜欢在最简单的食材上下功夫，整天琢磨怎样让新鲜的蔬菜慢慢流出汁液，释放出原有的清香，怎样让肉类最大限度地保留原始的鲜香味。所以人们在品尝日本料理的时候，有一种物我两相望的奇妙感觉，仿佛置身在莽莽苍苍的森林里，洒满阳光的草地上，或是风光旖旎的湖畔，舌尖上绽放着微雨的味道、草木的味道、晨露的味道、初雪的味道、松茸的味道、花朵的味道。

　　日本人之所以能把一道简单的食物做到极致，用最少的调料和最少的食材，营造出丰富饱满的口感与他们爱钻研爱挖掘的习惯有关。日本人常说他们的国家就是世界的尽头，所有的东西传到日本，就不往外传了。日本不是任何一种文化的中转站，而是终点站，一切事物一旦漂洋过海传到了日本，就会慢慢沉淀下来。换言之，一切文明文化传到日本，经过大浪淘沙的自然过程，精华部分会一层一层地沉淀下来。日本人只要肯深入挖掘下去，就一定会有所收获。日本的美食文化并不博大，但却足够精深，部分原因便在于此。

　　日本民族追求极致之美，故而追求的是深度而不是广度。广而不精、博而不深，是日本人不能容忍的。有的民族食单无比丰富，食材更是包罗万象，天上的飞禽、地上的走兽、水里的游鱼及各种珍稀的动植物，林林总总，无一不备，但是没有一道食物能做到极致。这是日本人所不能理解的。日本列岛自然资源匮乏，食材种类有限，岛民就地取材，可选择的范围非常狭窄，所以对每一种食物都无比珍惜。没有人比他们更了解不同食材的优缺点、天然口感及所富含的各类营养元素，故而经过简单的搭配和简单的工序处理，不同食物既相得益彰，又交融碰撞出奇异的火花。

  日本美食的特点可用两个字来概括，一是简，二是淡。清简到极致，即能达到铅华洗尽的效果，比极致的豪奢更令人向往。清淡到极致，朴素到极致，即是至味即是美。日餐之中有一种享誉四海的小吃叫天妇罗，它的制造方法很简单，先把新鲜食材裹上一层面衣，然后入锅油炸，炸成金黄色捞出即可。乍一听去，它似乎没有什么特别之处，只是一般的油炸食品，口感无非是又酥又油又脆。这样想就大错特错了。日本的天妇罗一点都不油腻，味道清淡爽口，完全想象不出它居然是被热油炸过的。这是怎么做到的呢？

  被誉为"天妇罗之神"的美食家早乙女哲哉轻描淡写地道出了其中的秘密。他花了50多年时间孜孜不倦地研究天妇罗，几十年如一日地制作同一道食品，每天都在精进技艺，想方设法让食品尝起来更鲜美更可口一些。在别人眼里，天妇罗不过是一种普通的油炸食品，把握好火候和油温是关键。早乙女哲哉却不这么认为，在他看来，油炸的过程是蒸和烤同时进行的，食材受热膨胀，水分迅速蒸发，变得蓬松酥软，在高温的炙烤下，继而变得又香又脆。无论是蒸还是烤都有上百种方法，水分的多少、油温的高低、烹炸时间的长短，直接影响到天妇罗的形态和口感，只有精准把握好各个环节，才能烹制出不同口味的天妇罗食品。

  早乙女哲哉因为善于钻研，把简简单单的油炸食品研究出了无数种花样。对他而言，烹饪是一种艺术，一种哲学，能从侧面反映出一个人的处世态度。好的美食作品凝结了厨师的智慧和心血，因为新鲜食材的寿命犹如随风飘落的樱花一般短逝，厨师必须在最恰当的时间，采用最高超最精妙的烹饪技巧，把食材变成令人享受的

可口食物，这样才对得起渔民、物流人员和其他工作者付出的劳动。假如烹饪者不够用心，连鱼都对不起。

有一天，一个漂亮的女孩到早乙女哲哉店里实习，经过两个星期的培训以后，她开始尝试着烹炸天妇罗。早乙女哲哉品尝女学徒的作品时，脸色铁青，忍不住大声喝骂起来："你知道这条鱼经历了多少风浪，多少弱肉强食的竞争，才存活下来，长成现在的模样吗？这种珍贵的鱼类，只有在海上漂泊数十年的老渔民才能捕到，批发商和物流人员需要付出很多劳动，才能把它完好无损地运来，使之保持最新鲜的状态。结果就被你这么不经意地糟蹋了。你应该对这条千辛万苦长大的鱼道歉，对所有的工作人员道歉，因为你辜负了他们，对鱼和人都很失礼！"女孩被当场骂哭，反思了自己的工作态度，从此再也不敢低估一条鱼的价值。

一位真正的美食大师，绝不会轻易浪费任何食材，他会穷尽一切可能，挖掘出食材的最大价值，用一种食材制作出好几种口感不同的精致食物，而不会用一大堆珍贵的食材胡乱烹饪，做出一盘难以下咽的菜。对待美食的态度，就是对待人生的态度，满足于浅尝辄止，满足于潦草敷衍，是什么事情都干不成的，唯有不断提升自己，不断突破和超越自我，才能成就自我。

托起日本制造的灵魂所在——匠人精神

日本是一个袖珍国家，体量很小，在很多方面都无法与超级大国相提并论，但是这个小小的弹丸之地，却诞生了许多享誉全球的品牌，云集了顶尖的产品研发人才、创意人才以及素质一流的工匠，创造了举世瞩目的奇迹，秘密何在呢？提起日本品牌，我们首先想到的是精工制造，日本的汽车、电子产品、工业设备、家居用品，在细节方面都已经达到了无可挑剔的地步，在同领域内遥遥领先于同类产品，这是怎么办到的呢？

日本人能创造出驰名国内外的尖端产品，根本原因在于，工作者在细节上精益求精，就像打磨精美的艺术品一样，对手中的产品精雕细琢，不断地除去瑕疵，直到产品完美为止。这就是我们常说的工匠精神。在日本，绝大多数的工作者都以匠人自诩，重视每一个细节，以细致入微的方式来塑造产品，故而生产出来的每样东西都透着一股无可比拟的精致感。

在逐利的社会，人心浮躁，无论是商家还是第一线的工作者普遍急功近利，很难静下心来，不断完善改进自己的产品。日本企业和日本人民在高度发达的资本主义社会，坚持奉行工匠精神，这是非常难得的。一把透着质感的手工木椅，一只小巧精致的杯子，无一不体现着工作者的匠心，这些极其平凡的物件，带给人的感动是无法用任何语言描述的。在很多行业，日本人坚持用传统工艺，手工制造产品。这些纯手工打磨出来的东西，是有灵性有生命的，仿佛是自然生长出来的一样，纯粹优美，沁人心脾。机器大规模大批量制造出来的产品，皆千篇一律，毫无个性，而且没有温度，没有呼吸感，就像钢铁水泥一样冰冷坚硬，无法触及人类心灵的柔软处，它们永远都不可能取代手工制品。

匠人的心态与工人完全不同。他们不满足于按部就班的流水线作业，不满足于机械化的生产，而是致力于把激情、梦想以及对精致生活的美好向往注入每个产品上，赋予产品以不朽的艺术魅力。

这种敬业态度恰恰是其他民族所不具备的。日本著名企业家秋山利辉为了传承木艺，花了40年的时间，为世界精心培养出了50位顶级的木工大师，用自己的坚持完美诠释了工匠精神之精华所在。

在他看来，每个木工都应该是技艺精湛、态度虔诚谦卑的艺术家，而不单纯是一个循规蹈矩、只知道埋头干活的木匠，制作的家具不仅要美观大方，而且在功能性和舒适度方面，要满足人性化的需求。他把自己的手艺和一生的心得毫无保留地传给了爱徒，鼓励每个学有所成的徒弟走出国门面向世界，把最好的产品和服务献给全人类。

自始至终，秋山利辉都不是一个纯粹的商人，如果他像其他商人那样看重利润，追求企业利润最大化，就会扩大经营，兴建无数的连锁公司，招揽大批门徒为自己工作，甚至会摒弃传统的木艺，捉摸着怎么用最短的时间最小的投入，生产出价格最高的家具产品。一旦培养出了出类拔萃的人才，就会想方设法将他留在公司，使之为自己所用。秋山利辉的做法完全不同，他毅然把自己呕心沥血培养出来的人才放归到更广大的天地中，甚至鼓励他们自主创业。毫无疑问，秋山利辉是一个懂得人文关怀的企业家，也是一流的匠人。那么他是怎么成为出色的匠人和与众不同的企业家的呢？

和许多大师级的人物一样，秋山利辉小时候并不出色，他没有漂亮的成绩单，其他方面的表现也差强人意，甚至连男孩子都擅长的体育，都成了他的短板。因为成绩不佳，他读到中学就中断了学业。13岁那年，因为偶然的机缘，他第一次接触了木工。有一天，他发现邻居老奶奶的鸡舍坏了，出于好心，主动提出帮忙维修。老奶奶以为他随口说说，并没有把这件事放在心上。秋山利辉却很上心，花了好几天时间研究鸡笼，终于制作出了一座两层楼样式的漂亮鸡舍。老奶奶惊得目瞪口呆，良久才缓过神来。随后客气地请他喝茶，以表达谢意。闲聊中，老奶奶感叹说："你的手真巧，要是能学会木工，进一步精进自己的技艺的话，那么就一辈子衣食无忧了。"这席话令正处在迷惘状态中的秋山利辉茅塞顿开，他这才知道自己并非一无是处，木工正是他所擅长的呀。苦闷徘徊良久之后，他终于找到了自己的人生方向。

踌躇满志的秋山利辉马上收拾好行囊，前往大阪市的一家技术学校学习木艺，成了一名学徒。学徒的生活很苦，在学艺期间赚不到一分钱，从早忙到晚，提供的都是无偿劳动。师傅非常苛刻，只要做得不够好，就会遭到责骂。对敏感的年轻人来说，学徒生涯简直就是一种煎熬。秋山利辉却很享受这个过程，因为他每天都在进步，每天都有收获，心里感到充实、踏实和满足。三年来，他做的都是一些基础性的琐碎工作，打下了扎实的基本功，但要成为大师级的人物，还须进一步深造。在同行都急着赚钱的时候，他考入桑泽设计研究所，继续学习传统木艺。因为那段经历，他有了更开阔的视野和更大的格局，把同行远远甩在了后面。在日本，木工为了省时省力，都开始广泛使用钉子，作为一个完美主义者，秋山利辉不能容忍丑陋突兀的钉子嵌在家具里，坚持采用卯榫结构，理由是一个合格的工匠造出的家具一定是可以传世的作品，决不能为了省事粗制滥造。

秋山利辉做事向来一丝不苟，不打折扣，他经手制作的家具每件都巧夺天工、美轮美奂，足以当作艺术品来欣赏。因为技艺精湛，他的名气越来越大。后来他创办了自己的公司，在公司附属的学园推广学徒制度。为了让学徒把所有的精力都花在木艺上，他要求所有人入学10天后必须剃光头，不准把玩和使用手机，杜绝一切干扰，全身心地投入到自己手头的工作上。如今，他培养出的得意高徒仍旧活跃在世界各地，每位都很优秀，皆深得秋山利辉真传。为此，秋山利辉发自内心地骄傲，因为他传递的不仅是一项传统的技艺和炉火纯青的技法，还有托起日本精工制造神话的灵魂所在——匠人精神。

独特的人文习俗：冷水浴与耐力考验

新年伊始，世界各地张灯结彩，都在举办庆祝活动，有的燃放烟花爆竹，有的忙着装饰圣诞树，那么日本人是怎么庆祝新年的呢？据说有些年轻人会冒着零下7摄氏度的严寒，跳入冰凉刺骨的冷水中沐浴，有的抱着冰块，有的不停地往身上泼冷水，即使天降飞雪，或者刮起凛冽的寒风，他们仍然会咬牙坚持，直到整个仪式完毕后才肯作罢。那么日本人为何要自讨苦吃呢？别的民族此刻不是坐在壁炉前惬意地打盹，就是置身在暖气充足的居室里悠闲地看电视节目，唯独日本人偏偏要在冰天雪地里洗冷水澡，难道仅仅是为了增强体质？为何偏偏选择在新春之际举行冷水浴仪式呢？

从文化习俗上来说，日本人是为了净化身心，为新的一年祈福。他们通过这种方式祈求风调雨顺、农业渔业大丰收。每年1月，男女老幼都会参加这个活动。男人们浑身上下只剩下一条腰布，皮肤赤裸裸地暴露在低温的环境下，还要频繁承受冷水淋身的痛苦，场面相当震撼。白皙较弱的女人穿着一层薄衣，做着同样的动作，时不时地往身上淋水，眨眼工夫，全身都湿漉漉的。老人也不甘示弱，纷纷跃入冰水中。他们声称在冷水中浸泡后，全身都很清爽，心情非常舒畅。在外人看来，这种反应是违反一般性常识的。老年人普遍怕冷，只有少数人能坚持冬泳，没有经过任何抵御严寒的训练，便挑战极为严酷的环境，是相当冒风险的。不过绝大多数参加者均无大碍，这是因为在举行仪式前，所有人都会进行适度热身。这种仪式对于广大青少年来说，相当于成人礼，假如挑战成功，意志力得到磨炼，长大之后便能迎接来自各方面的严峻挑战。故许多青少年都积极踊跃参加。

许多人都无法理解日本人举办这种活动的意义，祈福求愿的方式多种多样，何苦这么折磨自己。日本是一个崇尚吃苦的民族，习惯居安思危，总想找点苦头磨炼自己。其骨子里的隐忍和顽强就是这么磨炼出来的。日本人对冷水浇身的痛苦，有着一种近乎病态的迷恋，他们认为带着袭人寒气的冷水可以净化肉体和灵魂，使人摒弃私心杂念，进入一种玄妙的灵肉合一的境界。很多人相信，承受肉体上的痛苦，能让自己变得更加坚强和勇敢。凤凰浴火可以重生，而人类浴水则可以完成蜕变。经历残酷的洗礼，忍常人所无法忍，就能脱离平庸，成就更好的自己。

有的日本人喜欢在瀑布下打坐，这种苦修方式比冬天洗冷水浴还要疯狂，飞流直下的瀑水带着巨大的势能剧烈地拍打着人的身体，给人以一种极端的体验，倘若没有一副铮铮铁骨和钢铁般的意志，是无论如何都不敢尝试的。我们聆听过惊涛拍岸时，岩石发出的惊天轰响，看到过"乱石穿空，卷起千堆雪"的奇景。凌涯飞瀑冲刷而下，气势更加磅礴，冲击力可想而知。人的肉体是脆弱的，如果能忍受住瀑布的冲打，就能练就一副钢筋铁骨，变得坚不可摧。许多苦修的人冻得浑身打哆嗦，但心境却愈发澄明，犹如剔透的明镜一般。这种磨砺意志的方式，在其他国度闻所未闻见所未见，但在日本却非常流行。也许是因为日本列岛山地密布，地势起伏较大，河流又很湍急，瀑布较多。日本人在与瀑布的亲密接触中，发明了这种颐养身心、体悟天人合一境界的修炼方式。

我们知道，人在天性上是趋乐避苦的，多数人终其一生都在追求快乐和幸福，想方设法取悦自己。日本人却比较排斥享乐，总是不由自主地对吃苦上瘾。在日常生活中，日本人普遍不苟言笑、严肃拘谨，只有对别人表露善意时才会露出迷人的微笑。他们像蜜蜂一样勤劳，学习十分刻苦，工作格外卖力，无论做什么事情都会付出百分之百的热血和精力。他们没有时间打高尔夫、喝下午茶，或是与朋友欢聚，总是来去匆匆，似乎有忙不完的事情要做。对日本人来说，人生不是悠然的旅行，而是艰辛的修行，必须一路披荆斩棘、负重砥砺前行，才能成功抵达终点。正是基于这种价值观，日本在短短数十年时间，实现了全民富裕。

日本人的收入趋于均衡，没有像其他国家那样，在经济飞速增长的同时，逐渐趋于两极化。日本比较讲求公平竞争，国民普遍吃苦耐劳，且爱岗敬业，乐于拼搏奋斗，好逸恶劳者少之又少，千方百计侵占公共资源或窃取他人劳动成果者也比较罕见，所以收入差距不大。

日本人不怕吃苦，绝对不会把辛劳转嫁给别人，他们不那么看重享乐，不大可能去侵夺社会财富，用于个人挥霍。日本人对苦与乐的看法与其他民族不同。在他们看来，苦修是到达极乐境界的一种方式，吃得苦中苦，方能收获甘美的硕果。回避痛苦，是一种懦弱的表现，每个勇者都应该迎难而上，接受严酷的考验，全方位锻炼自己。贪图享受，不愿付出，是一种可鄙的行为。在日本人眼里，苦涩之中往往附带着难以言传的凄美，一如樱花的伤逝之美。苦是一种诗意，更是一种现实的艺术，拒绝它的人永远不会懂得什么是甜、什么是善良和美。吃苦是一种主动的选择，而不是被动的忍受，它与贫贱、卑微、挣扎没有半点关系，只与崇高、勇敢、坚强、隐忍、虔诚有关。在冷水中沐浴，在瀑布下苦修，不是为了自残自伤，而是为了让体格更加健壮，让自己的内心变得更加强大，以便日后能够战胜一切艰难险恶，成为一个不屈的人。

良好的国民素养：井然有序，遵守规则

日本人给人留下最为深刻的印象，便是讲求秩序，遵守规则。他们从来不在公共场所吵闹喧哗，乘坐交通工具基本不讲话，车里鸦雀无声，人们都在安安静静地看书看报。乘坐电梯时，他们会自觉地靠左站，把更多的空间留给其他人，以方便别人通行。无论自己多么压抑，正经历多大的不幸，都不会对别人大呼小叫，他们知道怎样克制自己的情绪，从不把负面情绪和负能量带给身边的人。

日本人诚实守信，人与人之间戒心比较小，信任度比较高。到自助加油站加油，无人监管，自己加油自己付钱，从未有人少付钱或不付钱。商场、超市不设验钞机，因为消费者从来就没动过使用假币的心思。乘坐公交车或地铁，如果不小心把钱包遗落在座位上，不必惊慌，因为其他的乘客捡到，会直接交给车站，过不了多久钱包就会物归原主。日本人喜欢把财物归还失主，不是因为他们天生是拾金不昧的圣人，而是因为他们较为自律，普遍遵守公共道德和

社会法则，不是自己的东西绝不会据为己有。

在世界范围内，日本是垃圾分类最严谨也是最烦琐的国家。日本人花了40多年来细化垃圾的种类，单是家庭垃圾就被划分成了可燃垃圾、不可燃垃圾、资源垃圾、旧书、粗大垃圾五类，每类垃圾又可细分成若干个子项目，子项目可继续细化。一个普通的塑料瓶至少要分成三类垃圾处理，不可整体丢弃。瓶盖必须拧下来，贴在瓶身上的塑料纸要撕下来，分门别类处理，瓶子按照"PET塑料瓶"的类别处理。

为了让广大市民弄清垃圾的种类，横滨市特地为每人制作了长达27页的垃圾分类手册，详细介绍每种垃圾的归类，条款非常细致，共有518项。在许多国家，垃圾大致粗略地分为几大类，国民便嫌麻烦，总是叫苦不迭，不愿按照规则投掷垃圾。日本的垃圾分类细致到了令人匪夷所思的地步，国民必须遵照专门的分类手册才能将自家的垃圾处理掉，他们仍然老老实实地照办，不厌其烦地将大垃圾分解成若干个部分，逐一进行处理。没有人会为了方便自己而置公共环境于不顾。

日本人守规矩讲秩序，固然与良好的家庭教育、成功的学校教育和高度文明的人文环境有关，但更深层次的原因是法制的建设。任何一个社会的秩序，仅仅依靠道德，没有健全的法制做保障，是无法维系的。一个民族无论有多么优秀，国民素质有多高，都有可能出现践踏公众利益、破坏社会规则的害群之马，只有运用法律手段规范人的行为，使违法者在遭受道德谴责的同时，承担一定的法律责任，社会才会向健康良性的方向发展。日本是一个法制健全的国家，鼓励善举，惩罚恶行，从根源上铲除了罪恶诞生的土壤，能长久保持文明有序的面貌，也就不足为怪了。日本人心思细腻、注重细节，将小事也纳入了法律范畴。完善的法制，使国民有法可依，遇到问题可以通过较为文明的途径解决，人与人之间的激烈冲突相对比较少。

从民族历史和国民性的角度看，日本人守秩序，是因为生存环境太过恶劣，他们的祖先频频遭遇天灾，不抱团取暖，无法生存。基于这个层面的原因，日本人的集体意识和集体观念比较强，谁也不敢冒天下之大不韪，去做践踏公众利益的事。日本人的秩序感并不是与生俱来的，而是被环境塑造出来的，不讲秩序的人在很久很久以前就被群体抛弃，进而被社会淘汰了。反观有些国家秩序崩坏，公众意识和公德意识淡薄，很大程度上是因为环境太过宽松，人们的容忍度太高，违规者习惯了被纵容，没有承受过任何实质性的压力。

人是构成国家和社会的细胞，国家与国家之间的竞争，文明与文明之间的竞争，归根结底是人的竞争。一个高度发达高度文明的国度，通常既具备硬实力也具备软实力。经济的发展水平、基础设施的建设、国民生产总值等指标，这些支撑一个国家强大的硬件元素，每样都必不可少，但它们并不能够衡量一个国家的文明程度，一个民族的行为方式、道德规范才是衡量一个国家、一个社会文明发展水平的关键。从硬实力的角度看，日本是一个繁荣富强的发达国家，从软实力的角度看，日本人文明守礼、自律性强，算得上是一个优秀的民族。